校歌斉唱！

日本人が育んだ学校文化の謎

渡辺 裕

新潮選書

まえがき

校歌は、日本の教育機関で教育を受けた者にとっては、とてもなじみ深い存在です。校歌に関心をもつ人はとても多いとみえ、大学の講義でもいろいろな方を対象とした講演でも、校歌というテーマを取り上げると、他の音楽をテーマにした時にはないような盛り上がりを感じることがしばしばあります。音楽全般に対して格別の関心をもっているわけではないような人でも、「校歌」という言葉をきくと、思わず反応してしまうというようなところがあるのではないかと思います。

校歌はもちろん、学校のなかで生徒たちが歌うレパートリーではありますが、その威力を一番感じるのが、卒業してからの同窓会などの会合のときです。その種の集まりではしばしば、会のおわりに皆で校歌を歌うような企画が置かれており、皆で声をそろえて歌うことで思わず、そこにいる人たちの心がひとつになったような感覚をもつことも多いのではないでしょうか。在学していたときには顔も見知らなかったような、年齢の離れた同窓生であっても、同じ校歌を歌うことで、なんだか昔からの知り合いであるような気がしてきてしまう、などということもありそうです。一緒に歌うことで、多くの人を巻き込み、束ねてゆく、校歌には、他の音楽にはないようなそんな独特の力がある、そのような感じがあるのではないでしょうか。

考えてみると、校歌のもつこの独特の力は、とんでもないものです。歴史の長い伝統校などの場合には、卒業生の年齢幅も相当広がっていますから、30年も40年も歳の離れた人がたとえ一緒に歌っていたとしても、その在学中の環境や体験は相当に違っていたはずですし、校歌にまつわる思い出だって、場合によっては正反対だったりするかもしれません。それなのに、心がひとつになったような感覚がもたらされるなどということは、常識的にはありえないことです。そんなことが、いったいどのようにして可能になっているのでしょうか。

伝統校と呼ばれるような学校ではしばしば、百年近く前に作られた校歌が今でも歌い継がれています。本書でこれから具体的にみてゆくことになりますが、学校の歴史が長くなれば、当然のことながら、校歌そのものもいろいろな運命をたどることになります。歌い方や歌われるシチュエーションも変わってきます。歌詞が書き換えられたり編曲されたり、場合によっては曲自体が新たなものに取り替えられたりと、実はいろいろなことが起こっているのです。校歌を取り巻く社会や環境が変わり、人々の価値観や感性が変化してゆく状況に直面するなかで、微調整をくりかえしながらそれに対応してゆくことで、その結果として自らの周辺に一種の「伝統」が形作られ、あたかも不動の存在であるかのような形で後世へと受け継がれてゆく……。一見したところ、そっくりそのまま継承されてきたようにみえる校歌ですが、その背後では実は、そんなドラマが繰り広げられてきたのです。多くの人を巻き込み、ひとつに束ねてゆく校歌の独特の力は、そのようにして後世の人々がさまざまな形で関わって支え、次の世代へと継承してゆく、そんな歴史を通して具わってきたのではないでしょうか。本書はそのような観点から、つまり、校歌の成り立ちやそれを作った人たちの側からではなく、ひとたび作られた校歌がどのような人々にどのように受けとめられ、歌われてきたか、という部分に焦点をあててみることで、そのようにして多くの人に守り育てられてきたものとしての校歌のあり方と、その周辺に形作られてきた文化を描き出し、そこにある独特の力の秘密を探ろうとするものです。

そういう意味で言うと、本書は校歌の歴史の本ではありますが、その概説を目指すものではありません。本書の主要な問題関心が、校歌の「制作」の側よりは「受容」の側にあることから、校歌の歴史を語ると言っても、たとえば「日本で一番古い校歌はどこの学校のものか」とか、「この校歌はどのような作曲者がどのような意図で作ったのか」というような話は、話の必要上言及されることはあるにしても、そういうことを主題的に論じるものではありません。また、受容を語るという問題関心からして、どうしても長きにわたって歌い継がれている、いわゆる「伝統校」の校歌にかかわる話が多くなり、そのなかでも戦前に設立された公立の中等学校（旧制中学校、高等女学校、実業学校など）に話が偏ってしまったところがあります。校歌にはいろいろな成り立ちがあり、私立学校は公立とはまた事情が違いますし、とりわけ仏教系やキリスト教系などの宗教系の学校ではそれぞれに独特の文化が作られています。また、小中学校と高校、大学では、同じ校歌と言っても、その位置づけも違いますし、展開の歴史も異なります。本来であれば、それらのこともすべて考慮に入れながら丁寧に論じてゆくべきなのでしょうが、今回はそこまではとても手が回りませんでした。「校歌」という語に反応して本書を手に取った方のなかには、自分の出た学校の校歌に触れるような話がなく、がっかりされている方もあろうかと思います。

しかし、このような形で「受容」側に焦点をしぼったことによるメリットもあります。後世の人々が音楽をどのように受け止め、それをどのように受け継いでゆくかということは、べつに「伝統校」の校歌だけに関わる問題ではありません。今回取り上げていないような校歌に関しても、本書で書いていることがそのままあてはまるわけではないにせよ、その「応用編」として考えてゆくことで、いろいろなことがみえてくるでしょう。さらに言えば、これは校歌だけの話ではありません。たしかにここまで、校歌というものの独特のあり方やその独特の力ということを強調してきましたので、校歌というジャンルが一般の音楽とは違う特別なものであるかのように思われてしまったところもあるかもしれないのですが、そういうわけではありません。バッハやモーツァルトの音楽だってやはり、今とは全く社会や環境の違っていた何百年も昔に作られた曲であるわけですから、そのままの形でぶつければ、今のわれわれの価値観や感性に全く合わないものになってしまうのは当然です。それが今でも、あたかも自分たちの音楽のように演奏されたり聴かれたりしているとすれば、それはやはり、それを受け止める側の後世の人々が新たな聴き方や弾き方、意味づけの仕方などを纏わせてゆくことによって、さまざまな微調整をしながらそれを受け止め、伝承してきた結果にほかならないのです。このような形でひとつの曲のまわりに、それが経過してきたいろいろな時代や社会、さまざまな価値観や感性の残滓が刻み込まれ、ひとつの「文化」をなしてくる、そういうところにこそ、音楽というもののおもしろさがあります。そういう意味では、時代をこえて歌い継がれることを運命づけられている校歌は、音楽というもののあり方のそのような機微を最も端的に体現しているジャンルであるとも言えるのです。

音楽は時代や社会を映すというようなことは、よく言われます。そういうときに含意されているのは多くの場合、その音楽が作られた時代の空気や作者を取り巻いていた環境を反映しているというような意味合いだろうと思いますが、それだけではありません。その音楽が長い時代を経て今日まで継承されてくる過程で出会ったさまざまな社会や環境、それに関わった人々のさまざまな価値観や感性、そういう響きがいたるところから聞こえてくる、音楽を聴くとはそういう体験です。本書を通して、一曲の校歌のなかから漏れ出してくる、それが経てきたさまざまな時代や社会の空気を聞き出し、そこにある「文化」を感じとる、できるだけ多くの方にそのような体験をしてもらうことができれば、著者にとってはこの上ない喜びです。

校歌斉唱！——日本人が育んだ学校文化の謎＊目次

校歌斉唱！

——日本人が育んだ学校文化の謎

序　章　校歌という文化資源：校歌は「芸術作品」？

校歌は音楽がいろいろある中でも、多くの人が関心を寄せている対象です。そうであるならば、それについての研究はたくさんあって当然だと普通は思うでしょう。ところがいざ本を探す段になると、校歌について書かれているものが実はあまりないということがわかります。自分の出身学校の校歌の由来について卒業生が調べて同窓会誌などにまとめたような記事とか、地元の学校で長いこと教鞭をとった先生が退職後に、その県の校歌を収集し、その状況についてまとめたような本といったものはいくつか出ていますが、もう少し広く、校歌というジャンル全体を広く見渡したような研究はほとんどありません。最近になって、本書でもこれから再三言及することになる須田珠生の『校歌の誕生』（人文書院、2020）が出版され、このジャンルについての全国的な視野をもった考察がようやく緒についたという感じにはなりましたが、まだまだ未開拓の部分が多い領域であることは否定できません。

多くの人が関心をもつテーマであるにもかかわらず、校歌はなぜ研究されてこなかったのでしょうか。研究の基礎になる資料にアクセスすることに困難が伴うというようなテクニカルな理由はもちろんあると思います。校歌は基本的に学校内で流通する歌ですから、それに関わる資料もなかなか校門の外に出ることはありません。最近はインターネットが普及し、各学校や同窓会がウェブサイトをもつことが増えてきましたから、それでもだいぶ情報が増えてはきましたが、比較的最近まで、その学校に行かないことには、そこの校歌がどのようなものか聞くことすらできず、基本データを得ることもままならないような状況が続いていました。言ってみれば、「郷土史研究」のようなもので、地元の研究家の知識には誰もかなわないようなところがあるのですが、その一方で校歌は、全国一律の教育システムが整備されてゆく過程と並行的に形作られ、展開されてきたジャンルですから、全国に共通した動きが起きるなど、学校単位でみていたのではわからないことがたくさんあり、それらを同時に見渡す視野の広さが求められるテーマでもあります。デジタル・アーカイヴの整備が進むなど、状況はだいぶ改善されてはきたものの、全国規模の研究を展開するための壁は依然として厚いのが現状です。本書を執筆するにあたり、私もずいぶん多くの学校にかかわる資料を参照したつもりですが、全体からみればほんの一部にすぎません。その意味では本書も、現在私自身が把握できた限りでの、という留保をつけなければならない「試論」といわざるをえず、校歌というテーマが、ひとりの個人研究者にとっては、手にあまる大きなものであることを、私自身もいやというほど感じさせられているのです。

しかし、校歌についての研究がこれまでなかなか十分な形で進んでこなかった原因は、そのようなテクニカルな問題だけにあるわけではありません。校歌という文化のもっている特質やおもしろさを的確に捉える視点がうまく形成されていないというところにも、大きな問題がありました。そのために校歌の歴史やあり方を語るためのポイントをしっかり定めることができず、その歴史的意味や社会的位置づけなどについてさらに深掘りした議論にもちこむことができていなかったのです。そのために、音楽を中心的な対象にしているはずの学問分野においても、校歌は「ストライクゾーン」から外れた周縁的なテーマに追いやられてしまい、正面から扱われてきませんでした。

まさに「音楽」自体を正面から取り上げる学問である音楽学の研究は、どうしても「音楽それ自体」の価値、それも西洋中心主義的な価値観を背景にした「芸術的」価値の方に関心が向いてしまい、旧制高校や旧制中学の生徒たちがダミ声で放歌高吟するような行為のもっている「価値」をうまく捉えきれず、取るに足らないものとして放置してしまうことになりがちでした。また、校歌は学校で歌われるものであるという限りで、音楽教育の一部をなすものでもあるわけですが、その音楽教育を正面から扱う音楽教育学においても、教科目としての音楽の授業の内容や、そこで生徒の音楽的技量や感性をいかに磨くかといったことばかりに焦点が当たってしまった結果として、授業外の時間に付随的に歌われるような校歌などには、最近になって「学校文化」のような観点が浮上してくるまでは、関心が向けられてきませんでした。

音楽学にしても音楽教育学にしても、「音楽」というものを中心的な課題として正面から扱おうとするような学問はどうしても、音楽は「芸術」であったり「情操」を豊かにするものであったり、といったことを暗黙の前提として出発してしまうことになりがちなのですが、どうやらこのあたりに最大の問題がありそうです。本書は、校歌をとらえる上で、「芸術」としての音楽という前提をいったん捨てて、共同体を形成したり、維持、発展させたりする機能をもつ音楽としての「コミュニティ・ソング（共同体歌）」の一変種として位置づけるという観点から出発したいと思います。「コミュニティ・ソング」については、第1章でもう少し具体的に説明することにして、ここではその前に、これまで音楽研究に携わるわれわれが校歌という対象を前にしたときに、暗黙のうちにそれを「芸術作品」とみなすような見方をしてしまう習性があり、そのことが、われわれが校歌のあり方を考えようとする際に、いかに足かせとしてはたらき、考え方を歪めてしまっていたかということを示す、ひとつの具体的な実例をご紹介することからはじめようと思います。そしてこの例は、べつに校歌だけの問題というわけではなく、われわれが音楽やそこに形成される文化のあり方についてもう少し一般化して考える上でも、ひとつの重要な問題提起になってくれるはずです。

校歌制定の年に編まれた『東洋英和女学校五十年史』(1934)に掲載された校歌の楽譜の冒頭部分。作曲者・山田耕筰のサインがみられる

東京に東洋英和女学院という学校があります。１８８４（明治17）年に女学校として開学し、今は幼稚園から大学院まで一貫教育のシステムができあがっている、歴史ある私立ミッション系の学校です。この学校には、北原白秋の作詞、山田耕筰の作曲で１９３４（昭和９）年に制定された校歌があります。北原白秋＝山田耕筰といえば、校歌制定が活発化したこの時期に数多くの学校の校歌を残した「黄金コンビ」として知られていますが、この東洋英和の校歌はその典型であると同時に、それらの中でも代表作と言ってもよいくらい質の高い作品です。

もう10年近く前のことになるのですが、この校歌をめぐって、ちょっとした出来事がありました。現在歌われている校歌は原曲とはだいぶ違っているので、それをオリジナルの形に戻してほしいと要望する声が一部の卒業生から上がったのです。学院では、校歌に関する委員会を立ち上げてそこにいたった経緯を調査したところ、現在歌われているのは、１９５２（昭和27）年から１９７２（昭和47）年まで中学部・高等部の音楽教員を務めた富岡正男が「編曲」を加えたものであることが判明しました。両者の違いについてここで詳細に述べる余裕はないのですが、一番大きな違いは、もともとト長調だった原曲が二度下げられてヘ長調になったことです。主旋律自体が変わるようなことはありませんが、移調に伴って低音声部が薄くなって女声合唱的な響きが前面に出るような形に書きかえられたほか、和声付けやリズムにも一部変更がみられ、音の動きがさらに変化に富んだものになるなど、細かい違いがいろいろあることがわかりました（その詳細は、東洋英和女学院史料室委員会で刊行している『史料室だより』第86号、２０１６に掲載されている河野和雄「校歌の原曲版再刊行について」に報告されていますので、興味のある方は参照してください）。

私はたまたま、『史料室だより』同号への執筆を依頼されたため、その成り行きを知ったのですが、その話をきいたとき、まさに校歌というジャンル特有のあり方に由来する問題であることを痛感させられたのでした。この問題にはじめて気づき、オリジナルに戻すことを求めた卒業生の姿勢は、「芸術作品」に対する考え方としてはきわめてまっとうなものです。クラシック音楽の世界では、とりわけ19世紀後半から20世紀初頭くらいにかけて、演奏家が自らの感覚で原作にさまざまな改変を加え、原作者の表現が歪められるようなことも少なくなかったのですが、その後、そのような後世の改変を排除する「原典主義」の考え方が唱えられるようになって、20世紀後半には定着し、楽譜もそれらを排除した「原典版」を使うことが当たり前になってきた、そんな歴史がありました。その意味ではこの校歌に関しても、後世の受容の中で歪められた改変を排して、山田耕筰の「原典」の響きを取り戻すべきだとする卒業生の姿勢は、まさにそのような考え方に沿うものでした。この申し入れをしてきた卒業生は音楽大学などで実技科目の教鞭をとっている方とのことですので、まさにその専門家としての知見を生かし、母校の校歌が少しでも「本来」のものに近い形で歌われ、継承されてゆくことを願って、音楽の専門家としてそのような申し入れをされたのだろうと思います。

ただそこで問題になるのは、そのような扱いが校歌のような場合にも本当に適切であるのだろうかということです。校歌に限った話ではなく、音楽には「愛唱歌」と呼ばれているようなレパートリーがあります。単に「芸術作品」として鑑賞する対象ではなく、人々が歌い継いでゆくことによって後世への伝承がなされてゆくようなレパートリーで、それらの曲はしばしば、個人的なものであることをこえて、その共同体に属する多くの人々の共有財産として、また共同体の集合的記憶をなすものとして、ときには人々のアイデンティティのよすがとなるような役割も果たしてきました。そういうケースではしばしば、伝承のさなかで原作の楽譜に改変が加えられるというようなことが起こりうるのです。

ブラームスの《子守歌》という曲がドイツで「愛唱歌」として定着してゆく過程で、複雑だったリズムが単純化される形で歌われるようになっていったことはよく知られていますが、日本でもたとえば、瀧廉太郎の作曲した《荒城の月》にある、原曲では半音下がりだった「春高楼のはなのえん」の「え」の部分の音が、全音下がりの形になって広まるというような事態がありました。これらの曲が「愛唱歌」として多くの人々に歌い継がれるような存在になってゆくことのいわば代償として、作曲家の残した原典が、より歌いやすい形に、また人々の嗜好にとってより自然であるような形に変形されることで、人口に膾炙されるようなものとして引きつがれることが可能になったというようなケースは決して少なくないのです。

東洋英和女学院の校歌の場合にも同じようなことが言えるのではないでしょうか。この校歌は、富岡の「編曲」で一音下げてヘ長調になることで音域が変わり、多くの人に歌いやすいものになりました。そこにさらに、和声やリズムの改変などのちょっとした要素を加えることで随所にキラリと光る輝きが得られ、戦後世代の新しい感性をもつ人たちをも惹きつける魅力が加わったという面もあるように思います。富岡がこの改変に際して、山田に了承してもらうために自宅を訪ね、簡単に了承を得たという話があります。この話にどの程度信憑性があるのか、確証をうることは難しいかもしれませんが、ほかならぬ山田自身が、瀧廉太郎の《荒城の月》の半音を全音に書き換えた張本人だったという事実を考えるならば、「愛唱歌」として歌われ続けてゆくためのそのような書き換えの効果を十分に知っていた山田が、自身の曲についてもその改変を積極的に許容したということは、十分にあり得る話であるように思えます。

「芸術作品」である以上、作者の意図は尊重されるべきであり、後世の勝手な改変は許されないというのは、もちろんひとつの立場ではあるでしょう。しかし、そのような改変があったからこそ人口に膾炙する存在になり得たようなさまざまな事例をみるにつけ、この種の「愛唱歌」的な曲に対して「芸術作品」のそのような判断基準を一律に適用し、作曲当時の姿で歌うことだけにこだわる結果になってしまうということになると、少しばかり一面的になりすぎてしまうように思われてきます。長い年月にわたって多くの人々に歌い継がれ、守り育てられてきた校歌などの「コミュニティ・ソング」はまさに究極の「愛唱歌」ともいえるものです。その校歌が今日まで、さまざまな形で歌われるなかで形作られてきた歴史が、そこには刻み込まれていますし、今後また新たな価値が発見されたり違った意味づけをされたりしながら受け継がれてゆく可能性も大いにあるのです。

「芸術作品」的な価値だけにこだわることは、そのような可能性をすべて断ち切ってしまうことにもなってしまうのではないでしょうか。

創立100周年記念につくられた東洋英和女学院の校歌レコードのジャケット（1984）

東洋英和女学院は最終的に、２０１５（平成27）年から16（平成28）年にかけて制作された楽譜やＣＤでは、山田の原曲版と富岡による編曲版の両者を並行しておさめるというやり方をとりました。今後も、歌う機会の状況に応じて両者を使い分け、場合によっては、この二つのヴァージョンだけでなく、山田の原曲をヘ長調で歌ったり、編曲版を原調のト長調に戻して歌ったり等々、柔軟性をもって使ってゆく意向とのことです（河野「校歌の原曲版再刊行について」、５）。これはとてもリーズナブルなやり方であるように私は思います。

われわれがひとつの楽曲を前にしたとき、それを「オーセンティック（真正）」な形で守ってゆこうとするのはもちろん当然の態度でしょう。しかしその際に暗黙のうちに、「芸術作品」的なオーセンティシティ（真正性）だけが想定されてしまい、作者の残したオリジナルな楽譜に忠実に演奏することのみが唯一の「オーセンティック」なあり方だと考えられがちでした。しかし、共同体の維持や発展という目的と結びついて歌われる「コミュニティ・ソング」のようなケースには、そういう「芸術作品」的なオーセンティシティとは違った形での「オーセンティック」なあり方をも想定する必要があるのではないでしょうか。もちろん校歌だって「芸術作品」には違いなく、山田の作った東洋英和の校歌などはまさに質の高い「芸術作品」にほかならないわけですが、それが共同体の中で歌われる歌であるという限りで、そこにはそれとは違った価値観もまた重なり合っており、それぞれの価値観や枠組みに応じた複数の「オーセンティシティ」が想定されてしかるべきなのではないか、そんな風に思うのです。

校歌に関連してよくあるのは、同じ校歌を合唱部が歌う歌い方と、応援団が歌う歌い方が全く違っているというような話です。そういうことから両者の仲が悪くて共演の話がつぶれたようなケースを見聞したこともありますが、両者がうまく棲み分けて複数の「オーセンティック」な歌い方を両立させる形で伝統が受け継がれているケースも少なくありません（応援団の話は第5章で取り上げますので、そこでも関連する話が出てきます）。これは、どちらの歌い方が正しいとか、どちらが本来であるとかいう話ではありません。合唱部が芸術的価値、応援団が共同体的価値、といった具合に真っ二つに区切れるという単純な話ではないにしても、複数の価値観があり、それに応じた複数の「オーセンティシティ」があるという前提からわれわれは出発すべきであることを、こうした事例は物語っています。

「芸術作品」的なオーセンティシティだけにこだわるあまり、他の歌い方を「正しくない」とするような見方をしてしまうことは、そこに刻み込まれていた、いろいろな人々がいろいろな形で関わることによってその音楽を守り育ててきた歴史の跡を切り捨て、その曲の周囲に形作られていた豊かな広がりを失わせてしまうことにもつながります。われわれにいま必要なのは、校歌を、そういうさまざまな価値観やさまざまなオーセンティシティを複数形で含みこんだ「文化資源」として捉えてゆくような考え方なのではないでしょうか。本書に求められているのも、そういうなかでさまざまな価値観、さまざまなオーセンティシティが相互に交錯しつつその関係性自体を限りなく変化させてゆく、そんなさまを丁寧にフォローしてゆくような形で歴史を描き返してゆこうとする姿勢ではないのか、そんな風に思うのです。

第1章 「コミュニティ・ソング」としての校歌

第1節 「コミュニティ・ソング」の誕生と世界進出

校歌というジャンルは、日本に特有のものだとよく言われます。私もそう多くの国の状況を知っているわけではありませんが、少なくとも日本が明治以後、近代化にあたってモデルにしたような欧米諸国をみるかぎり、たしかに日本の校歌に相当するようなものはないように思われます。日本の場合には、まずどこの学校でも、それぞれ固有の曲が「校歌」として学校当局に公式に「制定」されて入学式や卒業式のような式典等の公の場で歌われるというのが普通ですが、少なくともそういう国は欧米諸国にはみあたりません。

もちろん、学校という組織にいろいろな形で歌が伴うというのは、何も日本だけの話ではありません。「学生歌（student song）」と呼ばれるような、学生が集まって一緒に歌うような歌は、欧米の多くの学校にもみられますから、明治になって欧米の学校をモデルとして近代的な教育システムを作り上げた日本でもそのようなものが取り入れられたということ自体は不思議ではありません。しかし欧米諸国の場合、ほとんどの「学生歌」はその学校に固有の歌というわけではなく、多くの学校で共通に歌われるものですし、その学校だけで歌われているものがあるとしても、ほとんどは学生が自然発生的に歌うようになったものです。日本のように、学校側が公式に制定し、その制定記念の式典まで行われるというようなケースはまず考えられません。そういう意味では、「校歌」というジャンルは、まさに日本独特の「文化」であるということになるでしょう。

しかしそのことは、このジャンルが日本だけにしかない独自の文化的伝統の中から出てきたものだということを意味するわけではありません。たしかに「校歌」自体は、日本以外ではなかなか見られないかもしれませんが、それと似たような成り立ちの音楽は、欧米諸国にもその他の国にもいろいろな形でみられるからです。たとえば「国歌」です。もちろん校歌は学校単位の歌ですし、国歌は国単位の歌ですから、その規模感においては対照的ですが、その果たす役割はよく似ています。その共同体に所属する人々が、何かの機会に皆で声をそろえて歌うことによって、その共同体への帰属意識や成員たちの間の連帯意識を高める、そんな役割が期待されている歌であることは全く共通しています。国歌だけではありません。団体がつくられるところ、その成員たちが歌うための歌がつくられるという発想は、まさに西欧諸国にこそ典型的にみられるものです。たとえばボーイスカウトのような団体では、歌集が用意され、何かの機会にそれを広げて歌うようなことが行われますし、そのように完全に組織化された団体でなくても、労働運動や市民運動に参加した人々が歌集を渡されて、その中の歌を皆で歌って気勢をあげるようなことはしばしば行われます。それがこうした運動のシンボルになるようなことも少なくありません。

そのような「皆で声をそろえて歌う」ことで共同体を形作ったり、その維持・強化をはかったりするような歌は「コミュニティ・ソング（共同体歌）」と呼ばれています。「コミュニティ・ソング」の成り立ちは、18世紀後半から19世紀にかけて西欧諸国が市民社会へと移行し、近代的な共同体へと再編成されてゆく動きと深く関わっています。もちろん、人間が共同で作業するときなどに皆で歌を歌って心をひとつにする、というようなこと自体は、べつに近代になってはじまったことではありませんが、それが近代的な共同体のなかでのアイデンティティのあり方と結びついて組織化されることで、歌が団体のあり方と不可分になってゆくような動きは、まさにこの18世紀後半から19世紀にかけての西欧社会で生じたものでした。国歌にしてみても、国という存在はべつにこの時代にはじまったものではなく、古代ギリシャ以来、いろいろな国が離合集散を繰り返してきたわけですが、神聖ローマ帝国の国歌などというものは、きいたことがありません。ここで深入りする余裕はありませんが、世界の国歌の歴史を調べてみれば、そのほとんどが18世紀後半以降、19世紀にはいってからの制定であることがわかるでしょう。その先鞭をつけたのは西欧諸国ですが、今やおよそ世界中の国と呼ばれる存在で国歌がないなどということはあり得ないような状態になっています。校歌に関しても、日本の学校では、ある時期から急速に普及し、間もなく学校に校歌がないなどということはあり得ないような状況になってゆくのですが、なんだかとてもよく似ていると思いませんか？

レコード《ボーイスカウト大全集：スカウトの歌声》のジャケット（ビクター、1973）。ボーイスカウトの集会、行事などで歌われる曲が収められている

　この18世紀後半から19世紀にかけての時代は、西洋の音楽や芸術の歴史を専門とする者にとっては、芸術の「自律化」の時代としてイメージされることが一般的です。教会や宮廷との関わりのなかで、典

礼や社交といった外的な目的と結びつくことでしか存在意義を認められていなかった音楽や芸術に、純粋に鑑賞する作品としての「芸術的」価値がはじめて認識されるようになり、美術館、コンサートホールといった、その種の社会的なしがらみから自由になった制度、場が確立した、そんな形で捉えられてきました。もちろん、それが全く間違っているなどというつもりはありませんが、そのような、音楽や芸術が「純粋化」され「脱政治化」されてゆく側面ばかりをみてしまうと、この時期の西洋文化に起こっていた、もうひとつの重要な側面を取り逃してしまうことになりかねません。なぜなら、この時代は同時に「コミュニティ・ソング」が高度に発達するなか、音楽の「政治化」が高度に進んだ時代でもあったからです。

西欧諸国のみならず、アフリカや南アメリカなど非西欧圏の諸国でも国歌を制定する慣習が確立し、しかもそのほとんどの国で、各国の伝統文化とは関係のない西洋音楽スタイルの国歌が作られたことに示されているように、この「コミュニティ・ソング」の思想と実践は、18世紀後半から19世紀にかけての西欧地域を震源地として、その後の時代に世界各地へと伝播してゆきます。

こうした、皆でうたう歌を軸とした近代的共同体形成の最初のモデルになったのはフランス革命でした。フランス革命は「歌いながらの革命（révolution en chantant）」などと呼ばれることもあるように、革命シャンソンなどの歌を効果的に利用して連帯意識を高めてゆくやりかたが意識的にとられた最初の機会になりましたが、そこで歌われた革命シャンソンの一曲である《ラ・マルセイエーズ》はやがてフランスの国歌となり、今度は国家統治や人民支配のツールになっていきました。試みにちょっと、《ラ・マルセイエーズ》の歌詞を覗いてみましょう。

「起て祖国の子らよ／栄光の日は来たれり／われらに向けて血にまみれた旗を専制者はかかげたり／聞け、戦場の咆哮を、野蛮な敵のそのさけび／わが陣めがけてまっしぐら、妻子ののどかき切らんと襲いくる／市民よ、武器を取れ、隊伍を組め／進め、進め、われらの土地に穢れた血の雨降らせよう」（M・J・ブリストウ著、別宮貞徳監訳『世界の国歌総覧』、悠書館、2008、226）

フランス人はオリンピックのたびにこんなすごい歌詞を歌っているのか、などと驚いてしまいますね。言ってみれば、このような歌詞を繰り返し歌うことを通して伝えられる革命の歴史的記憶がフランス国民のアイデンティティを支え、結束をもたらしてきたということになるのでしょう。

こうした「フランス革命モデル」は、19世紀後半になると、東欧、北欧などの西洋の周縁諸国に広がってゆき、民族自立運動を担う役割を果たしました。これらの諸国においては、フランスの《ラ・マルセイエーズ》同様、運動の際に歌われた象徴的な楽曲がそのまま国歌になるなどして歌い続けられている例が多く見られます。ロシア革命でも《インターナショナル》をはじめとする革命歌が象徴的な役回りを担いましたが、かつて東側陣営と呼ばれた東欧の社会主義諸国では、その種の歌を集めた歌集を制作して

1909年に出版されたフランスの入門者用歴史書の表紙。《ラ・マルセイエーズ》を歌う作者ルジェ・ド・リールの様子が描かれた1849年の絵の図柄が、その後もフランスの歴史を語る際に繰り返し用いられ、国民の革命の記憶を新たにしてきた（*"Une icône républicaine: Rouget de Lisle chantant La Marseillaise par Isidore Pils, 1849* [Les Dossiers du Musée d'Orsay 28]*"*, Paris, 1989より）

日々歌わせるなどの形でそれらを国家統治システムに組み込んでゆく強力な仕組みが作られました。その一方で、ソヴィエト連邦に組み込まれていたバルト三国のひとつであるエストニアが、ソ連の解体でようやく独立した際には、「エストニアの歌（eestimaa laul）'88」という合唱祭（1988年9月11日）での国民の盛り上がりが決定的な役割を果たしたとされ、音楽の力で平和裡に独立を勝ちとったとまで言われました。言ってみれば、支配する側にとっても抵抗する側にとっても、「コミュニティ・ソング」は不可欠の武器になっていたのです。「コミュニティ・ソング」は、それ自体はいかようにも使えるところがあり、たとえ同じ曲であっても、統治する立場の者が「上から」使うか、抵抗する立場の者が「下から」使うかによって、全く違った形で力を行使するツールになりえたのです。

19世紀から20世紀にかけての時代に、この「コミュニティ・ソング」の文化は非西洋圏諸国も含めた世界全体へと広がり、「グローバル化」されてゆきました。それはある意味では植民地などの形をとって非西洋文化圏を「西洋化」し、世界を西洋的な価値観や感性で塗り込めていってしまう動きであったとみることもできますが、いかに西洋文化の伝播力が大きく、「西洋化」が根こそぎ進んだようにみえても、それだけで話が済むわけではありません。このようにして「輸出」された西洋文化が世界各地で受け止められ、根付いてゆく際にはその裏に必ず、それぞれの地域の文化状況とのかかわりのなかで「土着化」されるという側面があります。別の言い方をすれば、この「グローバル化」によって世界の文化は決して西洋一色に塗り込められて一様化したわけではなく、それを受容した文化の数だけ「土着化」されて多様化した複数形の「西洋文化」が作られてきた、と考えることもできるのです。

この「土着化」的な面をポジティブに受け止める形で西洋音楽の「グローバル化」を捉え直す研究が、いま盛んに行われるようになっています。たとえばブラスバンドをめぐる最近の研究です。植民地に典型的にみられるように、西洋諸国が非西洋圏の文化を自らの傘下におさめてゆく際には、軍楽隊が必ず作られ、西欧諸国の軍楽隊の縮小コピーのようなバンドが世界中にできました。日本は植民地ではありませんが、やはり海軍軍楽隊、陸軍軍楽隊などの整備が進みました。日本の西洋音楽受容史では、かつてはもっぱらそういう「正史」的な部分ばかりが語られてきましたが、最近の研究ではむしろ、そこから派生して民間に広がった市中音楽隊（ジンタ）やチンドン屋、さらには消防ラッパ等々、日本で「土着化」して独自の展開を示すなかで生み出された「隠し子」的な存在に注目が集まるようになってきています。日本だけでなく、世界各国にはそれぞれ地元の文化と結びつきつつ独自な展開を示したユニークなバンドが山ほどあるわけで、それらに取材した《ブラス・アンバウンド》なるドキュメンタリー映画（オランダ、ヨハン・ファン・デル・コイケン監督、1993）などをみていると、まさにこういうところにこそ文化のおもしろさがあると思わされるとともに、チンドン屋などの「日本化」された事象についても、そういうグローバル・ヒストリーの一部としてみてゆく必要性を痛感させられるのです。

映画《ブラス・アンバウンド》に登場するミナハサ（インドネシア）の「竹とトタンのオーケストラ」。手作りでつくられた見慣れない楽器が並ぶ

こんな話を長々としてきたのは、校歌もまた、西洋的な

「コミュニティ・ソング」が世界進出を進めてゆくなかで、日本での「土着化」によって生み出された「隠し子」的な変種とみることができるからです。日本が鎖国を解き、江戸時代の国家体制を解体して近代国家の構築に乗り出したのは19世紀後半という、まさに西洋音楽の世界進出に向けた力が最も強まった時期のことでしたから、開国した途端に、西洋音楽の強大な圧力を（半ば好んで）もろに受けてしまうことになったことは間違いありません。近代的な教育システムを新たに構築してゆくにあたり、音楽教育の柱に西洋音楽を据えるという、かなり思い切った決断を下したこともそれゆえのことであるわけですが、その一方で、この時期の日本の国情に合わせて「日本化」することでスムーズな受容が可能になった面もあることを見逃してはなりません。

細川周平の四巻からなる大著『近代日本の音楽百年』（岩波書店、２０２０）は、この「日本化された受容」という観点から明治以後の日本の西洋音楽受容全体を捉え返すという壮大な試みの結実ですが、その第一巻『洋楽の衝撃』では、そのひとつの典型的な例として、公的な教育の柱となった「唱歌」がその展開のなかで「日本化」されることで生み出してきたさまざまな「変種」をひっくるめ、「学校唱歌の通俗化」という一章を設けてまとめて論じています。当の学校唱歌のほかに、軍歌、「鉄道唱歌」、寮歌、演歌、という各項目が立てられていますが、これらがまさに、文部省（現在の文部科学省の前身）お墨付きの学校唱歌が日本で受容される過程の中で登場し、独自の発展を示した「変種」であるというわけで、細川の本ではそれらの「変種」が生み出された背景やその展開の詳細が論じられています。

ここには含まれていませんが、校歌もまた、そのような「変種」のひとつに違いありません。本書はまさに、学校唱歌から生まれた校歌という「変種」がそこから離れ、それを受け止めた人々の手によってどのような独自の展開を示したかということを一冊かけて論じるわけですが、まずは話の出発点として、西欧諸国をモデルに自国を整備してゆこうとした日本という国の「近代化」プランのなかで、「コミュニティ・ソング」的なものにどのような役割が期待されていたのかということを簡単におさえた上で、そのなかでの校歌というものの位置づけについても、おおよその見取り図を示しておきたいと思います。

ただ、校歌の誕生よりは受容に焦点をあてるという本書全体の趣旨からして、「誕生」そのものを問題にすることになるこのあたりの話は、必ずしも中心的な関心事ではありません。また、このあたりのことについてはすでに、須田珠生による、まさに『校歌の誕生』(人文書院、2020)と題された本が出ており、豊富な資料に裏付けられた詳細な研究が展開されていますので、あえて私が出る幕はありません。それゆえここでは、須田の著書をはじめ、校歌やその周辺の事象にかかわるこれまでの研究などに依拠しつつ、本書の中でこれから「受容」に関わる問題を考えてゆく際の視座を確保するうえで重要になるいくつかのポイントに焦点をしぼって簡単に整理しておくにとどめたいと思います。

第2節 「近代国家」日本のなかの「コミュニティ・ソング」

明治維新を契機に日本という国を近代国家へと作りかえるうえで、欧米諸国から多くのことを学び、全力でそれらの国に追いついてゆくために、明治政府はさまざまな組織を設けました。音楽に関しても、1879(明治12)年に文部省によって「音楽取調掛」という組織が設置されました。

後に拡充整備されて東京音楽学校に、さらには現在の東京藝術大学音楽学部へと発展してゆくことになる組織ですが、設置の時点では、新たなスタートを切ったこの日本という国の音楽に関わる体制を整備し、発展させるために、主として欧米諸国の音楽の現状やその基礎にある思想や理論がどのようなものであるかを「取り調べ」たうえで、その事業を実行に移してゆくための人材を養成することが、その課題でした。そして開設から5年後の1884（明治17）年に出された「音楽取調成績申報書」なる報告書において、今後に向けてのこの国の音楽に関わる基本的な指針をとりまとめたのでした（『洋楽事始：音楽取調成績申報書』、伊沢修二編著、山住正己校注、平凡社・東洋文庫、1971）。

この「申報書」のなかに、「コミュニティ・ソング」に直接かかわるテーマがひとつ盛り込まれています。「明治頌撰定ノ事」という項目です。ここで「明治頌」と言っているのは、具体的には国歌のことです。国歌については開国早々、音楽取調掛が立ち上げられる以前から、外交儀礼上の必要性がはやばやと認識され、現行の《君が代》が定着してゆくにいたる動きがすでにいろいろ進んでいましたから、音楽取調掛が主導して国歌を選定したというわけではないのですが、この「申報書」には、文部省の命を受けて海外主要国の国歌の内容や制定の経緯などを「取り調べ」た結果がまとめられており、その過程で、単に儀礼上の必要性をこえて、それらの歌が「人心の向背」や「邦国の禍福」などに直結する大きな力をもっていることをあらためて認識したことが強調されています。そのうえでまず、日本の場合には「尊王愛国の大義」に基づき、「明治聖世の隆徳を発揚する」歌を選ぶという原則を主張していますが、その一方で、格調高いものにしようと思うと「社会一般に適し難き恐れ」が生ずるし、だからといって低い方に合わせれば「野鄙に失する」ことにもなってしまう等々、皆が歌うような国歌を選ぶのがいかに難しいかということも述べられています。文部省や音楽取調掛が「コミュニティ・ソング」の可能性やそのために求められるあり方に関してかなり踏み込んだ問題意識をもっていたことが窺われます。

そういうなかで、「コミュニティ・ソング」の日本的「変種」たる校歌はどのように生み出され、定着していったのでしょうか。文部省＝音楽取調掛的なコンテクストでみるかぎり、それがとりわけ小学校における唱歌教育のシステムが整備されてゆく過程と連動する形で起こったことは間違いないところです。ちょっと遠回りになりますが、校歌の話にはいるまえにまず、ここでの「唱歌」という言葉について、少し補足しておきたいと思います。というのも、「唱歌」というのが、いまわれわれが「音楽」と呼んでいる小学校の教科目の戦前の名称であったということは多くの方がご存知かとは思うのですが、この「唱歌」という名称を単に、今の「音楽」という教科目のうちの「歌をうたう」部分だけを指していると考えてしまうと、だいぶイメージがずれてしまうことになるからです。これについては、以前に『歌う国民：唱歌、校歌、うたごえ』（中公新書、2010）という本の中で詳しく書きましたので、関心のある方はそちらを参照してほしいのですが、唱歌は近代国家たる日本の国民にふさわしい心身を形作ってゆく「国民づくり」のためのツールであるという基本的な認識が出発点にありました。自分の住んでいる日本という国の地理や歴史について知るための「地理唱歌」（よく知られている《鉄道唱歌》もその「変種」です）や「歴史唱歌」、健康や衛生についての考え方を習得するための「衛生唱歌」、貯金のしくみや大切さを理解するための「貯金唱歌」等々、さまざまな「唱歌」が編み出されましたが、いずれも、当該の事柄についての知識を身につけることに加え、そういうことをよく自覚した上で生活を送ることが国のためにもなり、最終的には天皇陛下の「御稜威」にまでつながるのだ、といった教訓まで盛り込むことで、天皇中心の国家の「国民」であることへの自覚を促すのが常でした。

今でもよく愛唱されている《われは海の子》のような唱歌も、それだけきくと、海辺でたくましく育った少年の姿を描いたのどかな歌のように思ってしまいそうになりますが、あの曲には、今は歌われなくなった歌詞が第7節まであり、そこではその少年はのちに立派な船乗りに育ち、最後は「いで軍艦に乗り組みて／我は護らん海の国」と結ばれることになります。当時の教師用指導書をみると、「少時より海事思想を養はしむべきを諭さんとせるなり」（国民教育研究会編纂『形式の解説を主としたる国語教授日案』、啓成社、1910）などと書かれており、海国日本に育った者として「海を利用して国家の富をはかると共に国を護るにも海を於いてせざるべからざるを知らしめ」ることが目的であることが示されているのです。当初は五里霧中のなかでスタートした唱歌教育でしたが、そのような目的を効果的に達成するため、文部省は徐々に唱歌に対するコントロールを強めていくようになりました。

唱歌の話が長くなりましたが、校歌がどのような形で位置を占めるようになっていったのかという話も、唱歌をめぐるそのような全体状況をふまえて理解する必要があります。詳細は須田の『校歌の誕生』の第1章「文部省による唱歌認可制度の実施」を参照していただきたいのですが、まずおさえておく必要があるのは、1891（明治24）年に文部省が発布した訓令第2号というものです。祝日大祭日の儀式で歌われる唱歌を認可制にすることを定めたものです。戦前の祝日大祭日は、元日（1月1日）をはじめ、紀元節（2月11日、現在の建国記念の日）、天長節（11月3日、現在の天皇誕生日に相当）、春季皇霊祭（3月21日頃、現在の春分の日）等々、すべてが天皇家やそれを中心とした国の成り立ちなどに関わるもので、学校ではそれに合わせて儀式を行うことが義務づけられました。訓令第2号は、その際に相応しい曲が適切に用いられるように認可制にするためのものでした。注目すべきは、当時文部大臣であった大木喬任が相応しい曲として「生徒ノ志気ヲ鼓舞シ、忠君愛国ノ情操ヲ要請スルニ足ルベキ歌曲、即チ国歌ノ如キモノ」と述べていることです（須田、同書、38－39）。さらに3年後の1894（明治27）年には訓令第7号が発布され、今度は、祝日大祭日用のものだけでなく、小学校内で歌われる唱歌はすべて認可を必要とすることになりました。須田によるとこの時期、風紀を乱すような俗曲が巷で蔓延していることが問題化され、それを正すためには学校で「進歩せる端正なる音楽」（当時、東京音楽学校の校長であった村岡範為馳の言）をきちんと教えることが重要だということが唱えられるようになったということのようです（須田、同書、54）。その際に推奨されたのが軍歌であり、そういう意味ではこの訓令第7号は、忠君愛国の精神をしっかり身につけることができるような良質な軍歌にお墨付きを与えることに大きな主眼があったようです。

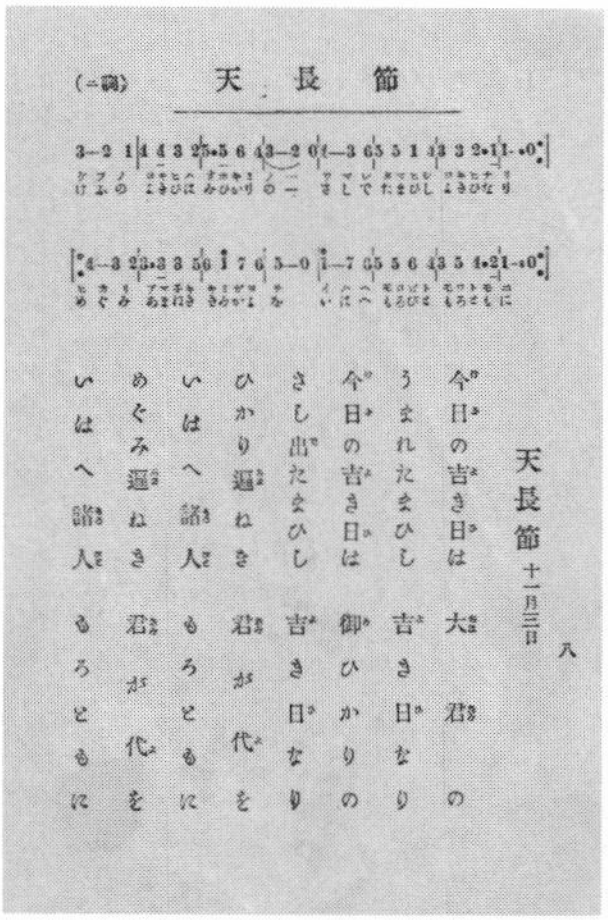

天長節
天長節 十一月三日
今日の吉き日は 大君の
うまれたまひし 吉き日なり
今日の吉き日は 御ひかりの
さし出たまひし 吉き日なり
ひかり遍き 君が代を
いはへ諸人 もろともに
めぐみ遍き 君が代を
いはへ諸人 もろともに

『教育勅語祝日唱歌』（大阪・又間精華堂、1900）より。当時の天皇誕生日（11月3日）に歌われた《天長節》の楽譜（数字譜）

学校で歌うのに相応しい歌の方向性がこのように定まってゆくなかで、「校歌」が姿をあらわしはじめます。訓令第2号で「国歌ノ如キモノ」が推奨されたことへの応答として、東京市下谷区忍岡尋常高等小学校（現台東区立忍岡小学校）は一曲の唱歌の認可を申請し、大祭祝日、開校記念日等に生徒に歌わせ、「学校ヲ愛シ、校恩ヲ体スルノ情ヲ涵養」するために校歌として定めたいという旨を述べています（須田、同書、44）。さらに訓令第7号の発布後になると、当初は軍歌の申請が多かったものが、1908（明治41）年頃から校歌の申請が急増しはじめ、この制度自体が、事実上校歌の認可のためのものになってゆきました。このようにみてみるとたしかに、「祝日大祭日唱歌」からはじまって、文部省が「国民づくり」のツールとしての唱歌に対する自らのコントロールを強めてゆく動きに呼応する形で、そのなかで校歌が確実に位置を占めるようになっていったことは間違いありません。

そういうなかで、学校管理のやり方などを論ずる本の中では、校歌を制定して歌わせることが不可欠であることを説く言説なども出てくるようになります。そういうケースではたいてい、校歌は校訓とセットにされる形で位置づけられています。たとえば、『尋常小学校管理教授及訓練の実際』（山松鶴吉著、同文館、1912-1913、各学年用の巻がありますが、ここでは主として「第二学年用」から引用します）という本をみてみましょう。そこではまず、訓育の大方針は教育勅語に示されているという前提のもと、校訓の設定にあたっては、その教育勅語の精神を実行にうつすために土地柄などをも考慮し、より具体化したわかりやすい形にして、勅語の精神を体得できるようにすべきことが述べられます。そのうえで校歌は「校訓の趣旨を徹底せしむる一方法」としてその趣旨を歌詞によみ含めたものとされます。校訓は規則や理屈の面が強いのに対し、歌に表わすことで「一種の感情を惹起して、心から我々は斯くあらねばならぬといふやうに引き込まることとなる」というのです。校訓に具現されている教育勅語の精神を、毎日の朝会や始業式、終業式、運動会等々の機会に繰り返し歌うことで理屈ではなく感情に訴え、自然に身体に染み込ませる、そんな効果が期待されているのです。

静岡県立榛原中学校（現榛原高校）の校歌は、まさにそのようなあり方を絵に描いたようなものです。最初の校歌（村松勇助作詞、萩原寅蔵作曲）は1915（大正4）年に制定されたものですが、歌詞の第1節から第4節までにそれぞれ「自治」、「同情」、「勇敢」、「至誠」というタイトルがつけられており、これは同時に定められた「榛中訓育及び教授施設要項」にある「自治・同情・勇敢」に由来しているとのことです。たとえば、第1節の「自治」は「混々舎まぬ大井川／霞の奥を出でてより／千尋の海に到るべく／淵瀬幾変紆余百曲／自ら路を開きてぞ／進める様を見よや友」という歌詞で、地元の大井川を題材に、それが自ら路を見いだして海へと向かってゆくさまを「自治」の精神に結びつけています。この榛原中学校はその後、1921（大正10）年、1935（昭和10）年と、二度にわたって新校歌を制定していますが、前者（下村芡作詞、田村虎蔵作曲）では「高鳴るかな／自治同情勇敢のをしへ／この校訓をふりかざし／進め進め」、後者（福田正夫作詞、小松清作曲）では「護れ／真剣至誠の校訓を／ここ榛中／教育の道場」と、つねに校訓が前面に出た歌詞になっています。これほどまでに明示的に校訓への言及が行われる例は珍しいですが、校訓に使われている単語を流し込むくらいのことは多くの学校でなされています。中等学校は、次々訓令が出て唱歌への管理が厳しくなってゆく小学校とくらべると管理はゆるく、1939（昭和14）年になるまでは唱歌の認可制度もなかったくらいなのですが、それでも全体的な方向性ということでいえば、その動きは小学校とかなり共通していたということなのでしょう。

このようにみてくると、日本の学校の場合、管理主義的な体質がかなり強いことが感じられ、校歌という存在がそのような風土と結びつく形で出てきたように思えてきます。校訓はしばしば、生徒の行動のためのより具体的な規則や心構えなどを記した「生徒心得」、「児童心得」などの名で呼ばれるものとセットになっていましたが、この「生徒心得」は今日では一般的に「校則」と呼ばれるものの前身にあたります。近年にいたるまでたびたび、日本の学校の「校則」が、異様に細かく些末なことまで生徒の行動を縛るものになっており、管理主義の度が過ぎる旨の批判を受けてきましたが、そういうつもりでみてみると、校訓と校歌だけでなく、校旗、校章など、ほかにも学校側の「管理ツール」の性格が強いものがいろいろあるように思われてきます。百年史などの学校史の本では巻頭の口絵などで、校旗の写真と校訓を記した扁額、それに毛筆でしたためられた校歌の歌詞などが「三点セット」で掲げられていることがよくありますが、このあたりに「上から」の「管理」や「統制」の匂いを否応なしに感じさせられてしまうところがあることはたしかです。

「制服」などもそういう意味で、共通の土俵にのせて論じることができるかもしれません。制服が決められていて着ることを義務づけられている学校が多いことも日本の特徴です。最近はさすがに昔よりは減りましたが、修学旅行で皆が同じ制服を着て京都の街などをぞろぞろ歩いている様子は、外国人観光客などからみるとずいぶん異様にうつるようで、そういう「上から」の管理主義的なあ

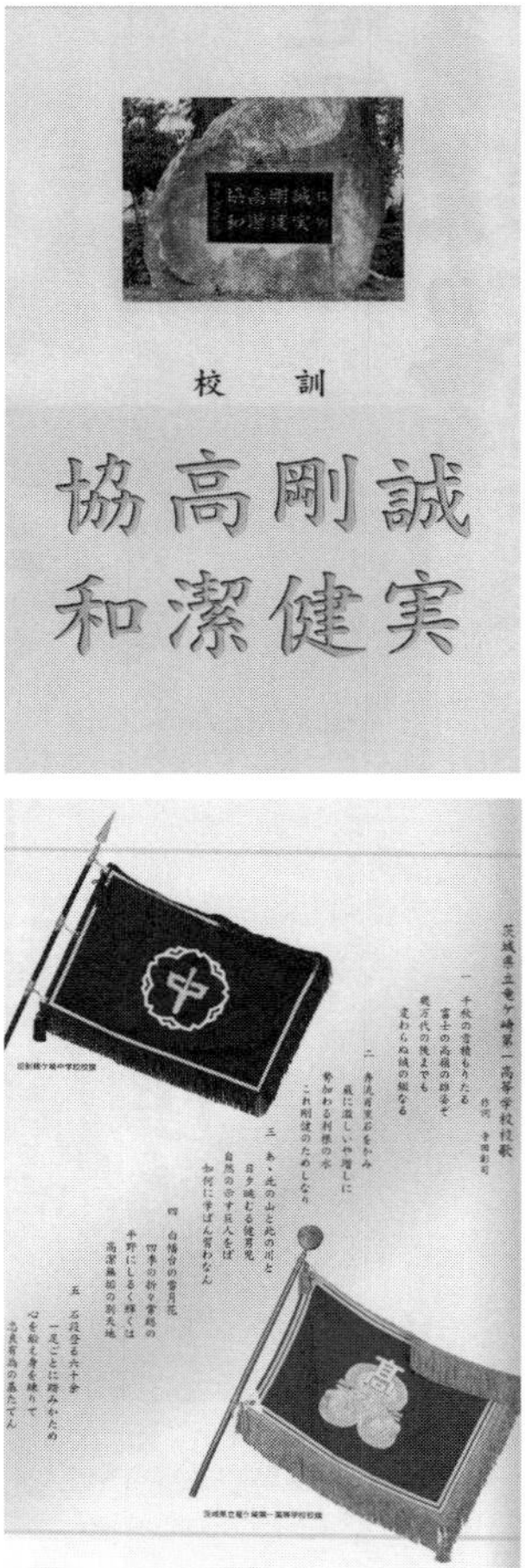

『星霜百年白幡台』(茨城県立竜ヶ崎一高、2001)の巻頭口絵。見開き2ページに校歌、校旗、校訓が配されている。各学校の制作する学校史にはよく見られるパターン

り方を日本の近代化の独特なあり方と結びつけて文化論として論じるようなことも、よくされてきました。そういう図式で考えるならば、校訓や国家イデオロギーをよみこんで身につけさせるような校歌のあり方も、そのような「上から」の日本型学校文化の典型ということになるのかもしれません。でも、そういう話にまとめてしまって本当によいのでしょうか。

第3節　「学校文化」としての校歌のもうひとつの顔

「学校文化」という概念があります。近年、日本における教育史を捉える際などにもしばしば用いられるようになり、それをさらに応用する形で音楽教育に関してもつい最近、「学校音楽文化(school music culture)」という概念を軸に据えた論集が出たりもしています（笹野恵理子編『学校音楽文化論：人・モノ・制度の諸相からコンテクストを探る』、東信堂、２０２４）。学校教育史にかかわる研究対象は従来、授業など正規のカリキュラムの枠内で行われる内容に偏するきらいがあったのに対して、もうすこし対象を広げ、「学校集団の全成員あるいはその一部によって学習され、共有され、伝達される文化の複合体」（耳塚寛明「学校文化」、『新教育社会学辞典』、東洋館出版社、１９８６）を幅ひろく論じることが目指されています。そのような考え方をすることで、課外活動や修学旅行などの行事等々、これまでの教育史研究では主要な対象とされてこなかったものをも含む形で、学校という場で形成される「文化」全体を広く捉え、学校教育に関してこれまで見逃されてきた部分をすくい取ることができるようになるわけで、校歌もまたそのような視点の転換によって浮上してくるテーマのひとつであるともいえます。

しかし「学校文化」という視点のもうひとつのポイントは、これまでの研究がどうしても政策や制度の側から、あるいは教員の側からの、「上から」のタテマエ的な研究になりがちで、生徒の過ごす日常のなかでの活動をうまく捉えることができてこなかったのに対して、「文化」を視座に据えることで、それらの活動を、生徒も含め、学校という共同体のメンバーがいろいろな立場から関与することによって形作られてゆくものとして捉えることができるようになったというところにあります。そういう意味で言うと、校歌の成り立ちについて前節で述べてきたことは、文部省がどのように考えて、また教員側が何をもくろんで校歌を制定しようとしたか、という話ではありますが、そこには、学校という現場において、それが本当にその通りに機能したのか、歌う生徒たちはそれをどのように受け止め、その結果どのような展開が生じたのか、といったようなことが抜け落ちてしまっています。校歌を「学校文化」の問題として考えようとするのであれば、そういうところこそ重要なのであって、その部分がないまま、日本の「上から」の近代化とか、「国民づくり」といった話だけにおさめてしまうのは、少々一面的にすぎるのではないでしょうか。

たしかに日本の場合、教育に限らず、官営工場の設立にせよ国有鉄道の敷設にせよ、「近代化」の動きがすべて国主導で進んでいった側面が強かったことは間違いありませんし、欧米列強に少しでもはやく追いつくためにそのような形になったのは無理からぬことだったのだろうとも思います。教育に関しても、まずはそのような形で国を動かしてゆける実働部隊の人材を養成するということが至上命令になっていたわけですから、帝国大学でも世界に先駆けて工学部のような「実学」の学部が設けられるなど、純粋に学問的な探求を志す人が真理を求めて集まったとされるドイツの大学などとは著しく違った形での制度化が進みました。少なくとも全体的な認識としては、日本の「近代化」が国主導で「上から」行われた性格が強く、それが教育や音楽のあり方にも反映していたというのは間違いではないでしょう。

しかし校歌をめぐって起こっていることをもう少し丁寧にみてみれば、話はそれほど単純ではないことがわかってきます。国（文部省）は実際のところは、1872（明治5）年の学制公布当初から一貫して、学校に校歌の制定を義務づけたり奨励したりするようなことは一切していないのです。このことについては、須田珠生も『校歌の誕生』のなかで再三にわたって強調しています。たしかに、1891（明治24）年に発布された文部省の訓令第2号で祝日大祭日の儀式で歌われる唱歌を認可制にし、それに相応しい歌として「国歌ノ如キ」歌であることを求めたこと、1894（明治27）年の訓令第7号で小学校の学校内で歌われるすべての唱歌を認可制にしたことは事実ですし、それに呼応する形で校歌を制定する動きが広がっていったことは間違いのないところです。しかし、須田も述べているように、文部省自体には校歌を特別扱いして、それを特に奨励したり、その認可に特に力を入れたりするような意図はありませんでした。訓令第2号に対応する形で校歌を制定した忍岡小学校の例はあくまでひとつの特殊例にすぎませんし、訓令第7号によって認可をうる唱歌の大半が校歌になっていったというのも、教科書の整備などが進み、学校で歌われる唱歌のほとんどはあらためて学校として認可の申請をする必要がなくなったため、申請の必要があるのが結果的に校歌だけになっていったという側面がつよく、文部省が特に校歌をターゲットにして何らかの統制を目論んだというようなことではありません。それゆえ、校歌というジャンルの登場を単純に「上から」の動きとして、国が自ら音頭を取ってつくりだし、普及させていったものであるかのようにまとめてしまうと、いささか話が歪んでしまうことになるのです。

もちろんだからといって、各校に続々校歌が作られ、どこの学校にも校歌のあるのが普通であるような状態になっていった動きが、一切「上から」の関与のない自然発生的なものだったというわけではありません。前節で述べてきた、学校管理に関する本で校歌が校訓と並んで必須のものとして意味づけられているというような事態は、たとえ文部省自体の発信ではなかったにせよ、学校の現場にとってみればそれだけでも十分に「上から」の力として大きな影響力を行使したことでしょう。ただ、現場が本当にそのような方向で一色に塗りつぶされていたのかと考えてみると、そこには疑問が残ります。とりわけ考慮しておくべきことは、「校歌」の意味や機能が、今日われわれが考えるような形でかなりくっきりとしたイメージを結ぶようになってくるのは、実はかなり後になってからのことであるということです。そこにいたるまでの初期の段階においては実際には、そのような「上から」のイメージで想像されるのとはかなり違った光景が展開されていたのではないかということを、疑ってみる必要があるように思うのです。

須田も『校歌の誕生』でこのことに触れています。初期の校歌では、いろいろな学校で使うことのできる汎用の「校歌」が作られていたり、誰もが知っている《金剛石》のような他の唱歌が代用されていたり、今の「校歌」の概念からは想像できないような事態がしばしばみられました。1930（昭和5）年頃を境にして校歌が全国的な広がりをみせ、どの学校にも校歌があるのが当たり前と考えられるような状態になってくるとともに、校歌に対する認識自体が大きく変わってくることを須田は指摘しています。つまり、いまわれわれがごく普通に思い浮かべるような「校歌」の表象はこの時期以降に成り立ったものなのであり、そこにいたるまでの動きを仔細に眺め直してみるならば、西洋起源の「コミュニティ・ソング」の思想がそっくり日本に移入され、それを日本の国情にあわせて「校歌」という形に転用したものがそのまま「上から」押しつけられた、というような単純な図式では捉えきれないような校歌の多様な顔がみえてくるのです。

本書では次の第2章において、主として旧制中学校などの中等学校の事例を中心に、いまの「校歌」概念が形をなしてくる以前の校歌の状況について考えてゆくつもりですが、そこからみえてくる「『校歌』以前の校歌」の状況は、「国民づくり」のツールである校歌を「上から」歌わされているというようなものとはずいぶん違うということがわかっていただけるはずです。前節で、「コミュニティ・ソング」は、使いようによって「上から」の統治の歌にも、「下から」の抵抗の歌にもなるような多様な展開の可能性を含み持ったものであるという趣旨のことを述べましたが、日本の校歌も実はかなりそのような多面的な顔を含んでいました。そのあたりのことをみてゆくことは、明治以後の日本の「近代化」のあり方や位置づけ自体をあらためて捉え直すことにもつながるのではないでしょうか。

日本の「近代化」が、国の主導による「上から」の性格が強かったことが、文化のいろいろな部分にその跡を残したという側面があることはたしかに否定できません。教育においてもそのような部分はたしかにあるでしょう。「国民づくり」の部分が強まれば強まるほど、管理や統制への傾きが大きくなってくるわけで、校歌や校旗、校訓、制服などの存在がそのような風土を象徴的に示しているということは一面の真理だろうと思います。しかしそれはあくまでもことの一面であり、具体的な展開の歴史をみればみるほど、そういう一面的な図式にはおさまらないおもしろい現象がいろいろみえてきます。

校歌だけでなく、校旗などの他のトピックでも同様です。校旗については水崎雄文の『校旗の誕生』（青弓社、２００４）という本がありますが、ここでもやはり、校旗というものの存在は決して自明なものではなく、いまのような形で校旗が象徴的な意味をおびた形でみられるようになってくるのは、実はかなりあとになってからのことであること、初期においては校旗は必需品ではなく、制定の日時などに関する記録などもかなりいいかげんに記載されているものがあることなどが指摘されており、校歌の場合とかなり似た状況であったことを感じさせられます。また、管理や統制の代名詞ともいえる制服についても新たな視点からの研究が進んでいます。難波知子の『学校制服の文化史：日本近代における女子生徒服装の変遷』（創元社、２０１２）は、制服には、このような「上から」の管理や統制といったことには還元できないような意味や価値がいろいろつきまとっていることに着目し、着る側の生徒がそれを逆手にとり、自分を演出するファッションへと転換させてゆこうとした側面を照らし出そうとする刺激的な研究になっています。本書が、校歌を制定する文部省や学校の側ではなく、それを受け止め、歌う「受容」の側に焦点を合わせているというのも、それによって、「国民づくり」というタテマエ的な図式に還元できないところに花開いている校歌の文化の豊かな広がりに少しでも触れたいという目論見ゆえのことです。これらの研究の先に、日本の「近代化」のもうひとつの姿が浮かび上がってくると、私は考えています。

第2章　「校歌」以前の校歌：「替え歌校歌」の時代

第1節　「旧校歌」の謎：「校歌」という概念自体の変質

校歌についての本書の基本的な視点が「制作」側ではなく「受容」の側にあることは、最初から述べている通りですが、だからと言って、曲が作られた部分は不問に付したまま、それが後世になってどのように扱われ、どのように変化したかというところだけを論じればすむということにはなりません。「受容」の側を重視しようとするのは、その曲を取り巻く社会や文化に生じた状況の変化が無視できないほど大きい、と考えているからでもあります。そうであるならば、その曲が作られた時点で校歌を取り巻いていた状況も当然のことながら、今のわれわれが考えるのとは著しく異なっていたと考えるべきでしょう。言い換えれば、校歌というものが学校のなかで、あるいは社会全体からみて、どのように捉えられ、また受け止められていたかということ自体、今のわれわれの側の価値観や感性を前提にして推測してしまうと、著しく見当違いなことになってしまう危険があるということでもあります。

「受容」の問題に目がいってしまうあまり、「制作」の側を不問にする形で議論を出発させてしまうことは、ともすると「曲そのもの」があたかも所与のものとして最初からあるかのように錯覚し、知らず知らずのうちに自分自身の価値観や感性をそこに忍び込ませてしまうようなことにもつながりかねません。そのことは、それぞれの曲について個々に考える以前の、「校歌」という概念自体に関わる問題をも含んでいます。第1章でも最後に示唆したように、われわれが今、ある種共通了解としてもっているような「校歌」という概念のもたらす表象は、実はかなり後の段階、大正末から昭和初期あたりの時期にはっきりとした形をなすようになったものです。したがって、それ以前の時期の「校歌」を取り上げる場合には、その時点での「校歌」という概念の内実はいったいどのようなものだったのかということとセットにして考える必要があるわけですし、場合によっては、そもそも「校歌」という概念がその時点で存在していたのか、ということまで含めて疑ってかかるべきなのです。歴史を語るときには、今のわれわれのもっている概念や表象が絶対的なものであると考えてしまい、それを無批判的に適用してしまうような「勝利者史観」的な見方が記述を歪めてしまうことがしばしばありますが、校歌に関してもまさにそのような危険があるのです。

そのように考えはじめると、これまで当然と考えられ、見過ごされていたことがいろいろ問題になりはじめます。たとえば、校歌の歴史の話には必ず出てくる、日本最古の校歌は1878（明治11）年に作られた東京女子師範学校（のち東京女子高等師範学校、現お茶の水女子大学）のものだという話がありますが、須田珠生の『校歌の誕生』では、このことについても疑問が投げかけられていきます（須田、14）。つまり、今でも同校の校歌になっているこの曲が1878年に作られたこと自体はたしかに事実なのですが、さらによくみてみると、この曲はもともと東京女子師範学校附属幼稚園の園児や東京女子師範学校の生徒の唱歌教育に用いる「学道《まなびのみち》」という唱歌として作られたのであって、その後になって式典・儀式などで歌われる歌になったという経過をへて、「校歌」という形で位置づけられるようになったのは1900（明治33）年になってのことであったことがわかるというのです。つまりこの曲が作られた時点では、そもそも「校歌」という概念自体があったかどうかも疑わしいわけで、それをただちに「日本最古の校歌」としてしまうような見方は、明らかに今のわれわれの見方を後付けですべてのものに適用してしまった結果の「勝利者史観」的な歴史記述にすぎないと言わざるをえないでしょう。

そのようにみてみると、歴史の古い「伝統校」であればあるほど、それぞれの学校で作られた「百年史」等の学校史の記述のなかにみられる校歌のはじまりに関わる部分には、不透明なところが多々みられることがわかってきます。東京女子師範学校のように、そもそも「校歌」というカテゴリーで認識されていなかったというような例ばかりでなく、一応「校歌」という名前で呼ばれてはいても、それが本当に今われわれが考えるような「校歌」だったのかということが疑問になるようなケースが数多くあるのです。

まずご紹介したいのは、北海道函館商業高校（旧函館商業学校）の校歌の例です。同校には1929（昭和4）年に制定された校歌（青木存義作詞、信時潔作曲）があり、これが今でも校歌として歌われています。この校歌については、学校の依嘱で作られ、この年に行われた同校の創立40周年記念式典において披露されたことがはっきりしており、まさに第1章でみたような「上から」の「校歌」の典型例と言っても良いくらいなのですが、問題はその前に歌われていたとされる「旧校歌」です。すでにある校歌に代わって新たに校歌を作り直す例はよくありますから、そのこと自体は決して珍しいことではありません。函館商業学校が「新校歌」を制定した昭和のはじめあたりの時代も、校歌を作り替える動きが全国的にかなりあったようで、それまでに歌われていたものが「旧校歌」になる例がかなりみられます。それらのケースをみてみると、この時期に作られた「新校歌」の方は、たいてい前章で述べたような「上から」校歌の典型のような感じのもので、それが御大典や周年記念行事などと抱き合わせになるような形で大々的に披露されるというようなケースが多いのですが、そこで「旧校歌」とされているものの方に目を向けると、制定の経緯も曖昧で、そもそも本当に「校歌」と呼んでよいのかということすら疑問になってしまうような例が少なからずあるのです。

函館商業の事例は、まさにその典型でした。幸いなことに函館商業の場合には、卒業生を中心に、校歌や応援歌の成立や受容の過程を丹念に追いかけた研究が盛んに行われており、この「旧校歌」についても、卒業生であり母校で教鞭もとった大角愼治が『校歌の周辺』という論考でそのあたりの経緯を詳細に描き出しています（大角、37-49）。それをみると、非常にはっきりしている「新校歌」の制定とは対照的に、「旧校歌」の場合には、調べれば調べるほど、その「制定」の経緯があやしくなってきて、そもそも本当に「制定」されたのかどうかということすら疑わしくなってくるような状況であることがよくわかります。大角の調査を追いながら、そのあたりをもう少し具体的にみてみることにしたいと思います。

ここで「旧校歌」と呼ばれているのは函商の地理・歴史教員であった安田尚義が作詞して作られたものです。安田は1907（明治40）年から1913（大正2）年まで在籍した後、体をこわして退職し、故郷の宮崎に帰ってしまったのですが、その直前に作詞をしたとみられます。曲は旧制一高寮歌の《嗚呼玉杯に》をそのまま使っています（このような「替え歌」的なやり方は、この時期にはごく一般的なもので、この《嗚呼玉杯に》も多くの学校で使われているのですが、そのあたりのことについてはこの章の後半で詳しくお話しします)。問題は、これが本当に「校歌」と呼べるようなものだったのかということです。たしかに1989(平成元)年に刊行された『函商百年史』では、校歌として制定されたと書かれており、付録の年表にも1913(大正2)年の項に「校歌(「巴の海の波の音……」)を制定す」とあるのですが、いったい何をもって「制定」とされているのかが、実はよくわからないというのです。

大角は、安田が帰休前に作詞を完成させてから1929(昭和4)年に「新校歌」が制定されるまでの間に残された資料から、この歌に関わる記述があるものを抜き出して時系列に沿って並べています。それをみると、一方でたしかに、1916(大正5)年の入学式で歌われたとか、1919(大正8)年に出版された『続校歌ロオマンス』(出口競著、実業之日本社)という本に「函館商業学校歌」として紹介されているなど、この曲が「校歌」として認知されていることを示唆するような兆候はあるのですが、他方で1914(大正3)年の『卒業記念写真帖』、また学校の要覧である『学校一覧』(1916、1919、1922の各年度の号)といった、校歌として制定されていれば当然掲載されていてしかるべきものにも掲載されていないというのです。

『卒業記念写真帖』に関して言うと、1926(大正15)年以降のものになると歌詞が「校歌歌詞」として掲載されるようになるようですので、後になってだんだん校歌として扱われるようになったというようにも解釈できそうです。しかし、その同じ1926年の『校友会雑誌』第8号冒頭には、この同じ歌詞が「校友会歌」として紹介されているという事実もあり、そうなってくるとこの時期になっても、本当に「校歌」として位置づけられていたと言って良いのか、疑問が残ってしまいます。これらのことをトータルに勘案すると、この曲はたしかに校歌のような形で歌われていた一方で、「制定」された校歌ではなかったというのが、大角の行き着いた結論です。「校歌」として歌われていたといっても、少なくとも今のわれわれが「校歌」という言葉で思い浮かべる、学校によって権威づけられ、厳かに歌われる特別な曲というような表象はそこにはほとんどなかったということが十分に推測できます。

極端に考えれば、この曲は「新校歌」が話題にあがることによってはじめて、「旧校歌」という形で「校歌」として認識されるようになったというような捉え方も可能かもしれません。仮にそれ以前に「校歌」という名前で呼ばれていたとしても、その場合の「校歌」の概念は、今日われわれが定義しているような「校歌」の概念とはほとんど共約不可能なものでした。それが「旧校歌」という名前で、「新校歌」と対置できるような位置づけを与えられるようになったのは、むしろ後世の言説が、その後の時代の「校歌」という概念を適用するようになった結果だと言った方が良いのかもしれません。大角の調査からはじっさい、この「旧校歌」の実体が明らかになってきたのが、かなり経ってからのことであることがわかります。戦後まもなくの1946（昭和21）年頃の資料には、この歌の作詞者名として、安田ではなく同僚教員の氏江富雄の名前が記載されていたりします。この曲の作詞時期などが明らかになったのは、1969（昭和44）年に刊行された『函商八十年史』に「六十年前の函商の思い出」と題された安田の回想記事が掲載されてからのことで、そこではじめて「本校初の校歌」として紹介されました。曲の存在は知られていた一方で、その位置づけが後世になって徐々に確定されてきた、そんな経過を示しているようにも思えます。もちろん函館商業の場合には、何度か火災にあい、学校に保管されていた古い資料の多くが失われてしまったというような事情も影響したかもしれませんが、それにしても、開校四十周年の機会に大々的に披露され、作詞、作曲者にスポットライトが当たるような形で取り上げられてきた新校歌との違いは明らかであり、それはまさにそれぞれの時点での「校歌」という概念のあり方の違いを映し出しているように私には思われるのです。

細かいことに拘泥しているように思われるかもしれないのですが、函館商業だけのことではなく、似たようなことは他の学校にもいろいろな形でみられます。どうやらこの「旧校歌」と「新校歌」を隔てる間の時期に、「校歌」という概念自体がそのありかたを大きく変えたように思われるのです。いくつか例をあげてみましょう。

長野の松本深志高校（旧松本中学校）の校歌は1922（大正11）年に制定されたものです。当時在学していた松原威雄の作詞、東京音楽学校の岡野貞一の作曲によるもので、現在にいたるまで歌われています。松本中学校の場合にもやはり、この「正式」な校歌以前に「校歌」がありました。それより20年も前の1902（明治35）年の校友会誌『校友』に、相談会において校歌の作成を決議し、卒業生の勝山勝司に作詞を依頼することが決まった旨の記載があり、勝山の書いた歌詞と開智小学校の音楽教師だった米久保喜雄がそれにつけた曲の楽譜が掲載されています（『長野県松本中学校・長野県松本深志高等学校九十年史』、1969、306）。ところがそれから6年も経った1908（明治41）年の『校友』には「校歌」と題された記事が掲載されていて、こんなに歴史のあるすばらしい学校であるわが校に校歌がないのはまことに残念だという内容が書かれています。さらに、その同じ『校友』の1911（明治44）年の号には再び、以前に掲載されていた勝山の歌詞と楽譜が校歌として掲載されているというのですから、いったいどうなっているのでしょうか。この校歌は歌いにくかったためあまり歌われず、代わりに一高などの応援歌や寮歌が歌われていたという証言などもあるようですが（同書、308）、少なくともこの「校歌」が、今われわれが「校歌」という語で想定するようなものであったら、いくら歌いにくかったとしても、こんなことは起きないでしょう。

ほかにも、秋田県立秋田高校（旧秋田中学校）では、1922（大正11）年に土井晩翠作詞、梁田貞作曲による校歌が制定される以前から「校歌らしい歌」が歌い継がれていたと書かれています（『秋高百年史』、1973、196）。また、静岡県立榛原高校（旧榛原中学校）でも、創立20周年にあたる1921（大正10）年に新校歌（下村莢作詞、田村虎蔵作曲）を制定するに際し、「本校の校歌は已前にありましたが年月を経つにつれだんだん歌われなくなったのでこの二十周年のめでたい年に当り校風を作興して人心を新にするために校歌を新定しました」という説明をしています（『校友会雑誌』創立満二十年記念号、1921）。その前の1915（大正4）年に作られた榛原中学校の「旧校歌」については、すでに前章でも触れていますが、秋田の「校歌らしい歌」とは違って、かなりはっきりした形で「校歌」として制定されたもののように思えます。それでもやはり「歌われなくなった」などと書かれていますので、今のわれわれが考える「校歌」のようなステータスをもつ形で位置づけられていたわけではないようです。

さらに、これらの「旧校歌」の場合、果たして曲として、「新校歌」と同程度の自律性をもっていたのかどうかということにも、疑問が残るということを付け加えておきたいと思います。ここまでわれわれは暗黙のうちに、どの校歌も、特定の歌詞と特定の旋律が一対一で結びついたものとして、つまり西洋音楽における「作品」のような固定したあり方をしているものと想定して考えてきました。しかし、どうもそのような形ではうまく捉えられない事例もあるようなのです。福岡県の修猷館高校（旧中学修猷館）の場合をみてみましょう。修猷館の館歌（修猷館の場合、「校歌」ではなく「館歌」という呼び方をします）が制定されたのは1923（大正12）年で（『修猷館二百年史』、1985、194）、このときにつくられた館歌が今も歌われています。実はこれに先立つ1916（大正5）年に生徒に向けて館歌の募集が行われ、二作が入選作になったのですが、「作曲はされず、時に応じ、思い思いに歌うに過ぎなかった」とされています。「思い思いに」というのは、いったいどういうことでしょうか。節がなくては歌えませんから、これはおそらく、いろいろ既存の節をつけて歌ったという意味でしょう。函館商業の「旧校歌」は、作曲せずに旧制一高寮歌《嗚呼玉杯に》の節を転用する形で歌われたということ、そのようなやり方がこの時代にはしばしばみられたということはすでに述べました。こういう場合、われわれは暗黙のうちに旋律がひとつに定まった「作品」的な「曲」のあり方を想定してしまい、新しく旋律を作曲する代わりに既存の特定の旋律をもってきただけであるかのように考えがちなのですが、もしかしたらそこの結びつき自体がもっとゆるいのかもしれません。ひとつの歌詞にどのような旋律をつけて歌うかが一義的に規定されておらず、時によって「思い思いに」いろいろな旋律にのせてうたうというようなこともあったのではないか、そんなふうにも思われるのです。たしかに、この明治末、大正初期くらいまでの時期、校友会誌などに校歌が完成したということが報じられる場合、そこに記載されているのは歌詞だけで、曲については何も書かれていないことがほとんどです。「○○の譜」などと書かれている場合もありますが、その指定すらもない場合も多く、そういう場合には、歌う側が既存の旋律から適当なものを選び、それにのせて歌っていたのだろうと思います。極言してしまえば、この時代、「校歌を作る」ということは歌詞を作るということと同義であり、曲の方は歌う側が勝手に何かの節をもってくればよい、と考えられていた、と言っても過言ではないのです。

修猷館だけではありません。新潟県の高田高校（旧高田中学校）では、1904（明治37）年の創立30周年記念式典で正式に校歌が制定されたのですが、実は歌詞だけはもっと前に発表されていました。1901（明治34）年頃から数名の教員が作詞を試み、そのうち下村莢、秋田実というふたりのものが候補として残って、生徒たちに歌われていたというのです。下村の歌詞は長すぎたため、生徒たちはだんだん秋田の歌詞を歌うようになったので、この秋田の歌詞に高田師範の教員だった早川喜左衛門が曲をつけたものが校歌として発表された、ということです（『高田高等学校百年史』、1973、54）。生徒たちが何の節をつけて歌っていたかは書いてないのでわかりませんが、まだ早川の曲がついていなかったわけですから、たぶん何か既成の旋律を探してきて歌っていたのでしょう。

こういう状況をみてみると、明治末くらいにつくられた校歌は、われわれが今想定している「校歌」の概念とはずいぶん違った前提のもとに作られ、また歌われていたということがよくわかると思います。そのあたりの前提が大きく変化し、今日われわれが当然と考えているような「校歌」の概念に近づいてくるのは、大正末頃から昭和のはじめあたりにかけてのことです。したがって、同じ「校歌」という言葉で呼ばれている文化であっても、それ以前の時代には、現在とはずいぶん違ったあり方をしていたことになります。その、言ってみれば「校歌」以前の時代、校歌の文化はどのような形で営まれていたのでしょうか。考察を続けましょう。

第2節　「下から」の校歌：校友会の文化と校歌

「校歌」という言葉には、何というか、ある種の重々しさのようなイメージがつきまといます。その最大の理由は、校歌が、自由に作られる普通の歌とは違って、学校という権威によって公的に「制定」されるものとして位置づけられているということにあると思われます。もちろんこのことは校歌に限らず、国歌や社歌、団体歌など、「コミュニティ・ソング」として括られるような歌全般にあてはまることですし、日本だけでなく、この種の近代的な共同体への帰属意識や連帯感をもたらすような歌である限り、同じような側面は必ずあると思いますが、日本の場合、第1章でも述べたように近代化が「上から」の力で行われた性格が強かったことが、この種の「コミュニティ・ソング」に権威的な雰囲気を吹き込む要因になったことは間違いありません。とりわけ校歌の場合には、卒業式や入学式といった、ことさら厳かな雰囲気を醸し出すセレモニーと結びつく機会が多かったことが、そのようなイメージをさらに増幅し、学校側という権力との結びつきの色合いを強めてきたところもあるかもしれません。

しかし、校歌のそのような面だけを強調することは、いささか一面的に偏することになります。とりわけ前節で述べたように、明治期や大正初期の校歌のあり方は、今われわれがイメージするのとはそもそも相当に違っていたわけですから、そういう意味でも、あまり固定した図式にあてはめてしまって考えるのではなく、校歌の多様な側面に光をあててゆこうとするような考え方が必要であろうと思います。

そのためにまず、岩手県立盛岡第一高校（旧盛岡中学校）の校歌（作詞：伊藤九万一）をとりあげておきたいと思います。1908（明治41）年に制定されたものですが、この時代の校歌のあり方を考える上でのポイントが非常に見えやすい形であらわれています。

この盛岡一高の校歌で、何と言っても目を引くのは、その旋律が《軍艦行進曲（軍艦マーチ）》（瀬戸口藤吉作曲、1900）の旋律だということです。最近はすっかり有名になってしまったので、あまり驚く人はいないかもしれませんが、はじめて聴いたときにはギョッとした人も多かったのではないかと思います。大きな話題になったのは、1968（昭和43）年に、久しぶりに甲子園大会に出場し、初戦に勝ってこの校歌が流れたときでした。当時の新聞には、「校歌は軍艦マーチ」という見出しの小さな囲み記事が掲載され、「第二試合で勝った盛岡一高。ホームプレートに整列していざ校歌をバックに掲揚。とたんに軍艦マーチが流れ出した。これには三万の大観衆もギョッ。『間違いじゃないか』『応援歌では？』とひとしきりガヤガヤ」などと書かれています（朝日新聞、1968年8月14日）。今ではほとんど聞かなくなりましたが、1968年というと《軍艦マーチ》が、まだどこのパチンコ屋でも景気づけのBGMとして使われていた時代でしたから、繁華街で日々この曲を耳にしていた人々は、強烈な違和感を感じたことでしょう。しかし実を言うと、このように既存の旋律を借りて曲を作るやり方はこの時代にはかなり一般的で、決して特別なことではありませんでした。《軍艦マーチ》という、独特のポピュラリティをもった曲だったことで話題になってしまいましたが、1910年代くらいまでに作られた校歌には、このような形で既存の旋律に新たな歌詞をのせて歌う「替え歌校歌」とも言うべきものがたくさんあったのです。このことについては次節以降で詳しく述べることにして、ここではこの校歌の成り立ちにかかわるもうひとつのポイントについて考えてみることにしたいと思います。この校歌には、学校という権威によって公的に制定されたもの、というわれわれの校歌についての固定観念をくつがえすような要素が含まれているのです。

1940（昭和15）年の、まだ旧制の盛岡中学校だった時代に編纂された『創立六十周年』という冊子があります。開校以来のこの学校でのいろいろな出来事を回顧し、時系列的に整理してまとめたものが「学校沿革」として掲載されているのですが、そこをみても、1908（明治41）年の「校歌制定」については何も書かれていません。しかし取り上げられていないわけではありません。「学校沿革」の欄ではなく、その次に「校友会沿革」という欄があり、そちらに掲載されているのです。校友会というのは、中学校をはじめとした戦前の中等学校、それに高等学校、さらには大学にも置かれていた組織で、主に部活動などの課外活動を統括し、それらを運営するためのものです。学友会とか、あるいはその学校固有の名称になっている場合もありますが、ほとんどの学校に置かれていました。今で言う「生徒会」に近い存在ですが、厳密に言うと、生徒だけでなく教職員や同窓生も構成員に含まれており、学校長が会長を務めるのが一般的でした。実際の運営は学校によってもいろいろ違ったとは思いますが、かなりの部分が生徒たちの自主的な運営に任されており、生徒の「自治」が発揮される場となっていました。

この冊子で「校歌制定」が「学校沿革」ではなく「校友会沿革」の方に記載されているということは、盛岡一高においては、

1968年に18年ぶりに甲子園に出場した盛岡一高の応援団（『白堊熱球譜』）

校歌の制定は学校の事業ではなく、校友会の事業として位置づけられていたということであり、生徒主導で作られた部分が大きいということを意味しているのです。あらためてこの「校友会沿革」の欄を見直してみると、この「校歌制定」以外は、部活動の記録が主で、ほとんどは運動部の対外試合の結果などです。学校の全体的な運営に関わるようなことがらは「学校沿革」の方に掲載されるのが常ですので、今のわれわれがみると、「校歌制定」だけ、なぜこちらに書かれているのか、不思議な感じがしてしまうかもしれないのですが、そこに記述されている内容をみると、たしかにこの校歌の制定は、校友会のメンバーが中心になって、校友会の事業として行われたということがわかります。

当時、多くの中学校や実業学校の校友会は校友会雑誌などの名で呼ばれる雑誌を出していました。パソコンもワープロもなく、活字の出版物をつくることが大変だった時代にもかかわらず、どこの学校も大変立派なものを刊行しているばかりでなく、とても中学校や実業学校の生徒の雑誌とは思えないような質の高い文学作品や論文なども掲載されていて、これらの学校の生徒がこれから国を支えてゆくような存在としての強い自覚をもっていた、そんな雰囲気が伝わってきます。この校友会雑誌は、最近の教育史研究のなかでも注目され、斉藤利彦編『学校文化の史的探究：中等諸学校の『校友会雑誌』を手がかりとして』（東京大学出版会、2015）という論文集をはじめ、新しい研究が次々と出ています。戦前の校友会は、戦時体制下で、「報国団」などという名前に変わって国の体制に組み込まれ、戦争協力を担う役回りになってしまった経緯などもあって、戦後にはその存在があまり顧みられてこなかったのですが、近年になっていろいろな見直しが進む中で、歴史的意義が再評価されるようになってきました。「上から」の近代化と、その後の戦時体制とで、ともすると、生徒が主体性を発揮する余地がほとんどないかのようなイメージで捉えられがちであった、第二次大戦前の日本の中等教育において、この校友会と校友会雑誌が、生徒の主体的な活動の場として捉え返されることで、日本の近代化のもうひとつの側面に光があたるようになってきていると言っても過言ではないのです。どうしても「上から」のイメージが先行しがちであった「校歌」という概念が今見直されようとしているということも、そういう大きな流れのなかで理解する必要があります。

盛岡一高のケースに話を戻します。《軍艦マーチ》の替え歌校歌が誕生した1908（明治41）年の校友会雑誌には、校歌制定について「文芸部雑誌部」という署名の入った記事があり、この校歌が制作されるにいたった過程が説明されています。そこには、世の文明の進歩に伴い、その最前線にいるはずの盛岡中学校に校歌がないというのは致命的な問題であると考え、自分で作ってみたもののあまりにも拙い作であったので、松下先生（松下雅雄、国語教員）に添削してもらってようやく発表できるようなものになった、また曲の方も皆川君と安村君に頼んで選んでもらったので、ようやく校歌が世に出たのも、これらの方々のおかげなのである、というようなことが書いてあります。このときに文芸部の副委員長で雑誌部の理事を務めていたのが校歌の作詞者である伊藤九万一でしたから、この文章はまさに作詞者の伊藤が雑誌部を代表する立場で書いているということになります。ちなみにここに出てくる皆川（弘一）という生徒はこのときの文芸部の委員長でしたが、実際の選曲過程で、《軍艦マーチ》をすすめるなどの役割を果たしたのは、佐香貞次郎という生徒だったらしいとのことです（『白亜校80年史』、1960、46）。佐香は軍港のあった宮古に在住しており、在学中から商船学校を志願していたといいますから、そこで海軍軍楽隊長・瀬戸口藤吉の作になる

《軍艦マーチ》を耳にして推薦するにいたったというのはごく自然な流れです。いずれにしても、この校歌の制作にあたって、校友会雑誌の中心的な担い手である文芸部の幹部が総動員体制でことにあたったことは間違いのないところです。もちろんその一方で国語教員に添削の依頼もしていますし、学校の創立記念日の式典にあわせて行われた茶話会の場で披露されたという経緯もありますから、すべてが生徒主導というわけではありません。考えてみれば、いかに生徒主導と言っても、校友会は学校の予算で運営されている組織で、形式上とはいえ、学校長が会長を務めていたわけですから、生徒だけで勝手に運営していたということとは違います。ここはむしろ、学校側と生徒の関係を、あまり「上から」と「下から」という二分法で捉えてしまうことなく、教育の「現場」においては、むしろその協働関係でいろいろなことが進められていったとみるほうが良いのではないかと思います。ただいずれにしても、この盛岡中学校の事例は、少なくともこの時点においては、校歌が決して「上から」の押しつけというようなことではなく、むしろ生徒たちからの「下から」の内発的な動きを吸収するような形で作られていた状況を示しているように思うのです。

盛岡一高だけの話ではありません。長野県の諏訪清陵高校（旧諏訪中学校）の『清陵八十年史』（1981）にも、学友会（この学校ではそのように呼ばれていました）が中心になって校歌が作られた経過が記されています。この諏訪清陵高校には、第一校歌と第二校歌というふたつの校歌があるのですが、それがまたどちらも長く（第一校歌は8番まで、第二校歌は10番まであります）、全部歌うと10分以上かかるので「日本一長い校歌」としてよく知られています。校歌を作ることが決まったのは1903（明治36）年の学友会総務委員会で、同時に雑誌『学友会誌』の発刊も決められたとのことです。学友会の発足自体はその五年前ですが、ようやく活動が本格化し、その屋台骨をしっかり作り上げてゆく一環として校歌も構想されたということなのでしょう。この年の年末に出た『学友会誌』の創刊号にはさっそく、卒業生などに作詞の依頼を行い、それにこたえて送られてきた3篇の歌詞が「校歌試作」として掲載されました。その後、この3つの「試作」のうちのふたつが「第一校歌」（伊藤長七作詞）、「第二校歌」（中島喜久平作詞）と呼ばれるようになり、残るひとつ（茅野儀太郎作詞）は後になって「清陵祭の歌」として位置づけられて、いずれも今でも歌われているとのことです。おもしろいのは、これらがそれぞれ「第一校歌」、「第二校歌」として定着してゆく過程で、職員会議等で正式に「制定」されたという記録はなく、『八十年史』にも「いつの間にか」決まってしまったと書かれていることです（同書、121）。当時在校し、学友会から卒業生などへの作詞依頼などにも中心的に関わった卒業生、藤森勝郎もその回想記に、「そのうちどれを校歌として決定するということなしに、生徒の愛唱のまにまに自由にしたことも面白い行き方であった」と書いています（同書、731）。3作のうち歌われなくなった茅野のものについても、「一般に披露もし、多少歌われたが永く続かなかった」と書かれています。このあたりの経緯は、前節でご紹介した新潟の高田高校のケースともたいへんよく似ていますので、同じようなことは他の学校でもいろいろあったのではないかと思われますが、今のわれわれの感覚ではなかなか考えづらい、「いつの間にか」校歌が決まってゆくような、こうしたあり方が、学友会という生徒主導の組織の存在と結びついていたことを、この諏訪中学校の事例はよく示しています。

注目すべきなのは、ここで作曲に関わることが全く出てこないことです。発表された複数の歌を生徒達が歌うなかから校歌が決まっていったというのですから、何かの旋律があったには違いないのですが、それが何かという話は全く出てきません。上に述べた藤森の回想記のなかにも、第一、第二校歌の楽譜（数字譜）は載せられているのですが、それを誰が作ったかという話には全くなっていません。それどころか、数年経ってから早川喜左衛門が曲をつけたことがわかっている高田高校の場合とは違って、諏訪清陵高校の校歌の作曲者に関する話は『八十年史』の中にさえ全く出てきません。現在では、第二校歌の方は、旧制一高の寮歌《暁寄する》（1903）の「替え歌」であることがわかっています。また、第一校歌については、現在、同校同窓会のウェブサイトに載せられているこの曲の記事には、作曲者として「田村幾作」という記載があります。ほかに《諏訪郡歌》などの作曲もやっている人ですが、1908（明治41）年に開校した諏訪高等女学校の音楽教員として1910（明治43）年の職員録には名前が掲載されていますので、今の旋律はおそらくその前後にはつけられたのではないかと想像されます。

この「音楽軽視」の状況はひとつには、校友会をめぐる状況に由来しているところもあったのではないかと思います。課外活動が盛んになってくるなか、校友会設置に向けた動きは、この明治30年代くらいに多くの学校で起きるのですが、課外活動と言っても、学問や芸術に関わる多彩な文化活動が展開されていたかのように想像してしまうと、実態とかけ離れてしまいます。諏訪中学の場合、1912（明治45）年の学友会会則でその構成をみてみると、全9部のほとんどは運動部で、あとは「談論部」と「雑誌部」があるのみです。諏訪中学に「科学会」、「学芸会」といった組織が作られ、学問や芸術にかかわる課外活動が組織化されてゆくのは大正末あたりからのことで、それまでの時期は、学友会誌に文芸作品を投稿するコーナーはあっても、それを校内の活動として盛り上げ、それを校風や伝統という形で後輩へと受け渡してゆくというような仕組みはできていませんでした。学友会の運営も当然のことながら、そういう空気の中で行われていました。さきほど書いたように、校歌の作詞は学友会から卒業生などに依頼が行われ、それにこたえて出てきた3人の歌詞が今の校歌のもとになったのですが、その作詞者のうちのふたりは前年までに学友会の幹部をつとめた先輩だったというような状況でしたから、生徒主導で作られたという反面で、文学や音楽にかかわる人材をフルに動員して校歌を作るというような形になかなかならなかったのは無理もないところです。

ただ、このあたりの状況は時期によっても学校によっても微妙に違います。ひとつご紹介したいのは、茨城県の下妻第一高校（旧下妻中学校）の例です。こちらは1910（明治43）年に作られたもので、諏訪清陵よりは少し後のものになるのですが（『為桜百年史』、1997、126）、歌詞の成り立ちに関して、ちょっとばかり注目すべき部分があります。こちらも歌詞は当時在学していた生徒が作詞したものです。外池格次郎、菊地暁男というふたりなのですが、同校の『為桜百十年』（2007）巻頭の校歌のページをみると、このふたりの作詞者の名前の前に「監修：横瀬夜雨」という記載があります。横瀬夜雨（1878−1934）は詩人、歌人として、とりわけ俚謡の再評価などのコンテクストで知られていますが、同校の『為桜百年史』によると、生徒の書いた校歌のこの歌詞に横瀬が加筆修正をほどこし、その上で完成させたということのようなのです（同書、126−129）。それにしても、そのようなことがなぜ可能だったのでしょうか。『為桜百年史』にはその背景が詳細に描かれています。

横瀬は下妻に在住していましたが、下妻中学の出身ではありません。下妻にはもうひとり、《土》など、農民文学の先駆者として名高い長塚節（1879−1915）が在住していました。長塚も下妻出身で、一度東京に出てから地元に戻って活動していましたが、彼も下妻中学の出身ではありませんでした。しかしそれにもかかわらず、下妻中学の校友会誌『為桜』にはこのふたりの作品がかなり頻繁に掲載されています。下妻中学でも諏訪中学とほぼ同時期の1901（明治34）年に「為桜会」という校友会が発足し、翌1902（明治35）年から『為桜会雑誌』が刊行されるようになりました。この『為桜会雑誌』は1906（明治39）年から『為桜』という月刊雑誌に衣替えするのですが、この時期、為桜会自体の組織も機構改革がなされ、従来の「研究部」から再編成された「学芸部」のなかに「文学部」が設けられました。この新しい学芸部の部長に就任したのが国語教員の橋詰孝一郎でしたが、言わばその機会を捉えた形で『為桜』の「文学雑誌化」が一挙に推し進められたのです。それだけでなく、彼が横瀬や長塚と生徒たちとをつなぐ橋渡し的な役割を担うことで、生徒たちがこの地元の文学者たちと直接触れる機会などもひらかれました。長塚は生徒たちの習作を丹念に読んで批評したと伝えられますが、こうした環境が生徒の潜在的な関心や能力を開花させる下地にもなったことでしょう。校歌の作詞者の外池も菊地も、橋詰の紹介状をもって横瀬や長塚の自宅を訪問したときの強烈な印象を後に回想記に残しています。ふたりの生徒の作詞、横瀬の監修という、この校歌の独特のあり方は、このようにして生まれたのです。授業が行われる場所という枠をこえて、学校がひとつの「文化」の場となってゆく……。いま、教育学などでさかんに議論される「学校文化」のひとつの生きた姿がここにあるように私は思います。下妻中学の場合には、生徒主導の組織としての校友会がその場となったのです。しかし同時に強調しておかなければならないのは、それが生徒だけの組織ではなかったということです。校友会はたしかに生徒が中心になって運営していますが、教職員も同窓生もメンバーにはいっており、生徒だけが運営していたらおそらくは実現しなかったような出会いの場が、ここでは得られたのだと私は思います。

ただ、それにもかかわらず、この下妻中学の場合にも、校歌の「制定」ということに関してみると、その輪郭は全く不透明です。『為桜百年史』でも、作詞者のふたりの生徒と横瀬との交流関係を洗うことで、おおよその作曲時期を特定することに成功しているのですが、校歌制定式のようなものが行われた形跡はなく、原典資料なども残されていないことから、「生徒たちの間で自然に歌われ続けていくうちに校歌として認知されたものと思われる」と結論づけています（同書、128）。また、音楽に関して言えば、この下妻一高の校歌もやはり「替え歌」校歌で、函館商業の旧校歌と同じく旧制一高寮歌《嗚呼玉杯に》が元歌です。校歌の歴史をみるにつけ、この「替え歌」文化とのつながりが、どうやら相当に根深いものだったらしいということが実感されてきます。次節ではそのあたりのことを考えてみましょう。

第3節　「替え歌」文化の近代

ここまでに明治後期から大正初期くらいまでの間に作られた「『校歌』以前の校歌」の事例をいくつかみてきましたが、そこでみられたかなり特徴的な現象に「替え歌校歌」があります。盛岡一高の校歌が《軍艦マーチ》の旋律をそのまま流用し、そこに新しい歌詞をのせた「替え歌」の形で校歌にしてしまったように、この時期の校歌のなかには、こういう作り方をしたものがかなりたくさんあります。今では「旧校歌」になってしまったものも多く、その全貌はなかなかわからないのですが、学校史などにも記載されないまま忘れられており、何かの機会に思いがけず発見するようなケースなども結構ありますから、想像以上にたくさんあったのではないかという気がしています。

「替え歌」という語のもたらす印象はどうもあまり芳しいものではありません。近年では「パロディ」や「二次創作」といったものがそれなりに存在感をもつようになり、理論的にも、テクスト論の展開によって登場した「間テクスト性（intertextuality）」といった概念によって裏打ちされることで、ようやく一定の市民権を獲得するようになりましたが、それまでは、「独創性」を絶対的な価値基準とする近代的美学隆盛のなかで、なかなかその価値を認めてもらうことができず、肩身の狭い存在であり続けてきました。そんなこともあって、校歌の世界でも「替え歌校歌」はなかなか本格的な「校歌」と同列には扱ってもらえないようなことになりがちでした。

学校史の記述などをみていると、この種の「替え歌校歌」については、正式の校歌がまだなかったので「仮校歌」として歌われていたとか、「校歌替わりに」歌われていたといった書き方をされていることがしばしばあるのですが、第1節の函館商業の「旧校歌」の例と同様、このような位置づけ方自体が多分に後世からみた「勝利者史観」の産物であるように思われます。その後の校歌の基準に照らすと本来の校歌のあり方には合っていないようにみえるために、たぶん代用品だったのだろうというような形で位置づけられたのだろうと思いますが、ここまで書いてきたように、そもそもの基準である「校歌」という概念のあり方自体が今とは違っていたのですから、それだけで代用品と決めつけてしまうのは早計です。もちろん、すでに最初期の校歌の例においても、オリジナルの曲をつけたものは存在しており、第1章で言及した東京の忍岡小学校の校歌（1893制定）も雅楽の音楽家であった上眞行（1851－1937）の作曲によるものでした。その後、明治末期あたりになってくると、東京音楽学校の楠美恩三郎（1868－1927）や岡野貞一（1878－1941）、さらに大正後期あたりからは山田耕筰（1886－1965）、信時潔（1887－196

5）、弘田龍太郎（1892－1955）など、全国の学校の校歌を一手に引き受けて手がけるような「校歌作曲家」も出るようになってきて、オリジナル作曲が当然のあり方として定着することになっていきましたから、そちらの側からみてしまうと、「替え歌」が完全に代用品的な存在であったようにしかみえなくなってしまうというのは無理からぬところかもしれません。

しかし、そういう思い込みをとりあえず脇に置いて見直してみると、この明治後期から大正前半くらいまでの時期の校歌を取り巻く環境にあっては、「替え歌」的な作り方はごく当たり前のものであったとみるのが自然なのです。たとえば、福島県立会津中学校（現会津高校）の「学而会」という校友会があり、毎年歌詞を募って「会歌」を発表しています。この会で出している『学而会雑誌』というのがあり、その第25号（1921）にそれら十数曲を集めた「会歌集」が掲載されているのですが、現在であれば作詞者と並んで記載される作曲者の名前の代わりに「譜」という項目があって、「譜『嗚呼玉杯』」、「譜『早稲田庭球応援歌』」などと書かれており、既存のどういう曲の旋律にのせて歌うかということがごく当然のことのように指示されているのです。その際にしばしば、旧制高校の寮歌が元歌に使われているのですが、その寮歌自体からして状況は似たようなものです。旧制一高の寮歌集をみると、初期のものはやはり、「『日清談判破裂して』の譜」、「『箱根八里』の譜」などと書かれているのが大半です。作曲者名の書かれたオリジナルの譜面が少しずつ出てくるのは1900（明治33）年あたりからですが、中には後に取り上げる《アムール川の》（1901）のように、作曲者名が書かれているにもかかわらず、調べてみるとそれ自体が既成曲の「替え歌」だったりするケースなども結構あるのです。このような状況をみていると、歌を作るということは作詞をするということと同義であって、旋律の方は、ほとんどパブリックドメインのような形で存在している既成のものを自由に使ってあてはめればよいと考えられていたのではないかと思われてくるのです。

第1節でも述べましたが、このような「替え歌」的な曲作りのやり方は、歌詞と旋律とが一対一で対応することによってひとつの曲になるという、西洋芸術音楽の「音楽作品」の概念とは相容れませんが、民謡などの日本の民衆音楽の世界ではこのような実践がごく普通に行われていました。この時期、《安来節》、《江差追分》といった民謡の歌詞を集めたものがいろいろ出版されていますが、たとえば今、私の手元にある《正調安来節大全》（紅夢閣主人編、島根評論社、1929）という歌詞集は、ひとつの「曲」であるにもかかわらず、二百数十ページにわたって1000種以上の歌詞が集められています。そのなかには、「あら玉の年はかはれど変らぬものは君の御稜威と日の御旗」などという、およそ民謡とは思われない国家主義的な歌詞があったかと思えば、「心緩めず貯金をすればやがて身も立つ家も立つ」などという、「貯金唱歌」のような歌詞もあったりで、ほとんど「何でもあり」のような世界です。このようにして時に応じて、時事的なネタなども取り込みながら、次々といろいろな歌詞を編み出して同じ旋律にのせて歌う、それが民衆文化のひとつの型だったのです。

おもしろいのは、明治になってはいってきた西洋音楽に対しても、こういうやり方をそっくり適用するようなことが行われたということです。これも私がたまたま古書店で手に入れたもので、やはり同じ時期に編まれた『民謡集』というタイトルの楽譜集があります（『民謡集　第五輯』、民謡倶楽部、1929）。中を開けてみると、《木曾節》、《串本節》といった伝統的な民謡から《道頓堀行進曲》などの新作の流行唄、それにちょうど宝塚で大ヒットしたフランス直輸入のレビュー《モンパリー》にいたるまで、和洋のいろいろなレパートリーが混在しています。《木曾節》などの伝統的な民謡の場合に、たくさんの替え歌歌詞が収録されているのは当然として、興味深いことに、《モンパリー》のような西洋曲についても全く同じ流儀で、宝塚で歌われている「オリジナル」の歌詞（といってもそれ自体、元のフランス語歌詞をかなり自由に翻案したものなのですが）とならんで《サカバの乙女》、《恋の悩み》などのタイトルのついた全くの「替え歌」の歌詞が掲載されているのです。これはもちろん、今日では到底考えられないような取り扱い方で、著作権保護団体から「厳重抗議」がくること請け合いといった体のものですが、日本の民衆音楽の世界で機能してきた、そういう西洋近代的な「音楽作品」の概念とは全く違った基盤に立った「替え歌文化」が、新たに出会った西洋の音楽を取り込んでその延長線上での展開をはかろうとした、日本の「近代」のもうひとつの方向性を、そこにみることもできるかもしれません。

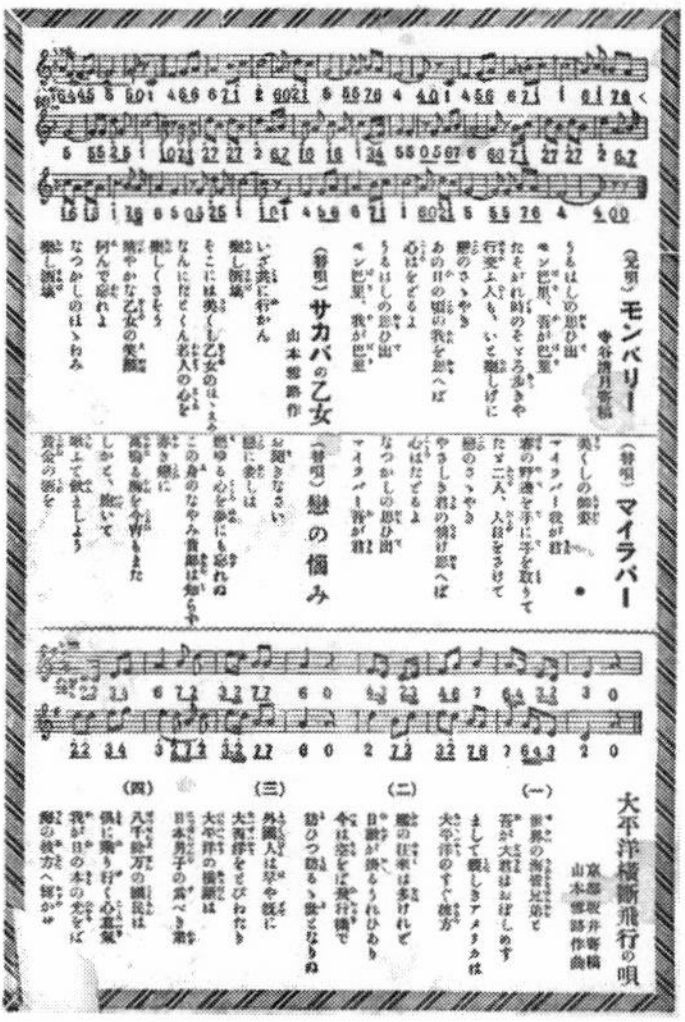

『民謡集第五輯』（民謡倶楽部、1929）の表紙と《モンパリー》の歌詞・楽譜

興味深いのは、音楽のそのような扱いとはうってかわって、歌詞の方には、作詞者の氏名がひとつひとつしっかり記載されており、あたかも自らが著作権者であることを高らかに宣言しているようにすら思えるということです。「替え歌文化」の問題になるとしばしば、この時代はまだ著作権意識が欠如していたというような話になるのですが、このような事例を目の当たりにすると、著作権意識が欠如しているというような言い方で一括りにしてしまうことが的外れであることがよくわかります。これは著作権意識の問題である以前に、いわば文化の「型」の問題であり、旋律が歌詞とは違って、誰でも自由に使えるパブリックドメイン的なものと見做されていた、そういう前提の上に作り上げられてきた音楽文化であったということです。近年とみに著作権意識が高まり、無断使用などが厳格に排除されるようになってきている一方で、現行の著作権法がパロディや二次創作といった問題をうまく扱いかねており、そのような活動を抑圧しかねない状況が生じていることは周知の通りですが、そのことは現行の著作権法が、西洋近代の「芸術作品」をモデルとして形作られてしまったために、それとは違った「型」の文化にはそのままではうまく適合しないということをはっきりと物語っています。逆に言えば、この1920（大正9）年前後の時代は、「替え歌文化」が、西洋型著作権の嵐に巻き込まれて窒息させられてゆく前夜の状況の中で独自の「近代化」をはかっていた状況を示しているのです。

「替え歌校歌」の文化もまた、そのような状況の中で展開されたことは間違いありません。これまでの話の中に出てきたような、「校歌が作られた」という記事で言及されているのが歌詞のことだけであったり、ひとつの歌詞にいろいろな既存の旋律を取っ替え引っ替えして歌っていたり、といった話は、そこに関わった生徒や関係者の感覚が、民謡や演歌などの民衆音楽のものにきわめて近かったことを示しています。それはまた、校歌の歌われていた場の実態が、文部省的な「唱歌」が想定していたものとは実はかなり違っていたということでもありました。次節では、民衆音楽的な土壌のなかで培われた感性が存分に発揮され、その生きた展開がはかられた、この時代の「替え歌校歌」の実態について、もうすこし細かくみてみることにしましょう。

第4節　「替え歌校歌」の実態

1.　校歌と応援歌のおりなす世界

「替え歌校歌」について考える際に最大のポイントとなることのひとつに、応援歌との関係があります。運動競技の大会などでの応援という場が、校歌が歌い継がれてゆくための機会として大きな位置を占めていたことや、校歌が作られる過程の中でも大きな役割を果たしていたことは、このあとまた第5章などでも詳しく論じることになりますが、それだけでなく、とりわけ明治後期から大正前半あたりにかけての、本書で「『校歌』以前の校歌」と呼んでいるような校歌のあり方をみていると、応援の際に歌うために作られた応援歌と校歌とが、ほとんど重なり合うような形で作られ、歌われていた状況が明らかになってきます。そのような関係がもっとも如実な形であらわれているのが、この「替え歌」という局面なのです。応援歌の場合には、「替え歌応援歌」が作られる動きが、「替え歌校歌」の場合以上に大規模に展開されるのですが、その際にしばしば、同じ元歌が校歌にも応援歌にも転用されることで、ある学校の応援歌の旋律が他の学校では校歌になって歌われていたというようなケースがかなり頻繁にみられるのです。学校側が「上から」制定したような校歌のイメージからはなかなか想像しにくいところかもしれませんが、それだけに、そこでの転用のされかたを細かくみてみることで、「『校歌』以前の校歌」がどのように位置づけられ、受けとめられていたかということの一端を具体的な形でみることができるように思うのです。

「替え歌校歌」や「替え歌応援歌」の実例は数多くあるのですが、今では歌われなくなってしまったものも多く、特に応援歌に関しては、学校史などの公的な資料ではフォローできないケースが大半で、由来がわからなかったり、そもそも存在自体が忘れられてしまったりしていることも少なくありません。そのようなわけで、全貌を捉えることはなかなか難しいのですが、それでもいろいろな学校史の記述や卒業生の回想記を細部まで丁寧に追いかけてみたり、周年記念行事などの機会に各学校で作ったレコードやCDをオークションでいろいろ買い集めて聴いたりしていると、だいぶ様子がわかってきます。もちろんこれらのレコードをすべて集めているわけではありませんし、そもそも全ての学校がそういうものを作っているわけでもありませんから、あくまでも私がこれまでに知り得た範囲でという限定つきではありますが、以下、全体的な状況について簡単にまとめた上で、「替え歌」のための元歌に使われることが突出して多かったふたつの曲を中心に、その状況の一端を垣間見てみることにしたいと思います。

「替え歌校歌」に使われる元歌はさまざまです。最もポピュラーなのは、一高など旧制高等学校の寮歌です。これまでの話の中にもすでに、旧制第一高校の《嗚呼玉杯に》を元歌にした下妻一高の校歌や函館商業の旧校歌などの例が出てきましたが、同じ一高の《春爛漫》（1901）が岩手県立一関一高（旧一関中学校、斎藤直太郎作詞、1903?）、同じ岩手県の県立福岡高校（旧福岡中学校、疋田剛三作詞、１９１１）で使われています。また、京都の旧制第三高校の《紅もゆる》は、校歌で使われた例は確認していませんが、応援歌としては私が確認しただけでも６つの学校（新潟県立長岡高校《出塞賦》、滋賀県立彦根東高校《秋たけなわ》、兵庫県立兵庫高校《時延元の》、同姫路西高校《水紺碧の》、福岡県立修猷館高校《行く手を照らす》、鹿児島県立甲南高校《雪辱の歌》）で歌われているなど、「有名どころ」の寮歌はたいてい複数の学校で使われています。

元歌として、旧制高校の寮歌が多用されている背景には、とりわけ旧制中学の生徒たちが旧制高校への強い憧れをもっていたことがあります。『校歌ロオマンス』（出口競著、実業之日本社、１９１６）という本には、当時大蔵官僚であった青木得三（このあとに一高寮歌《アムール川の》の話に関連して出てくる《征露歌》の作詞者でもあります）の「高等学校の寮歌が地方的勢力をもつて居る事は、吾々が出張する毎に常に驚く事である。寮歌によつて中学生の思想が育てられて行くと云つても強ち誇張の弁ではない」という言葉が引用されています。寮歌は校歌と同じく学校の歌ではありますが、校歌とは違って、学校が制定するものではなく、学生が自分たちで作るものであり、旧制高校の自治や寮生の自主独立精神の象徴のような存在になっていました。また、校歌が基本的に一校にひとつであるのに対し、寮歌は紀念祭などの機会に毎年募集して複数作られるものでした（旧制一高の寮歌集には、１８９２年からほぼ50年にわたって作られ続けた寮歌が全部で約３５０曲収録されています）。そういう意味では、寮歌を元歌に使っているということ自体、学校側からの管理的な方向性とはかなり異質の、生徒主導的な匂いを感じさせるものであるともいえます。

元歌に学校の歌を使うケースとしてはほかに、とりわけ応援歌の場合には、旧制高校のほか早稲田、慶應義塾といった私立の上級学校の応援歌や、野球部歌、柔道部歌などの運動部の部歌が使われるケースも目立ちます。

学校の歌以外のものもいろいろあります。日清戦争にかかわるエピソードを題材にした軍歌《勇敢なる水兵》（1895）をそのまま校歌にした学校が、栃木県立烏山高等学校（旧烏山中学校）、新潟県立新発田高等学校（旧新発田中学校）、兵庫県立兵庫高等学校（旧第二神戸中学校）と3つもあるのをはじめ（これらについてはこのあと、第4章で具体的に考察します）、軍歌やその他の唱歌を題材にしたものもいろいろみられます。少し変わったところでは、アメリカ由来の《リパブリック讃歌》がいろいろな学校で応援歌に使われたりもしています（兵庫県立兵庫高等学校《見よや天下の諸人よ》、福岡県立修猷館高等学校《立てや修猷》など）。日本では一般的には「お玉じゃくしは蛙の子」という歌詞の替え歌で誰もが知っている曲ですが、もともとはアメリカのポピュラーな曲で、南北戦争の際に北軍の行進歌として使われた後、さまざまな形で替え歌にされて歌い継がれていました。日本でも「お玉じゃくし」以外にいろいろな歌詞をつけて歌われ、「まあるいみどりの山手線」というヨドバシカメラのCM曲などはずいぶん親しまれました。まさに「替え歌文化」のさなかにあった曲と言ってよいでしょう。

前節で述べたように、「替え歌」は民衆音楽的な場面ではかなり常套的に行われていたことでしたが、校歌や応援歌の場合のそのやり方を少し注意深くみてみると、それほどやたらめったら手当たり次第に「替え歌」にしていたというわけでもないようです。元歌のリストをみると一見かなり幅広く、いろいろなジャンルに広がっているようにもみえるのですが、必ずしもそういうわけではありません。

まず注意しておかなければならないのは、元歌になっている寮歌や応援歌自体がすでに何か別の曲の「替え歌」であるようなことなども少なくなかったということです。いまとりあげた《リパブリック讃歌》の「替え歌応援歌」にしても、実はそれぞれの学校が個別に《リパブリック讃歌》を直接取り入れて「替え歌」にしたわけではなく、それを媒介する「中間モデル」のようなものがありました。そのような役割を果たしたと思われるのが、早稲田大学の応援歌として歌われていた《早稲田野球応援歌（見よや早稲田の野球団／見よや早稲田の健男児）》（1907以前）という曲です。つまりそれらの学校の応援歌は、《リパブリック讃歌》自体の替え歌というよりは、この《早稲田野球応援歌》を替え歌にしたとみるべきなのだろうと思います。じっさい、修猷館の「立てや修猷健男児」、兵庫高校の「見よや天下の諸人よ／神撫山下に健児あり」など、歌詞の方も早稲田の元歌からきていることは一目瞭然です。

同じようなことは、《リパブリック讃歌》のみならず、日本の寮歌や軍歌などを元歌にしている場合にもやはりみられます。日清戦争を題材にした《黄海の戦》（中村秋香作詞、多梅稚作曲、1895）という唱歌があり、これを原曲にした「替え歌」の応援歌がこれまたたくさんあります。《ああ一酔》（北海道函館商業高校）、《霜に乱るる》（福島県立安積高校）、《覇者の誉れ》（群馬県立太田高校）、《富士が嶺おろし》（静岡県立静岡高校）、《雄志勃々》（兵庫県立神戸高校）など、いろいろなタイトル、歌詞がつけられていますが、どれも《黄海の戦》の旋律です。しかしこのケースもやはり、「中間モデル」が存在し、直接にはそれが元歌になったと推測されるのです。旧制第三高等学校野球部の《野球部歌》（1908）というのがあります。これが《黄海の戦》の「替え歌」なのですが、歌詞をみてみると、「霜に乱るる暁の／白露踏みて我立てば」となっています。安積高校や太田高校のものなどは、歌詞にその名残がはっきりみられますから、原曲の唱歌直接ではなく、三高経由で伝播されたことは間違いありません。ですから、唱歌を「替え歌」にしているといっても、べつに唱歌という母集団全体を対象にして、そのなかから元歌を選んでいるというようなことではなく、基本的には野球部や応援団の周囲の範囲内で元歌探しが行われているとみた方がよさそうです。まあ当然といえば当然のことなのですが、いろいろな元歌を探してきてヴァラエティをもたせてゆこうなどという発想があるわけではなく、むしろ逆に、いろいろな学校で同じようなものを繰り返し用いることで、ひとつの「型」として定着していった、そんな印象をもちます。

同じことをべつの言い方で言うなら、校歌や応援歌で元歌に使われる曲は、実際のところは意外に限られていたということになります。唱歌が元歌になっているものはたしかにかなりあるのですが、そこで元歌にされる唱歌の種類はかなり限られており、《黄海の戦》や《勇敢なる水兵》は好んで元歌に使われましたが、《金太郎》や《埴生の宿》が校歌や応援歌に使われるなどということは、まずありません。もちろん応援歌の場合には、その用途からして使える曲想が限られ、行進曲のような威勢の良いものが多くなっているというようなところもあるかと思いますが、校歌に関してもやはり同様の傾向になっており、ピョンコ節と呼ばれる跳ねるような付点リズムに貫かれた行進曲調の楽曲がしばしば使われています。このことはおそらく、これらの校歌がどのような用途で歌われたかということに関わっているように思われます。その点でおもしろいのは群馬県立太田高校（旧太田中学校）の校歌です。１９０４（明治37）年と、県内の中学校でもっとも古い校歌ですが、同じ土井晩翠の作詞、楠美恩三郎の作曲で、「甲」と「乙」の二曲が同時に作られ、「甲」が「行軍歌」、「乙」は「式場歌」となっています。『太田高校九十年史』（１９８７、75）によれば、戦前は教練や演習等で行進が多かったので「甲」が多く歌われたが、戦後は行進をする機会も少なくなったため、式場歌のみが歌われているとのことです。このケースは「替え歌」とは直接関係ありませんが、なぜ軍歌のような校歌が必要だったのかということをよく示しています。

もちろんこれはあくまでも、旧制中学校についての話であり、高等女学校などの場合にはまた事情が違いますので、ただちに「校歌」全体に共通にあてはまる話として一般化できるわけではありませんが（高等女学校の「学校音楽文化」については、第3章で具体的に論じます）、当時の「男性中心社会」のなかで、旧制高校や旧制中学校の担っていた役割の大きさを考えるならば、このあたりのことはやはり校歌の基本的な動向を左右する、無視できない問題であるように思います。

少なくとも、大正末期から昭和初期にかけて、山田耕筰、信時潔、弘田龍太郎といった作曲家たちの手によって校歌に新たなトレンドがもたらされる前夜の旧制中学校の校歌をめぐる状況はこのようなものでした。その後の新時代の校歌が、「替え歌校歌」時代の定型的な表現を打ち破り、新たな表現世界をひらいていったというのはたしかに一面の真理ではありましょう。この時期に「旧校歌」を排して、「新校歌」を制定する動きをみせた学校がかなりあったことは間違いなく、そのような形で確実に新しい時代のトレンドが刻印されていったことはたしかだろうと思います。しかしそれと並行する形で、この「新校歌」時代の校歌が、学校側のイニシアチブによる「上から」の傾向を強めてゆくことで、生徒たち自らが主体的に歌いつぐことで支えていた校友会主導の「下から」の要素が急激に薄まっていったことも、またたしかです。明治後期から大正初期にかけての「旧校歌」時代の校歌には、今の時点からみれば未熟であったり一面的であったりするように感じられてしまうような面が多々あったにせよ、その後の時代には失われてしまった「生徒主導」の文化の跡が確実に刻み込まれていました。今のわれわれはどうしても、「校歌」というと、学校側の権力と結びついた「上から」の統治手段という表象が先行してしまうのですが、これらの「替え歌校歌」の山によってもたらされる光景に触れてみると、校歌という文化のみせるもうひとつの表情に触れる思いがするのです。以下、そのことの具体的な意味合いについて、特に多用されたふたつの元歌にかかわるケースを中心に考えてみたいと思います。

2.《アムール川の》:「替え歌校歌」、「替え歌応援歌」の定番

最初に取り上げるのは、旧制一高寮歌《アムール川の》(塩田環作詞、栗林宇一作曲、1901)です。「替え歌校歌」や「替え歌応援歌」はさまざまありますが、元歌としてこれほど多用された例はほかにあまりなく、私がこれまでに確認しただけでも、30校以上の学校がこの曲を元歌にした校歌や応援歌を作っています(たぶんまだまだあると思いますが、とりあえず私が確認したものだけ一覧表にして表1に示しておきます)。

しかしこの元歌自体、実はすでに問題含みです。現在ではようやくだいたいの状況が明らかになってきて、《アムール川の》には栗林宇一という作曲者名が明記してあるにもかかわらず、さらにその元歌として《小楠公》(1899)という軍歌があったことがわかりました。《小楠公》は、陸軍戸山学校の軍楽隊長であった永井建子(1865-1940)が作曲したもので、自らの新作の軍楽を集めた『鼓笛 喇叭 軍歌 実用新譜』という楽譜集に収録されています。おもしろいのは、この曲の楽譜のところにある注意書きで、「七五調歌詞にて曲なき長編軍歌は此節にて謡ふべし」と書かれています。極端な言い方をすれば、ここにつけられている《小楠公》の歌詞はあくまでも一例を示しているにすぎず、むしろ曲のつけられていない七五調のいろいろな軍歌をのせて歌うことの

できる汎用性をもった旋律のモデルとして提示しているとも言えるわけで、まさに「替え歌文化」の申し子のような存在です。

なるほど、どんな歌詞ものせやすく歌いやすい旋律であることはたしかで、そのためか、校歌や応援歌だけでなく、他の替え歌にもずいぶん使われています。最近ではさすがに聴く機会はあまりなくなったかもしれませんが、労働者の集会などでよく歌われた《聞け万国の労働者》というメーデー歌（大場勇作詞）もこの旋律です。1922（大正11）年の第3回メーデーの際に公募によって作られたものですが、公募されたのは歌詞だけでしたから、音楽の方は最初からなにか既成のものをもってきて使うつもりだったのでしょう。また当時の資料には、「曲譜は主として一高寮歌集所載のものを用ふ」（傍点は引用者による）などと書かれていたりもしますから（内務省編『労働運動概況 大正十二年』、1923、46）、必ずこの旋律で歌うと決まっていたわけでもないのかもしれません。

もうひとつ、この旋律の「替え歌」としてとりわけ知られているのが、《万朶の桜（歩兵の本領）》（加藤明勝作詞）という軍歌です。こちらは1911（明治44）年の中央幼年学校百日祭という機会に発表されたものです。元歌と同じく軍歌ですが、歌集などにしばしば「一高寮歌の譜」などと記載されていることが多いので、いったん寮歌になったものが再転用されてまた軍歌になったと捉えた方があるいはよいのかもしれません。

小楠公
七五調歌詞にて曲なき長編軍歌は此節にて謡ふべし
《小楠公》の楽譜（永井建子『鼓笛 喇叭 軍歌 実用新譜』）

同じ旋律が、労働者の歌と軍歌という、かなり

長野県上田高等学校（上田中学校） 千曲の流れ（応援歌No.1） ［平島實（第21回卒）］	1920	千曲の流れ絶え間なく　浅間の煙つきやらず　栄ある歴史残しつつ　星霜ここに六十の	同年の創立20周年記念祝賀会の提灯行列のための歌を流用
長野県下伊那農業高等学校（下伊那農学校）　応援歌（其の1）		天の恵みを身に受けて　雲呼ぶ龍の意気を待つ　稲井ヶ丘の丈夫が　奮然躍起の時は来ぬ	
長野県松商学園高等学校（松本商業学校） 白雲なびく		白雲なびくアルプスの　緑の色に染められて　青帯しける薄川岸に希望の花を織り	
長野県飯田高等学校（飯田中学校） 黒雲湧けよ　［小山貞雄（中22回卒）］	1920頃	黒雲湧けよ風吹えよ　夢を破れる健闘に　阿修羅の如く猛りたる若き健児の鉄腕に	
長野県飯田高等学校（飯田中学校） 学窓会会歌（鼎）		大空のもとはるばると　つづく桑の野桑の丘　波の起き伏す海に似て　みどりは広き鼎村	
新潟県立長岡高等学校（長岡中学校） 応援歌其の4	1920頃	洋々流るる信濃川　行くや千里の北の海　峨々たる峻峰鋸は　男子に与ふる黙示有り	
新潟県立新潟商業高等学校（新潟商業学校）　旧校歌（第一応援歌） ［村山利一（旧27回卒）］	1913頃?	北シベリヤに風荒れて　狂瀾怒濤の寄する所　高楼はるかに天を摩す　蘆原城は築かれぬ	創立30年の歌
石川県立金沢泉丘高等学校（金沢第一中学校）　旌旗は風		旌旗は風にひるがえり　白馬は嘶く戦の場　命をまとに戦はん我陣既に準備成る	
石川県立金沢泉丘高等学校（金沢第一中学校）　祝へ同胞五千万 ［松田髯一（国語担当教諭）］	1904	祝へ同胞五千万　さしも金城鉄壁と　敵の頼みし旅順口　今や我手に陥ちたるぞ	日露戦争時、旅順口陥落の際の提灯行列のために急遽作詞
福井県立武生高等学校（武生中学校） 旧校歌　［堀井磊（英語担当教諭）］	1915	越智の高嶺の彼方には　波幾千里日本海　巽の空に仰ぎ見る　御嶽の山は巍峨として　その秀嶺の影ひたす　日野の流れの清きかな	旋律は第1節くりかえし（AAB）
滋賀県立彦根東高等学校（彦根中学校） ああ英傑（応援歌第一） ［冶部藤吉（彦中33回卒）］	1915頃	嗚呼英傑が夢のあと　歴史は遠く三百年　金亀城頭我立ちて　尚武の風にうそぶけば	
三重県立四日市高等学校（富田中学校） 文にさときは		文にさときは武に強し　北勢四高の健男児　緑の旗をひるがえし天下の覇権をとらんかな	
大阪府立北野高等学校（北野中学校） 澱江春の（応援歌第一）　［生徒？］	大正 末期頃	澱江春の花の色　錦城秋の月の宴　歴史はふりて世は荒れて　ただ幻の栄匂う	
兵庫県立神戸高等学校（第一神戸中学校） 自治の城		威風堂々雄たけびの　春秋ここに幾歳か　正義の旗を押し立てて同志籠れる自治の城	
兵庫県立兵庫高等学校（第二神戸中学校） 武陽ヶ原に（応援歌その1）		武陽ヶ原に咲き誇る　万朶一朶の花桜　その下蔭に錬えたる　腕を振わん時至る	
兵庫県立兵庫高等学校（第二神戸中学校） 復讐（応援歌その6）		過ぎにし年の恨みをば　如何でか忘れん益良夫の　思いに思いし復讐を　なすべき時は今なるぞ	
兵庫県立兵庫高等学校（第二神戸中学校） エール（その3）		男児の戦勝たんかな　兵高健児の意気見せん　神高の陣乱れたり残念ながら敵弱し	いずれも繰り返し4回
山口県立防府高等学校（防府中学校） 旧校歌（第一校歌） ［荒瀬邦介（国漢担当教諭）］	1915頃	酒垂の秀麗北を占め　鞠生の緑佐波清く　九華の神護とこ永久に巍々乎と建てる吾が校舎	
福岡県立修猷館高等学校（中学修猷館） 玄南の海　［内海拾楼（大正8年卒生徒）］	1919頃	玄南の海潮薫る　百道が原の松翠　背振の嶺の風高く　血潮は躍る春の空	
鹿児島県立甲南高等学校（鹿児島第二中学校）　荒田の森 ［中野伝次？（国語担当教諭）］	1919頃	荒田の森の空高く　甍そびゆる我が二中　光は永く輝きて　集まる健児意気高し	
鹿児島県立甲南高等学校（鹿児島第二中学校）荒城の夕べ		紫雲に暮れゆく桜島　千石の煙のぼるとき　荒田の森の学び舎の一千健児の意気高し	応援隊列帰還の折に歌う
瑞浪市立陶中学校 応援歌ナンバー2		あけぼの台の天高く　五百有余の健児らが　日頃錬磨の腕ぶしてはるどうどうの陣を見よ	
盛岡市立外山小学校旧校歌　［斎藤佐蔵］		我等の仕事の学問は　毎日学校休まずに　雨の降る日も風の日も学びの道をばはげみます	
花巻市立小山田小学校旧校歌［菊池和生］	昭和初期？	学びの窓に風かおり　遊びの庭に花匂う 栄誉の歴史うなわれし　ここ小山田の文の園	

表1《アムール川の》を原曲とする校歌、応援歌

学校名 タイトル　[作詞者]	制作年	歌詞(第一節)	備考
原曲(永井建子作曲) 小楠公	1899	楠の大木の枯しより　黒雲四方に塞がりて　月日も為に光なく　悪魔は天下を横行し　下を虐け上をさへ　あなどり果てて上とせず	旋律は第1節繰り返し(AAB)
旧制第一高等学校(栗林宇一作曲) アムール川の　[塩田環]	1900	アムール川の流血や　氷りて恨結びけむ　二十世紀の東洋は　怪雲空にはびこりつ	
旧制第一高等学校 ウラルの彼方(征露歌)　[青木得三]	1904	ウラルの彼方風荒れて　東に翔ける鷲一羽　渺々遠きシベリアもはや時の間に飛び過ぎて	
陸軍中央幼年学校 万朶の桜(歩兵の本領)　[加藤明勝]	1911	万朶の桜か襟の色　花は吉野に嵐吹く　大和男子と生まれなば　散兵線の花と散れ	
聞け万国の労働者 (メーデー歌)　[大場勇]	1922	聞け万国の労働者　轟きわたるメーデーの　示威者に起る足どりと　未来を告ぐる鬨の声	
北海道函館商業高等学校(函館商業学校) 野球応援歌　[安藤太郎(旧26回生口承)]		打てや打て打てサット打て　敵の砲塁何かある　長棍一打かっ飛ばせ　彼の大空の果てまでも	
北海道帯広柏葉高等学校(帯広中学校) 帯中応援歌　[生徒が作詞、畠山正芳、栗林健吾(教員)が査閲]	1929?	十勝原頭風かおる　柏葉朝日に映ゆる時　意気と力に湧き返り　雄々しく立てり我選手	
青森県立弘前高等学校(弘前中学校) 旧校歌　[棟方笑山]	1910	あだなる文華をよそにして　吹雪花散る鷹城に　剛毅の姿堂々と立てり健児の六百名	
岩手県立盛岡農業高等学校(盛岡農学校)校歌		巍然聳ゆる岩手嶺の　高きを己が理想とし　滔々流る北神の　清きを己が心とし	
岩手県立福岡高等学校(福岡中学校) 応援歌	1906	三葉なる松に泥塗れる　二歳昔の我が辱を　そそがん時は今にして　奮えや奮え我が選手	八戸中との対抗戦のために即席で制作
秋田県立秋田高等学校(秋田中学校) 旧校歌	1917以前	雲を貫く太平や　健児は之に霊を得つ　海をも呑まん雄物川　健児は之に精を受く	
秋田県立秋田高等学校(秋田中学校) 汀友会歌(1)		そもそも吾れ等は汀友カンパニー　開会以来三十有余年　秋田県立秋中の　その名も高き港衆	
宮城県白石高等学校(白石中学校) 歓喜の歌		ああ愉快なり愉快なり　白高健児愉快なり・・・　ああ哀れなり哀れなり　○○高校哀れなり・・・	
宮城県古川高等学校(古川中学校) 古高の本領		万朶の桜か襟の章　花は古高に嵐吹く　古高生となったれば　○高戦の花と散れ　ソレ勝つぞ勝つぞ古高	
福島県立会津高等学校(会津中学校) 大正7年度学而会歌　[藤原肇]	1918	紫雲たなびく曙の　東の空に仰ぎ見る　紅き焔の躍るごと　我等の意気の昂るかな	
群馬県立太田高等学校(太田中学校) 愉快だね節		ああ愉快だね愉快だね　ああ愉快だね愉快だね　ああ愉快だね愉快だね　ああ愉快だね愉快だね	
茨城県立竜ヶ崎第一高等学校(龍ヶ崎中学校)　校歌　[寺田彰司(国漢担当教諭)]	1912	千秋の雪積もりたる　富士の高嶺の雄姿ぞ　幾万代の後までも　変わらぬ誠実のかがみなる	
茨城県立下館第一高等学校(下館商業学校)　一高第一応援歌		紫雲棚引く雄筑波の　山の霊気を肝にうけ　流れはつきぬ鬼怒川の　水の精気を情にとり	
埼玉県立春日部高等学校(粕壁中学校) 開校記念運動会歌 [瀧澤良吉(国漢担当教諭)]	1907	波山の翠富士の雪　利根の眺のうるはしき　うましき国に生れたる　嗚呼さち多き我友よ	
千葉県立千葉高等学校(千葉中学校) 野球部部歌		普天麗の朝日蔭　南風薫る平原は　渺茫無限豊穣の　ここ関東の大自然　その光栄に育まれ　一粒尊し八百の子ら	冒頭1行のみ旋律一致
神奈川県立湘南高等学校(湘南中学校) 応援歌	1935	朝な夕なに仰ぎ見る　富士の高嶺を友として　鉄石のごと鍛へたる　湘中健児の意気見せん	
横浜市立横浜商業高校(横浜商業学校) Y校の意気		禁令固き御朱印の　影に結びて夢深く　黒潮御国を訪なえど　覚むとしもなし二百才	
静岡県立浜松商業高等学校(浜松商業学校)　立つべきの秋		立つべきの秋今来たる　血汐に踊る胸内に　秘めたる力こうじては　立て立て勇士陣頭に	
静岡県立沼津東高等学校(沼津中学校) 岩をも熔かす		岩をも熔かす炎天下　肌も裂くなる冬の霜　千辛万苦の練習や　我等が魔球を打ちて見よ	

性質のちがうジャンルに転用されているのは何ともおもしろいことです。戦後、1955（昭和30）年に作られた《たそがれ酒場》（内田吐夢監督）という映画があって、その中にこの曲が出てくるのですが、この二重性を利用しておもしろいシーンを作り出しています。東野英治郎と加東大介が戦時中に上官と部下の関係にあったふたりの役を演じており、酒場で酔っ払ってクダをまき、自らの過去の栄光を懐かしみ、今の世を憂いていたところに、外を労働運動のデモ隊が通りかかります。《聞け万国の労働者》を歌っていたのですが、ふたりはそれを《万朶の桜》と勘違いして店内で大声で歌い出す、そんなシーンです。戦後になって一転して冷遇の憂き目にあっていた旧軍人の心情と対照をなすかのように盛り上がっている労働運動の勢いを同じ旋律で見事に表現しているのですが、戦後のこの時期になお、こういう映像表現が成り立っていたというのも、見る人のうちに戦前の「替え歌」感覚の残滓のようなものがまだ残っていたということの証かもしれません。

こういう経緯をみてみれば、校歌、応援歌についても、この歌がこれだけいろいろな学校で使われたということには納得がいくのではないでしょうか。校歌の場合には、全体的な傾向から考えて、このケースも軍歌からではなく、寮歌からの転用として意識されていたとみてほぼ間違いないと思われます。

現在も校歌として歌われているのは、岩手県立盛岡農業高校（旧盛岡農学校）と茨城県立竜ヶ崎第一高校（旧龍ヶ崎中学校）の両校ですが、「旧校歌」まで含めると、少なくともあと5校はあり、結構の数になります（実際にはまだほかにもかなりあった可能性が高いと思います）。このなかで、秋田中学校のケースはすでに第1節でも取りあげたように、『秋高百年史』には「校歌らしい歌」として歌詞だけが紹介されていますが、同時代に出た『続校歌ロオマンス』（出口競著、実業之日本社、1

919）では「秋田中学校校歌」として紹介され、「『アムール河』の譜でうたひます」と説明されています（同書、117）。「新潟商業学校校歌」も全く同様の仕方で紹介されているのですが、この本での「校歌」の紹介の仕方をみていると、正式に制定されたものかどうかということにはあまり頓着せず、校内で愛唱されている曲を「校歌」という名称で括っているようにも思われます。そのあたりも現在とはだいぶ感覚がちがうところです。

応援歌に目を移すと、全国満遍なく多くの学校で使われています。歌詞をみてみると、函館商業の「打てや打て打てサット打て」、宮城県白石高校（旧白石中学校）の「ああ愉快なり愉快なり」といった感じのものもいくつかありますが、多くは地元の山の名前などを盛り込みつつ、その風光を戦う選手たちの精神に結びつけてゆくようなものが多く、全体のつくりは校歌に非常に近いものになっています。かなり力のはいった独自の歌詞になっているものが多く、歌詞の文言が他の学校と重なっているようなケースはほとんど見受けられません。

ちょっと異色なのは、宮城県古川高校（旧古川中学校）のもので、《古高の本領》というタイトルで、歌詞も「万朶の桜か襟の章」とはじまるのは、明らかに軍歌の《万朶の桜（歩兵の本領）》が下敷きになっており、寮歌ではなく軍歌由来であることも含め、かなり珍しいケースです。また、ひとつの学校で複数の曲が作られているケースもいくつかありますが、そういうなかには、日露戦争の旅順口陥落の提灯行列で歌われたという金沢第一中学校の《祝へ同胞五千万》のように、特別の機会に一度だけ歌うために歌詞だけ新たに作って同じ旋律で歌っているような場合もあります。このケースは、たまたま卒業生の回想記に取り上げられていたためにその存在に気づくことができました。本家本元の旧制一高でも、日露戦争時には青木得三が《征露歌》を作詞し、《アムール川の》

の旋律で歌っていますので、おそらく他の学校でも類似のことはいろいろ行われていたのでしょう。

この《アムール川の》を「替え歌」に使った一連の曲を並べてみると、「校歌」と「応援歌」、それにその他学校生活の中で歌われたさまざまな歌がグラデーションをなしながら、ゆるやかにつながった地続きの世界を形作っている印象をもちます。校歌の方が「上から」の性格が強くて教員の関与度が高いとは必ずしも言えず、生徒が校歌の作詞をしているケースもあれば、教員が応援歌の作詞をしているケースもありますので、両者の間に明確な一線がひけるという感じには必ずしもなっていません。応援歌に関しては作られた年代が正確にわからないものが多いのですが、わかっているものだけみると、1910年代くらい、明治末から大正前半にかけての時期のものがほとんどで、まさにこの「『校歌』以前の校歌」の時期の旧制中学校で展開されていた学校音楽文化の縮図をみる思いがします。

その一方で、もっと後の時代に作られたとおぼしきものもあります。特に興味深いのは、岐阜県にあった瑞浪市立陶中学校（現在は廃校）という新制中学校の応援歌のケースです（これもたまたま、私の授業を受講していた学生から教えてもらったものです）。言うまでもなく、私立の一貫校のようなところを除けば、新制中学校は基本的に戦後に創設されたものですので、校歌や応援歌もその後に作られていることはたしかなのですが、古い「替え歌」的な作法がしっかり引き継がれています。学制改革で全国各地に一斉に新制中学校が作られたときには、教員不足が深刻になり、退職していた旧制中学の教員など、いろいろな人材をかき集めてやっとスタートさせたというような話はよくききますので、そういうルートを通して、過去の「文化」が継承されたというようなところもあるのかもしれません。また、《アムール川の》に関する事例ではありませんが、神奈川県立横浜平沼高校

（旧横浜第一高等女学校）では、《インターナショナル》の「替え歌」が《応援歌7番》として歌われています。戦後の学制改革に伴う男女共学化の問題は次章で取り上げますが、この学校のように高等女学校から共学化した新制高校でも、旧制中学のやり方が継承されているあたりが、やはりなかなかおもしろいところです。

3. 《天は晴れたり》：もはや「替え歌」ですらない？

《アムール川の》とならんでもう一曲、よく使われるのが慶應義塾大学の応援歌である《天は晴れたり》です。１９０７（明治40）年に作られたものですが、慶應でも今なお「現役」で使われているという貴重な応援歌です。実を言うと、この《天は晴れたり》もまた、それ自体が唱歌の「替え歌」です。元の唱歌は《ワシントン》（１９０２）という北村季晴（１８７２－１９３１）の作曲した曲です（ここでの「ワシントン」は都市の名前ではなく、アメリカ合衆国初代大統領のジョージ・ワシントンの事績を歌った唱歌です）。

この曲も、私が確認しただけで20校以上で使われていますので、そのポピュラリティにおいては《アムール川の》と双璧をなす存在であると言ってよいでしょう。これについても、一覧表にして**表2**にまとめましたので、参照してみてください。ただ、この表をみてみると、原曲の使い方が《アムール川の》とはだいぶ違うことがわかります。《アムール川の》の場合には、音楽の方は「替え歌」でしたが、歌詞はほとんどの場合、自校の環境や風物に関わるようなものを織り込みながらオリジナルなものを作ってのせており、そのあり方はかなり校歌に近いものでした。《天は晴れたり》の場合にも、そのような作り方をしている学校もあるのですが、かなり多くの学校で、音楽だ

茨城県立下妻第一高等学校 （下妻中学校） 野球部応援歌	天は晴れたり気は澄みぬ　為桜の旗風吹きなびき　筑西健児の血はほとばしり　ここに立ちたる野球団／天は晴れたり気は澄みぬ　為桜の旗風なびくとき　筑波山上秋月高く　ここに立ちたる野球団
埼玉県立春日部高等学校（粕壁中学校） 秩父の嶺	秩父の嶺を西にみて　利根川の音きくところ　八木崎原頭鉄腕うなる　アポロに似たり我が選手／マースの盾と矛持ちて　立てる男の子を君見ずや　若き血潮に心は躍る　見よローレルは輝きぬ
埼玉県立松山高等学校（松山中学校） 空は晴れたり	空は晴れたり気は澄みぬ　秩父の山を遠く見て　名もうるわしき武州のほとり　立てる健児の意気高し　（冒頭歌詞のみ流用、別旋律）
千葉県立千葉高等学校（千葉中学校） 選手競漕各級応援歌 声援歌（5年級）其一	猪丘の男子眉あげよ　五年の健児胸うてや　年月あまた鍛ひし腕　試さん時の来たりしぞ／血ある殿儕健気にも　蟷螂の斧揮ひつつ　亡滅破壊の運かれ帯びて　わが龍車にぞ抗ふなる
藤嶺学園藤沢高等学校（藤沢中学校） 応援歌（第四部）	千載秋の水清く　金魄空に冴ゆる時　東雲早くも明け渡り　待ちに待ちたり晴れの場所／ますらたけをが今日の時　意気と誠の藤高が　高鳴る血汐をいかにせん　目ざす勝利は我にあり／双手をあげていざ歌え　我が鉄腕をいざ誇れ　藤高健児の血はほとばしり　やがてはかざす優勝旗
新潟県立新潟高等学校（新潟中学校） 応援歌B	天は晴れたり気は澄みぬ　正義の旗風吹き靡く　青山健児の血は迸り　此処に立ちたる野球団／勝利を告ぐるときの声　県下の粋ぞと仰がれて　青陵城頭秋月高く　かがやく選手のその勲
新潟県立長岡高等学校（長岡中学校） 応援歌（其の２）	打てや振へや長陵の　鋸下ろす雨風に　鍛へし選手の鉄腕なりて　此処に立ちたる我が選手／血潮迸り肉躍り　柏の旗の色赤き　兜男子の敵は何処　打てや破れや敵塁を／天麗かに雲無くも　飛び交ふ球は雷か　鍛へに練りし鉄腕なりて　打てや破れや敵塁を
長野県松本深志高等学校（松本中学校） 天は晴れたり	天は晴れたり気は澄みぬ　蜻蛉の旗風吹き靡き　深志健児の血は迸り　此処に立ちたる野球団／勝利を告ぐる鬨の声　天下の覇者ぞと仰がれて　深志城頭秋月高く　輝く選手がそのいさを
静岡県立沼津東高等学校（沼津中学校） 天は晴れたり	天は晴れたり気は澄みぬ　八朶の芙蓉雲もなし　香陵健児の意気迸る　立て立て我等のチャンピオン／浩気溢るる狩野の辺に　立てる我等が益荒雄の　節概清き競技を見よや　誰か沼東に敵すべき／陣容堅き（沼商）も　我が武士の怪腕に　如何でか耐うる力のあらん　微塵に散って影もなし
静岡県立榛原高等学校（榛原中学校） 第一応援歌	山また山の唐錦　天馬猛りて叫ぶ頃　熱き努力に織りなせる　東海健児の猛者連／見よ天際に雲あれて　電光黒雨をつくところ　殺気惨たり陽は暗し　山影乱れて銀蛇飛ぶ／奔馬万里の意気をもて　狂える怒濤も何のその　飛電の剣きらめけば　群雄の覇は我に帰す
滋賀県立彦根東高等学校（彦根中学校） 金亀の御城（応援歌第四）	金亀の御城仰ぎつつ　鉄腕きたえし赤鬼の　彦中健児の血はほとばしり　ここに立ちたる野球団／金亀城下のトキの声　天下のスイぞと仰がれて　琵琶の湖上に秋月高く　輝く選手のそのいさお
同志社高等学校（同志社中学校） 洛北の地（中学応援歌）	洛北の地に風立ちて　雄々しき志士は起きいでぬ　黒雲捲きて振るい立つ　同志社健児の意気見ずや／固き敵陣何かある　同志社健児の肉弾は破竹のごとく進み行き　見よや見事に破るなり／敵陣如何に寄せ来とも　岩に砕くる磯の波　我等がきたえし腕もて　守るとりでは鉄の城
兵庫県立兵庫高等学校 （第二神戸中学校） ゆうかり樹下の（応援歌その2）	ゆうかり樹下の武陽原　栄華の巷をよそに見て　至誠の旗を手にかざしつつ　ここに鍛えし吾が腕／茅海白く波光り　神撫山下に夕日落つ　聞け我が軍の勝関の声　栄ある戦士のそのいさお
鳥取県立鳥取西高等学校（鳥取中学校） 天は晴れたり	天は晴れたり気は澄みぬ　自尊の旗風吹きなびく　鳥中健児の血はほとばしり　此処に立たる野球団／勝利を告ぐる鯨波の声　天下の粋とぞ仰がれて　久松山上秋月高く　輝く選手の其のいさを
山口県立防府高等学校（防府中学校） 新応援歌	天は許さじ隼の　烏合の軍鶏に列するを　防高選手の血はほとばしり　ここに立ちたる我が選手／勝利を告ぐる鬨の声　防高選手と仰がれて　三田尻湾頭秋月高く　輝く我らがその功

表2《天は晴れたり》を原曲とする応援歌

学校名／タイトル	歌　詞
原曲 ワシントン（唱歌）	天は許さじ良民の　自由を蔑する虐政を　十三州の血は迸り　ここに立ちたるワシントン／ロッキーおろし吹荒れて　ハドソン湾に浪さわぎ　剣戟ひびき軍馬嘶く　すわ戦の鬨の声／勝利を告ぐる喇叭の音　邦の父ぞと仰がれて　ミシガン湖上秋月高く　輝く君がそのいさお
慶應義塾大学応援歌 天は晴れたり	天は晴れたり気は澄みぬ　自尊の旗風吹き靡く　城南健児の血は迸り此処に立ちたる野球団／勝利を告ぐる鬨の声　天下の粋ぞと仰がれて三田山上の秋月高く　輝く選手の其功績
北海道帝国大学予科応援歌 応援歌の一	振へや起てや予科の軍　北海の空雲はやし　清き白旗打靡かして　いざや示さん我が意気を／熱血溢るる予科の軍　金城湯池ものならず　勝てる兜の緒をしめ直し　またも奪はん優勝旗／勝利は続く予科の軍　中堅男子と仰がれて　楡梢上輝く星に　光は増せり優勝旗
北海道函館商業高等学校（函館商業学校） 応援歌	悲壮の涙憤怒の血　凝りて今立つ野球団　必勝の意気火と燃え立ちて見よ焦天の慨あるを／我六百の大丈夫が　櫛風沐雨に鍛へたる　威風四周を吹き靡かせて　熱球破らん敵の陣／歓声天地を揺がして　仰ぐ陣頭空高く　凱歌に閃めく我優勝旗　光は永久に輝かん
北海道帯広柏葉高等学校（帯広中学校） 祝勝歌	日高おろしにまなじりを　決して錬りしオペリ魂　さっと輝く月桂冠祝え柏葉この勝利／十勝の流れ敗残の　涙を拭い血を清め　しっかり握りし優勝旗　祝え柏葉この栄誉
青森県立弘前高等学校（弘前中学校） 凱歌　雨の朝も風の日も	雨の朝も風の日も　練習の効かいありて　連戦連勝その勢いに　弘中の名はいや高し／敵軍強し然れども　我は敵より尚強し　月桂冠はさん然として　我が弘中に輝きぬ／城の松風勇ましく　凱歌を奏し始むれば岩木の峰は笑うが如く　吾を迎うるうれしさよ
岩手県立一関第一高等学校（一関中学校） ボールにからむ	ボールにからむ砂煙　南の空へと舞ひ上る　関中健児の血は迸り　此処に立ちたる野球団／ロレルを渡る旗風に　紫雲たなびくオーロラの　光まばゆきその勢や　天下を睥睨すチャンピオン
岩手県立福岡高等学校（福岡中学校） 天は晴れたり（応援歌13）	天は晴れたり気は澄みぬ　自由の旗風吹きなびき　福陵健児の血はほとばしり　ここに立ちたる野球団／勝利を告ぐる鬨の声　天下の粋ぞと仰がれて　陣場山上秋月高く　輝く選手のその功
秋田県立秋田高等学校（秋田中学校） 凱歌（イ）	天をもつかん意気をもて　正義正路の旗風に　起ちし気鋭の若武者振りは　名も勇ましき秋田軍／勝利を告ぐるときの声　東北の覇と仰がれて檜山原頭青空高く　輝く選手の其の功績
秋田市立秋田商業高等学校 （秋田市商業学校） 応援歌8番（銀蛇閃々）	銀蛇閃々天涯に　悠々たりや雄物川　緑の色の広がりて　波音高し日本海／その高鳴れる熱血に　燃ゆる五百の健男児　清き瞳を輝かし　永久の命を今ぞ生く／我立たずんばちかいてし　男子の意気を如何せん　戦雲空にみなぎれり　悪魔（サタン）も来たれ戦わん
秋田県立大館鳳鳴高等学校（大館中学校） 勝利の歌	勝利を告ぐる関の声　奥羽の彗星と仰がれて　桂城城址秋月高く　輝く選手のその勲
福島県立会津高等学校（会津中学校） 凱旋歌（中間部）	勝利を告ぐる鬨の声　天下の粋ぞと仰がれて　飯盛山の秋月高く　輝く選手のその功 （主部は《カルメン》、中間部に《天は晴れたり》を流用）
福島県立安積高等学校（安積中学校） 勝利の歌（迎歌）	勝利を告ぐる鬨の声　天下の粋ぞと仰がれて　安積山上秋月高く　輝く選手のその勲　（第3節に歌詞のみ流用、別旋律）
群馬県立太田高等学校（太田中学校） 時は来れり（第一応援歌）	時は来れり鍛えたる　日頃の手並みいざ示せ　攻むれば全軍勢猛く　守れば泰山ゆるぎなし／勝利を告ぐる時の声　天を揺るがせ地を震う　金山南麓衝天高く　輝く我等の此の勲
栃木県立足利工業高等学校 （足利工業学校） 応援歌（A）	北に聳ゆる男体の　玲瓏清き白雪は　千古に消えずと伝え聞く　英名高き我が足工／仰げば高し両崖の　常盤に変らぬ松緑　不朽の誉は一世の如く　立てし我等の其の勲／両崖山上霧晴れて　腕は熱せり意気満る野州健児の血は迸しる　此れぞ我等の誇なり

けでなく歌詞も流用しています。もちろん、全くそのまま使っているというわけではなく、そのあたりは程度の差がいろいろあります。岩手県立福岡高校などは、出てくる地名などの固有名詞を自分のところのものに直しただけで、基本的にはほとんどそっくりそのまま使っている感じです。それに対して、新潟県立長岡高校などは、全体としては新しい歌詞なのですが、よくみると「此処に立ちたる」、「血潮迸り」など、既視感のあるような文言がちらほら出てくるというような感じになっており、やはり元の歌詞をかなり下敷きにしていることがわかります。ほかにも第1節はオリジナルだが、第2節になると原曲の歌詞がそのままあらわれる、等々、いろいろなパターンがあります。

実を言うと、これらの曲の直接の元歌になっている慶應義塾の応援歌自体もすでに、原曲の《ワシントン》の文言をかなり引っ張ってきているのです。両者の歌詞を比べてみるとよくわかりますが、ワシントンの事績を歌っている歌ですから、野球の試合とはだいぶコンテクストが違っているにもかかわらず、自由を求めて戦う話をうまく換骨奪胎して野球の試合の話にすべりこませたような歌詞になっています。元の歌詞をうまく使いながら、このように別の世界の話に移し替えてしまうという、パロディさながらの「もじり」技法はなかなか高度なもので、これらの歌詞を並べてみていると、それをさらに発展させるかのように各地の中学校などでいろいろな「もじり」が行われていたこの時代の空気が伝わってきます。ただ、こちらのパターンは「応援歌限定」で、校歌に持ち込まれることはなかったようで、《アムール川の》とは違って《天は晴れたり》が校歌に転用されたケースは一件もありません。今とは違って校歌と応援歌とが地続きの文化として形作られていたような面をもっていた一方で、しかしこのふたつのカテゴリーの歌の間には微妙な空気感の違いがともなっていた、そんな状況が伝わってきます。

慶應義塾の応援歌でもう一曲類似のものとして、《打てば勝つ》(1910以前)という曲がありま す。こちらは本家本元の慶應ではもうだいぶ前に歌われなくなってしまったのですが、少なくとも10校以上で「替え歌」になっており、《天は晴れたり》と同じような使われ方をしています(表3)。慶應の元の歌詞とのつながりもさることながら、ある学校では「紫の旗のゆく所」(福島県立安積高校)が登場したかと思うと、別の学校では「紅の旗ゆくところ」(新潟県立新潟高校、山口県立防府高校)が出てくるといった具合で、中学校同士の横のつながりも無視できません。旋律が同じで、歌詞も相当似通っているとなると、これはそもそも「替え歌」というよりは、同じ歌を学校名など一部を書き換えて歌っているとみたほうがよいのかもしれないと思われてもきます。そのような方向性が前面に出てくると、これらの応援歌は、「学校の歌」としてその学校を代表するものというよりは、そういう同じ歌をレパートリーにもっている者同士がひとつの世界を共有していることの証という性格を強めてくるように思います。

そういう点で言うと、早稲田大学の《敵塁如何に堅くとも》(1907以前)という応援歌もとてもおもしろい事例です。これまた、《敵は幾万》(1891)という軍歌が元歌なのですが、早稲田の応援歌で「そも慶應や何ものぞ」という歌詞をつけられたその中間部分が取り出されて中学各校の応援歌に転用され、「あの輩は何者ぞ」(岩手県立盛岡一高)などという形で敵軍を揶揄する歌として使われました。これは1970年代くらいまでは、甲子園での応援でかなり多くの学校が使っていたのではないかと記憶していますが、それらの学校で歌われる際には自分の学校の応援歌という意識はほとんどなかったのではないでしょうか。現在でも同様なことはあり、たとえば早稲田大学

表3《打てば勝つ》を原曲とする応援歌

学校名 タイトル	歌　詞
慶應義塾大学 （1910以前） 打てば勝つ	打てば勝つ三田の歴史は　昇る日の光に満つる　何事ぞ身の程知らで　咄我に射向ふ彼等／いざ来れ我塾生の　腕以て守れる所　豈やすく彼等が足の汚すまに汚さしめんや／いでやいで打ちて盡して　戴かん勝利の冠　いでやいで追斥けて　握らんか覇権の剣
東京高等師範学校 （1919、大和資雄作詞） 桐の葉（宣揚歌）	桐の葉は木に朽ちんより　秋来なば先駆散らん　名のみなる廃墟を捨てて醒めて起て男の子ぞ我等／日の本の教えの庭に　いと高き学舎ありと　人も知る茗渓の水　よし涸れよ濁さんよりは
青森県立八戸高等学校 （八戸中学校） いざ行け（運動会応援歌3）	いざ行け行け行け選手　栄辱は君にかかれり　兄弟の心は躍る　いざ振え勝利のちょう児／白金も黄金も玉も　何かせん我は意気の子　屠りする栄ある勝利　永久にその幸まもれ
岩手県立一関第一高等学校 （一関中学校） 打てば勝つ	打てば勝つ関中の歴史は　昇る日の光にみつる　何事ぞ身の程知らで　咄我にはむかう彼等／いざやいざ我等の選手の　腕もて守れるところ　豈易く彼等が足の　汚すがまま汚さしめんや／見よ敵軍の顔色寒し
岩手県立黒沢尻工業高等学校 （黒沢尻工業学校） 北上の（第三応援歌）	北上の流れる岸の　花咲き香る陣ヶ丘に　いざ集いなん我等が友よ　高き理想の鐘をならし／展望開けし学びの庭に　永久に流れり北上の水　いざ窮めなん真理の道を　若き熱と力をもちて／清と濁とをあわせて流る　北上河原に星影清し　いざ進みなん新生の道　きずなは固き黒工健児
秋田県立秋田高等学校 （秋田中学校） 凱歌（ロ）	いざ戦はん時機こそ到れ　矢留健児腕鳴り血湧く　いでやいで追ひ退けて握らんか覇権の剣／いでやいでうちてつくして　戴かんか勝利の冠　いでやいで我等が腕を　汚すままに汚さしめんや／敵破れたり正義の腕に　勝利の冠我が手に帰せり　覇権を握る健児の意気を　聞けやわが凱歌の声を
秋田県立大館鳳鳴高等学校 （大館中学校） 打てば勝つ	打てば勝つ我等が歴史　昇る日の光は満ちぬ　何をしぞ身の程知らず　咄！我に射向う彼等／いざ来れ我が校生の　腕もて守れる所　何をしぞ彼等が足の　けがすまでけがさしめんや
福島県立安積高等学校 （安積中学校） 紫の旗のゆく所	紫の旗のゆく所　何処にか我敵あらん　競い立て我健男児　奮い立て我健男児／打てば勝つ我歴史こそ　昇る日の光に似つれ　我主義は正義と進取　矛とりていざやしめさん／攻めよ打て鍛えし腕を　試すべき時こそ来れ　何物か我等の敵ぞ　握らん覇権の剣
山梨県立甲府第一高等学校 鶴城に	鶴城に桜花咲き　人はみな歓楽に酔ふ　われひとり落花を浴びて　前の恥花園に泣きぬ／秋来る健児の胸に　強き意気宇宙も空し　桜花の旗ひとたび振れば　醜の群れ微塵に飛ばむ
長野県松本深志高等学校 （松本中学校） 打てば勝つ（応援歌7）	打てば勝つ深志の歴史は　登る日の光に満つる　何事ぞ身の程知らで　咄我に射向う彼等／いざやいざ我校友よ　腕を以て守れる所　何事ぞ彼らが足の汚すままに汚さしめんや／いざやいざ打ちて尽くして　戴かん勝利の冠いざやいざ追い退けて　握らんか覇権の剣
新潟県立新潟高等学校 （新潟中学校） 応援歌C	丈夫のたばさむ征矢の　雄風に草木もなびく　雲みだれ山どよもして　中原に牡鹿争ふ／紅の旗行くところ　月の夜に桂も折らん　そそり立つ芙蓉の峰よ　雄々し我野辺のすめらぎ／青山　青山　青山　　青山　青山　青山　青山　青山　青山　　青山　青山　青山
兵庫県立兵庫高等学校 （第二神戸中学校） 応援歌その4（攻撃）	打てば勝つ兵高軍は　昇る日の光に満つる　何事ぞ身の程知らで　咄我にいむかう彼等／いでやいで我が九勇士　腕もて守れるところ　豈易く彼等の足の　汚すままに汚さしめんや／いでやいで打ちて尽して　戴かんかな勝利の冠　いでやいで追い退けて　握らん覇権の剣
鳥取県立米子東高等学校 （米子中学校） 黒鉄の力	黒鉄のをのこの腕　振ふべき時は来たりぬ　虹に似る吾等の意気を　示すべき時は来たりぬ／いざ来れ長き歴史に　光ある吾等が砦　あにやすく彼等が足に　汚すまじ汚さしめんや／いでやいで打ちてつくして　戴かん勝利の冠いでやいで追ひ退けて　握らんか覇権の剣
山口県立防府高等学校 （防府中学校） 紅の旗ゆくところ	紅の旗ゆくところ　月のような桂をけづり　不断の松明打ちふり翳し　永世の闇を照せかし／いざや立て防中の選手　波立ち騒ぐ周防の灘に　鍛へに鍛へしその功を　九華の山にかがやかせ
福岡県立修猷館高等学校 （中学修猷館） フレーフレー修猷の健児	フレーフレー修猷の健児　今こそは誉の戦　黄金星旗の輝く下に　思わずや栄ある歴史／フレーフレー修猷の健児　今こそは恨みの戦　会稽山下の選手よたちて　捧げずや高なる血潮

の《コンバット・マーチ》のように、多くの学校が取り入れて使っているレパートリーを共有することは、学校間の横のつながりを強めてゆく働きをしているように思われます。

このようにして応援歌は、校歌と重なり合いつつ各学校のアイデンティティという縦糸を形作る一方で、同じ歌を共通のレパートリーとする多くの学校をひとつに束ねてゆく横糸をも形作っており、それらを結び合わせる結節点として機能していたとみることもできるように思われます。本章では校歌や応援歌をめぐるこの時代の景色を、歌自体に焦点を合わせる形でみてきましたが、この後の第5章では、同じ景色を、甲子園大会、応援団、吹奏楽といった、それらの歌を培い、支えてきた制度や組織の側に焦点を合わせてみてみることになります。

第3章　校歌の「戦後処理」

第1節　校歌の直面した「戦後問題」

校歌の歴史をその受容という観点から考察しようとする際の着眼点として重要なのは、社会全体、とりわけ学校を取り巻く環境が大きく変わったエポックメイキングなポイントをみきわめ、そのような機会に校歌がどのような形で自らを対応させてゆこうとしたかを明らかにしてゆくことです。本書では、続く第3章と第4章のふたつの章で、校歌のあり方が正面から問い直される機会となったふたつの時期を取り上げて、そのあたりの様子を探ってみたいと思います。この第3章ではまず、第二次大戦での敗戦を受ける形で生じた校歌の「戦後処理」という問題を考えてみようと思います。

第二次大戦の敗戦は、明治以来、近代国家としての日本という国を支えてきた前提そのものを否応なしに問い直さざるをえないような状況をもたらしました。それゆえ、その影響が文化のあらゆる領域にまで及んだのは当然といえば当然のことだったわけですが、まさにそのような近代化の所産であった校歌の場合には影響はかなり深刻でした。特に大きな要因はふたつあります。

ひとつは歌詞の問題です。天皇への忠誠を誓ったり、そのために精進して国の繁栄のために役立てる人間になる心意気を述べたりする内容の歌詞が含まれている校歌がかなりあり、それらをどうするかが問題になったのです。第1章で述べたように、唱歌教育が「国民づくり」のツールとして、そのような国民としての自覚を児童・生徒に植え付ける目的で構想された、その延長線上に校歌も位置付けられていました。そのため、学校や郷土に関わる歌詞だけでなく、日本という国やその中心たる天皇に関わる歌詞が歌い込まれることになったのです。しかし敗戦を機に価値観が百八十度転換し、そのような皇国史観的な前提自体が解体してしまったわけですから、そのような歌詞の校歌をそのまま歌い続けていてよいものかということが当然問題になったわけです。

たとえば、後に詳しく述べることになる、神奈川県立横浜平沼高等学校（旧横浜第一高等女学校）の校歌（1916年制定、佐佐木信綱作詞、幸田延作曲）は冒頭いきなり「をしへの道のみことのり　われらが日々のをしへなり」とはじまっていました。「をしへの道のみことのり」とは、言うまでもなく教育勅語のことです。1890（明治23）年に発表されて以来、教育勅語は、日本における教育活動の最高原理として位置付けられていましたから、それを手本にして毎日励むことを誓う内容の歌詞は、かつては校歌の模範的なモデルになりえたのでしょうが、なにしろ戦後になって当の教育勅語自体が新憲法の精神に反するものとして無効になってしまったのですから、そのような歌詞をそのまま歌い続けるというわけにはいかなくなりました。横浜平沼高校では1950（昭和25）年に、作詞者であった佐佐木信綱に歌詞の改訂を依頼し、その部分は「学びの道にいそしむは　我等が日々のつとめなり」と改められました。

もうひとつ、静岡県立静岡高等学校（旧静岡中学校）の校歌の事例もご紹介しておきましょう。静岡中学校の校歌は、1916（大正5）年に東京音楽学校の吉丸一昌に作詞を、島崎赤太郎に作曲を依頼して制定されたものでした。もともとは第4節まであったのですが、第2節には「義勇奉公」などという語が登場し、第4節にいたっては「御国の柱礎と／なりし祖先の後継ぎて／大現神天皇の／稜威を四方に輝かせ」と、皇室賛美を絵に描いたような歌詞になっていたため、第2節以降は歌わないことにして、第1節だけを二回繰り返して歌うことになりました。ほかにも第1節冒頭の「岳南健児七百の」という歌詞が、生徒数の増加に合わせて「岳南健児一千の」と改められるなどの変更も行われていますが、当時の教員の回想によると、別に職員会議などの席上で正式決定した記憶はないということです（『静中静高百年史』上巻、1978、765）。

このような形で歌詞の特に「あぶない」部分だけを書き換えたり、そういう部分をそっくり歌わないことにしたりするといった措置をほどこした学校はかなりありました。もちろんこのような処理は弥縫策であると言われればその通りで、もともと歌詞は全体としてひとつの表現になっているわけですから、単語ひとつを変えればすむというものではありませんし、歌詞の一部だけ変えてしまうというのは作詞者に対して失礼だという議論だってあるでしょう。特に変更を必要とする部分が大きいような場合には、いっそのことこれを機会に校歌を新しいものに作り変えようという話になって当然ですし、そうなれば、新たな時代にふさわしい校歌はどのようなものであるべきかといった根本的な問題から考え直してゆく必要も出てくるでしょう。そのあたりの対応の仕方は学校によってもかなり異なっており、静岡高校のように特段の議論をすることもなく事務的な変更ですませてしまったような学校もあれば、かなり大きな議論に発展した学校もありました。

校歌の「戦後処理」が大きな問題になったもうひとつの要因は、戦後の再スタートにあたって大規模な学制改革が行われ、学校の位置付けが変わったり、大規模な統廃合が行われたりすることが相次いだことです。戦前の校歌が歌い継がれるといっても、歌詞に問題があったかどうかというような話よりも前に、そもそもその学校が同一の学校として継続しているのでなければ、歌い継ぐも何もあったものではありません。この第二次大戦後の学制改革で特に大きな変更が生じたのは、中学校、高等学校などの中等教育の部分でした。旧制の中学校、高等女学校などから新制の中学校、高等学校への移行は、少なくともその理念の上ではかなり根本的な変更を伴うものでした。中学校と高等女学校、それに商業学校、工業学校などの実業学校、さらには師範学校などが並立していた戦前の中等学校制度は図示してみるとかなり複雑で、多様な目的や機能にあわせた進路の「複線化」がはかられていたことがよくわかります。そのような形で別々のカテゴリーで位置づけられていた様々な学校が、新制の「中学校」と「高等学校」というカテゴリーに一元化されてしまいました。しかも、この旧制の中学校や高等女学校に相当する部分が、「中学校」と「高等学校」という二つの段階に分けられたうえに、複数の学校の合併などを含む統廃合が大規模に進められたわけですから、極端にいうと、戦前の中学校と戦後の高等学校とが、本当に同一の学校として連続していると言って良いのかどうかすら疑わしいような状況になっているわけです。

それにもかかわらず、多くの学校で、その連続性が当然のこととして受け入れられ（本書でも「静岡県立静岡高等学校（旧静岡中学校）」などという表記をしていますが）、旧制時代の校歌をそのまま歌い続けている学校まで相当数あるということは、あらためて考え直してみると、かなり驚くべきことなのではないでしょうか。考えてみれば、学校という存在は抽象的なものではなく、現実のキャンパスがあり、そこに所属する教職員スタッフや生徒がいて、はじめて成り立っているわけですから、学制が変わったからといって、その日から突然すべてがゼロになってリスタートするなどということはありえません。旧制の中学校や高等女学校の教職員などは基本的に、新制中学ではなく新制高

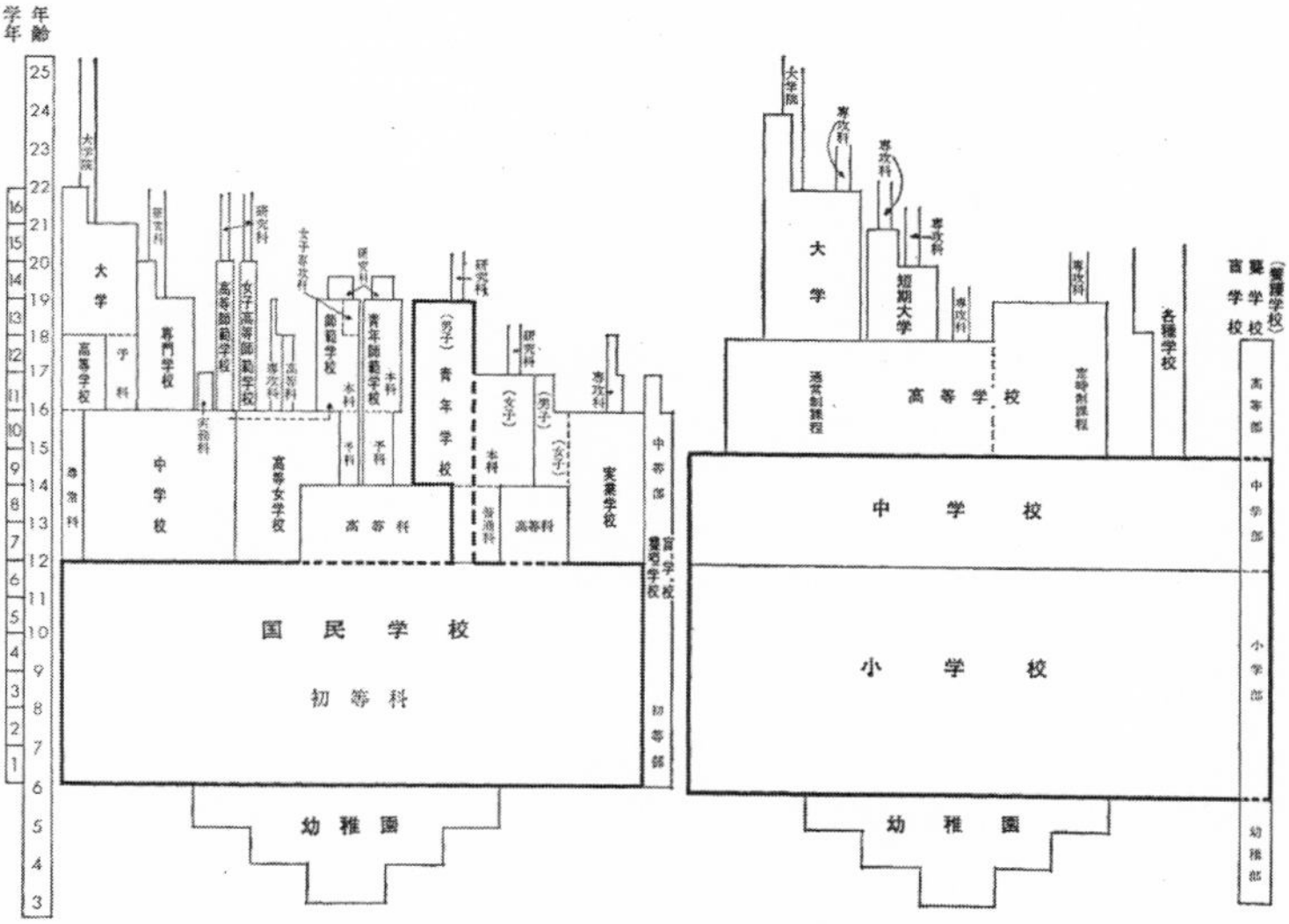

学制の新旧比較（1944年〈左〉と1949年〈右〉、文部科学省ウェブサイト掲載の「学校系統図」による）

校の方に移る形になりましたから、学校自体の制度や位置付けは大きく変わってしまっても、そこで培われてきた校風や学校文化がそのような人々と共に新制高校に持ち込まれ、引き継がれていったわけです。校歌もまた、そのようにして引き継がれていった「文化」の一端をなすものでした。あえて言うなら、単に同じ学校の継続であったから校歌もそのまま引き継いで歌われたという以上に、同じ校歌を歌い続けることによって、制度的には前とは違う学校であるにもかかわらず、前の学校の延長線上のものとしてしるしづけられていったとみた方がよい面もあるのではないかと思います。

もちろん、統廃合や共学化（これについては、この章の第3、4節で触れます）、学区制の実施等々、学校の性格が大幅に変わらざるを得ないような状況におかれたケースも少なくありませんでしたから、それぞれの学校の状況との関わりの中で校歌を新たに作り直すケースも少なからず出てきたわけですが、元の校歌を引き継ぐにしろ、新しいものに作り替えるにしろ、人々はこういう状況の中で、自らが背負ってきた歴史や伝統とどのように向き合うかということを正面から問われるような状況に置かれることになったのです。

この章ではこれから、統廃合や共学化などとの関わりで校歌をどうするかという問題が焦点化したケースをいくつか取り上げてみてゆきますが、古い校歌を存続させて今でも歌っている学校も、逆に古い校歌に代えて新たな校歌を制定した学校も、どちらも一筋縄ではゆかない屈折した経緯をたどり、今にいたるまでその跡をのこしている状況が明らかになってくるでしょう。別の言い方をするならそこからは、社会が大きく変化してゆくなかでもしなやかに、またしたたかに生き延び、歌い継がれてゆくという、校歌というジャンルの独特のありようがみえてくることになるのです。

第2節　守るべきか捨てるべきか：下妻一高の「校歌改正問題」

戦後の学制改革で誕生した新制高校では、校歌をめぐってどんな論議がなされたのでしょうか。そのことを知る上で貴重な資料となるのが、学校新聞です。学制改革によって新制高校が発足するのは1948（昭和23）年のことですが、そのスタートとともに（正確にいうとその直前の、旧制中学校、旧制高等女学校の最後の時期から）多くの学校で学校新聞の発行が行われるようになり、ほとんどブームのような盛り上がりを見せました。各校の学校新聞のこの時期の紙面をみていると、戦時期の抑圧から解放された生徒たちが、自分たちの手で新たな時代を作り上げてゆこうとする、そんな気概があふれていることが伝わってきてびっくりさせられます。この時代の新制高校を覆っていた空気感、つまり旧制高校や旧制中学校などの「自治」の精神の遺産を引き継ぎつつ、そこにGHQを通じて流入してきたアメリカ流民主主義が濃厚にブレンドされたような、そんな強烈な空気感は、今のわれわれからはなかなか想像できないものかもしれません。校歌の見直しの動きもまた、そんな空気感のなかで進行したのです。

学校新聞は校内向けに配られたものですから、いろいろな学校のものを自由に探して閲覧するというわけにはなかなかいかないのですが、それでも周年記念事業などで復刻して縮刷版の形で刊行した高校なども結構あり、私もそれらを古書店で入手するなどして、二十校近い学校新聞を調べることができました。ほんの一部の学校を調べただけですが、その中からだけでも、この時期に校歌に関して起こったさまざまな形の動きを跡づけることができます。その中からいくつかのパターンを取り上げてみてみることにしたいと思います。

最初に取り上げたいのは、茨城県立下妻第一高校（旧下妻中学校）の事例です。すでに第2章でも校友会を基盤に校歌が作られた事例のひとつとして紹介しました。そこでも書いたように、この校歌は1910（明治43）年に作られたものですが、旋律は典型的な「替え歌校歌」で、旧制第一高等学校の寮歌《嗚呼玉杯に》の旋律をそのまま使ったものでした。この校歌は今でも現役で歌われていますので、戦前のものがその後も引き続き使われた事例ということになりますが、すんなりそのような形に落ち着いたというわけではありませんでした。

下妻一高は1948（昭和23）年、新制の高等学校として新たなスタートを切りましたが、同年6月から学校新聞『為桜新聞』の発行がはじまります。正確にいうと、戦時中に刊行がとまっていた校友会誌『為桜』の復刊なのですが、復刊間もない第441号（1949年3月15日）の紙面でさっそく、「校歌をどうするか」という特集記事が掲載されています。この時期の他の学校と同じように、これから校歌をどのようにしていったらよいかということを、自分たちで主体的に考え、決めてゆこうとする生徒たちの意志がいたるところから匂ってくる、そんな記事になっています。

昭和24年3月15日　THE IOU

校歌をどうするか

教官　第二校歌を作れ　現校歌は封建的

生徒　歌詞を更めよ　曲にも独創性を

先輩　新校歌の制定を

『為桜新聞』の記事「校歌をどうするか」（1949.3.15）

『為桜新聞』の、この「校歌をどうするか」という特集記事冒頭のリード文には、「果して『花散り月は移ろへど』（引用者註：同校校歌第一節にある歌詞）もいつまでこの校歌を高唱していてよいものか。それとも『ああ玉杯に』よりの借りものの曲を返上して、新時代にふさわしい新校歌を制定すべきか。」とあり、教員、在校生、OBあわせて9名の意見が掲載されています。もちろん個々人のニュアンスの差などもあるものの、「第二校歌を作れ　現校歌は封建的」（教官）、「歌詞を更めよ　曲にも独創性を」（生徒）、「新校歌の制定を」（先輩）という見出しからわかるように、全体としてはこれまでの校歌は「旧い」、また「今の時代にはふさわしくない」ものなので、一応そのまま残すにしても、「新たに高等学校の校歌として、意義のある立派なものを作りたい」というあたりが、全体の論調の最大公約数的なところかと思います。作りかえを望む要因として多いのが、一高寮歌の「替え歌」になっているところで、「借り物の曲」、「他校の曲のマネ」などという言い方でネガティブに受けとめられています。第2章で述べたように、こうした作り方はこの校歌が作られた時点ではごく一般的なもので、多くの学校でこのようなやり方が取られていたわけですが、この頃にはもう、特に現役の生徒のような若い世代ではそれを自然にうけとめるような感性はだいぶ消えかかっており、「恥ずかしい」と感じられる要因になっていたということが窺われます。

もうひとつ興味深いのは、記事冒頭で、1ヶ月ほど前の朝日新聞（1949年2月13日）に掲載された、「《君が代》をどうするか」と題された記事への言及があることです。朝日新聞のこの記事では、「存続論」として、金森徳次郎、田中耕太郎、坂西志保、堀内敬三、清水幾太郎、「改正論」として、中野好夫、緒方富雄、林健太郎の各氏の意見が紹介されていますが、実際にはそれほどはっきり二分されているわけではなく、《君が代》はもはや「新時代に合わない」という認識を共有しつつも、今すぐにそれを廃止しても、なかなかそれに代わる名案が出てくるのは難しく、歌詞を一部変える、これとは別に第二国歌を作る、といった方向で考えるのが良いのではないかというような論調が大勢になっています。『為桜新聞』の「校歌をどうするか」は、こうした問題意識を下敷きにしていることは間違いなく、そのことは、歌が時代に合わなくなってきたとき、これまで歌い継いできた人々が形作ってきた伝統やそこに沈澱されてきた記憶といったものとどのように向きあうか、というコミュニティ・ソング通有の問題を両者が共有していることを示しているともいえるでしょう。

『為桜新聞』のこの問題提起に対して、学校としてただちに何らかのアクションが起こされたということはなかったようです。第443号（1949年12月1日）には新聞管理委員会名で「学生の歌応援歌募集」という記事が載りますが、その後に入選作を発表するような記事は見当たりませんので、応募もなかったのかもしれません。

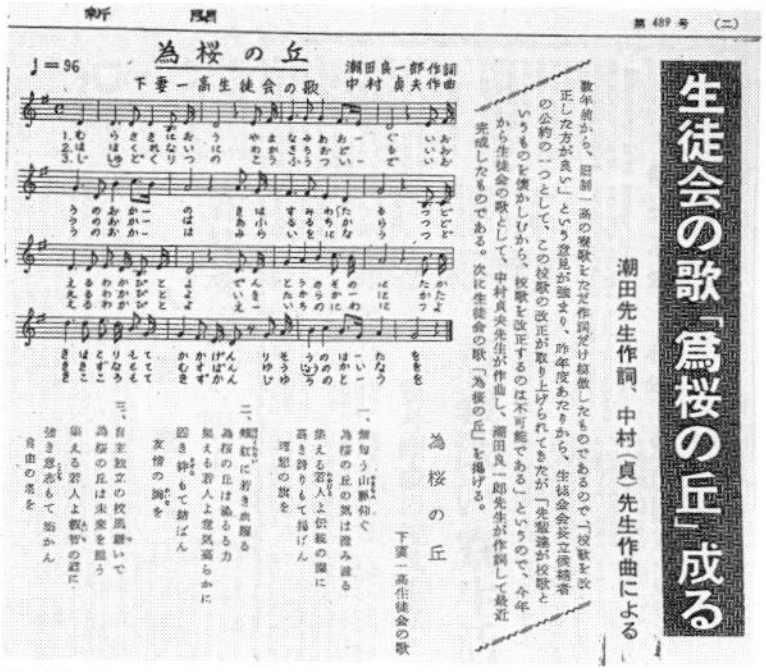

第489号　（二）

生徒会の歌「爲桜の丘」成る

潮田先生作詞、中村(貞)先生作曲による

数年前から、旧制一高の寮歌をただ作詞だけ模倣したものであるので「校歌を改正した方が良い」という意見が強まり、昨年度あたりから、生徒会会長立候補者の公約の一つとして、この校歌の改正が取り上げられてきたが、「先輩諸が校歌というものを懐かしむから、校歌を改正するのは不可能である」というので、今年から生徒会の歌として、中村貞夫先生が作曲し、潮田良一郎先生が作詞して最近完成したものである。次に生徒会の歌「為桜の丘」を掲げる。

為桜の丘

下妻一高生徒会の歌

生徒会の歌《為桜の丘》の完成を報じた『為桜新聞』の記事（1960.11.30）

しかし「校歌問題」はこれで終わったわけではありません。この記事から6年経った第469号（1955年11月12日）の学校長へのインタビュー記事にも新校歌制定を望む生徒の声についての学校長の見解をただすくだりがありますし、第475号（1957年5月10日）には、一般新聞でいえば「社説」のような形で「六十周年を機に校歌改正を」と題された「論説」が掲載されています。次の第476号（1957年8月1日）には、生徒たちへのアンケート調査の結果が報告されており、回答のうち87パーセントが何らかの形での改正（歌詞、曲、あるいはその両方）を支持するものであったと書かれています。さらに2年後の第485号（1959年10月22日）には、生徒会会長選挙の結果が報告されているのですが、このとき会長に当選した3年生の稲川進は校歌の改正と応援団の結成を公約に掲げており、稲川の当選を伝える記事にも「校歌改正成るか？」という大きな見出しが付けられています。最初にこの問題が提起されてから、すでに10年が経過しているのですが、この間ずっと、この問題がのどに刺さった魚の小骨のような存在として、生徒たちの間に残り続けてきたのだろうということをあらためて感じさせられます。

ただ結局、下妻一高の校歌が「改正」されることはありませんでした。翌年の第489号（1960年11月30日）には、「生徒会の歌『為桜の丘』成る」という記事があり、その歌詞と楽譜が掲載されています。記事には、「昨年度あたりから、生徒会会長立候補者の公約の一つとして、この校

定期戦に勝ち、《為桜の丘》を大合唱する生徒たち（『為桜百十年』）

歌の改正が取り上げられてきたが『先輩達が校歌というものを懐かしむから、校歌を改正するのは不可能である』というので、今年から生徒会の歌として、中村貞夫先生が作曲し、潮田良一郎先生が作詞して最近完成した」とあります。元の校歌は校歌として残しつつ、新たな曲をつくり、「第二校歌」的なものとして位置付けることで、一応の解決をみたということになります。

同じような形になった学校は他にもいろいろあります。岩手県立一関第一高校（旧一関中学校）などもやはりそのパターンでした。こちらもまた戦前からの校歌（1903？）は「替え歌校歌」で、旧制一高の寮歌《春爛漫》が元歌でした。こちらでもやはり、戦後に男女共学の新制高校に改組された後、1950年代前半に校歌見直しの動きが高まりました。『一高新聞』にも、「校歌よ何処へ　あやふやな学校当局」（第14号、1952年12月10日）という記事をみることができます。それを受ける形で、1952（昭和27）年12月に教員、生徒の代表に卒業生代表も加えた「校歌作成促進委員会」が作られて協議の上、こちらも、従来の校歌は校歌として残した上で、それとはべつに新曲として「一高讃歌」を公募するという方針をとることになりました。直ちに最初の公募が行われたのですが、生徒からの応募作はいずれも佳作に終わったため、相原清行（国語科教員）が作詞、古藤孝子（音楽科教員）が作曲するという形で、

1953（昭和28）年2月に《一高讃歌》が誕生したのです。当初は、「讃歌」はこの一曲に限ることなく、旧制高校の寮歌のようにその後も継続的に募集して毎年増やしてゆくことが目論まれていたようで、『一高新聞』紙上でも、全生徒に向けて讃歌の制作に積極的に参加するよう、応募の呼びかけがなされているのですが、どうやらその後は全く立ち消えになってしまったようで、「一高讃歌」というカテゴリーの曲がその後作られることはありませんでした（「一高讃歌について」、『温故知新：一関一高百周年記念誌』、1999、141-142）。

それにしても、応募を呼びかける『一高新聞』の記事は、そのテンションの高さが特徴的です。「一高讃歌は長い歴史の上に立つ本校がなお新しい歩みを続けることを自治精神の息吹きを讃えるものとして、又私達の魂となり学園の象徴となるものである。その作成にあたりては男女共学である現在男女共にいつでも口に出るような歌、明るい伸び伸びとしたものであってほしいものである。……本当に一高讃歌を作るのは本校関係者わけても我々一関一高生以外のだれでもない。我々が作ってこそ真に一高讃歌も生きてくるのであり、我々の若き情熱をうち込んだ歌こそ始めてみんなに愛唱される歌ともなろう」（「再び校歌問題に」、第15号、1953年2月2日）

しかしそれに比して応募が少なく、やがて立ち消えになってしまうという現実の展開との落差はいったい何なのでしょうか。もちろん、指導的な立場にある一部の生徒と一般の生徒との意識の乖離とか、志は高くても作詞や作曲の技倆が追いつかなかった等々、そこにはいろいろな理由があることでしょう。しかしその背景には、校歌というジャンルやその周辺に形作られている文化に特有の問題がひそんでいるようにも思われます。次節ではそのことを考えてみることにしましょう。

第3節　「戦後民主主義」の理念と現実：浜松北高の新校歌制定をめぐる混迷

次に取り上げる例は、静岡県立浜松北高校（旧浜松第一中学校）の例です。こちらは、前節で取り上げた下妻一高とは違って新校歌が作られた事例なのですが、こちらもなかなか問題含みの経過をたどりました。浜松北高校は１８９４（明治27）年に静岡県尋常中学校浜松分校として設立され、１９０１（明治34）年からは浜松中学校、１９２４（大正13）年からは浜松第一中学校となりました。さらに新制への移行に伴い、下妻一高と同じく共学化され、浜松北高校となりました。

校歌は浜松中学校時代の１９１５（大正４）年に、東京音楽学校の高野辰之（作詞）、沢崎定之（作曲）によって作られたものが歌われていましたが、新制への移行に伴ってさっそく１９４８（昭和23）年に「校歌制定」の問題が話題になります。ただし浜松北高の場合には、『浜松北高新聞』紙上の関係記事をたどる限り、旧制中学校時代の校歌をそのまま歌い続けるという選択肢はなかったようで、１９４９（昭和24）年度に組織された「校歌選定委員会」でも、最初から新校歌の制定を前提に募集を行っています。旧制中学校時代の校歌は、「健児我等が朝夕に／忠孝信義力行の／訓に励む学舎は／三方が原に立てるなり」とはじまるもので、他校の歌詞と比べてことさら皇国史観的な色合いが強いというほどではなかったものの、「こんな古臭いおよそ自分たちの生活にそぐはぬ校歌は捨ててこの際新しく我々の手で作り直そうという声が大きくなり具体化され」たというのが当時の認識であったようです（「権限は現執行委会／校歌改正のゆくえ」、『浜松北高新聞』第21号、１９５０年５月25日）。しかし、この時の募集では、歌詞の応募が６編あったものの、２編が佳作に選ばれただけで、当選作品はなく、制定は見送られました。その後も新校歌制定はなかなかスムーズに進まず、ようやく完成して発表会にこぎつけたのは、何と5年後の1954（昭和29）年7月10日のことでした（「校歌発表会行わる」、同紙第54号、1954年7月20日）。『浜松北高新聞』の記事を手がかりに、いったいどうしてその制定がこれほど難航したのか、その一端を探ってみることにしましょう。

同紙第38号（1952年7月16日）には、生徒会の新しい執行委員会委員長に二年生の小杉弘太郎が当選したという記事が掲載されており、新委員長がその抱負として「最大問題は校歌」であると語っているのですが、次のページをみると「校歌はなぜできぬ？」というタイトルの記事が目にはいります。新しい校歌を切望する声が高まり、これまで四回にわたって委員会が作られたものの、具体的な作業にはいったところで頓挫するということが繰り返されてきた経緯が説明され、「今年中には望み薄か」という悲観的な見通しが示されています。公募しても応募作が少なかったり、専門家に依頼する場合にかかる費用がネックになったりと、現実的な要因ももちろんいろいろあるのですが、興味深いのは、そこで第一に求められているはずの、新しい時代に合った校歌というものの具体的な理念やイメージがどうもあまりくっきりしていないように思われる点です。この論説記事でも、当初は古くさい校歌を捨てて我々の手で時代に合った新しいものを作るという趣旨で出発したはずなのに、前年度の執行委員長が「北高生徒の歌という意味で気軽に歌えるものを希望し、曲は伝統をひいた一中のものを使っても良い」という談話を発表し、わざわざ廃止したはず

校歌はなぜできぬ？
本校校歌 四度白紙に返る
今年中には望み薄か

『浜松北高新聞』の記事「校歌はなぜできぬ?」（1952.7.16）

の旧制中学時代の校歌を再びもちだそうとしており、その後行われた調査でもやはり、旧校歌を復活させるという意見が全生徒の半数に達したことで、方針が混迷に陥ったことが指摘されています。時代に合った新しい校歌という時、一般論としては皆同意しているかのようにみえるのですが、いざそれを現実に形にしようという段になると、そのイメージがいささか茫漠としており、結局旧校歌をこえるものになかなか結実してゆかないということになっているように思われるのです。

このような状況を象徴的に示しているように思われる出来事があります。1952（昭和27）年秋に作られた「生徒会の歌」にまつわる問題です。1952年秋にスタートした小杉執行委員会委員長のもとでもまた、「校歌作製委員会」が組織されたのですが、いろいろ議論の末、とりあえず校歌は保留にして「生徒会の歌」と題される曲を制作することにし、12月17日に発表会を行うことにしました。ところが発表会寸前になってそれに対する疑義が生じたのです。「校歌作製委員会」はあくまでも校歌を作製することを目的とし、その限りでの権限を与えられた委員会であるのだから、校歌ではない「生徒会の歌」を作る権限などそもそもあるのか、また、「校歌」ではなく「生徒会の歌」として発表するということは、「校歌」を作ることはあきらめているということなのではないか、という疑義です（同紙第41号、1952年12月20日）。

この「生徒会の歌」はさまざまな曲折を経た末、翌1953（昭和28）年2月の臨時評議会でようやく可決され、正式な「生徒会の歌」として承認されました（「生徒会の歌成立す」、同紙第43・44合併号、1953年3月18日）。執行委員会と評議委員会の議事録を精査してその認識のズレが何度も議論されたり、自然消滅になったものが、何度もホームルームに差し戻されるなどして議論され、再提案されたりと、この手続き論への固執ぶりは、今の国会などよりもよほど厳格なのではないかと

濱松北高新聞
生徒会の歌にかく批判す
歌謡曲的な歌に不満足
アンケート

『浜松北高新聞』の記事「生徒会の歌にかく批判す」(1952.12.20)

思われるほどで、戦後間もないこの時期、とりわけ次代を担う若い世代が「民主主義」の精神やそれにまつわる制度に強いこだわりをみせていたことには、いささか驚かされます。

しかしそれ以上に興味深いのは、この「生徒会の歌」に対して生徒たちが示した反応です。校歌作製委員会の中間報告でこの歌が発表された際に、『浜松北高新聞』では生徒たちへのアンケートを行っており、何人かの回答が掲載されているのですが、全体としてかなり批判的な論調が目立ちます（「生徒会の歌にかく批判す」、同紙第41号、1952年12月20日）。「国民歌謡的な感じで校歌に適さない」、「歌詞が形式にとらわれすぎているし、曲がラジオ歌謡にでも出て来そうだ」、「少しうわついて軽すぎるような感じを受けた」といった反応が目立ちます。同じことをもう少し肯定的に評価した「親しみをもって皆んなで唄いやすい曲の様に思います」という回答もありはするのですが、それにも「これ位のものしか出来ないのではないですかね」と、いささか投げやりな留保がついています。

ここに寄せられている反応から想像するに、「古くさい校歌を捨てて時代に合った新しい校歌を作る」とか「北高生徒が気軽に歌えるもの」などという新校歌の理想像が語られる一方で、実際に具体的なものが出てくると、校歌が具えるべき重々しさや風格に欠けるものとして否定的に受けとめられてしまう、そんな状況であったように思われます。そういう際に「校歌らしさ」の表象として引き合いに出されるのは、言うまでもなく戦前の校歌です（他に「校歌」をイメージするためのモデルが存在しなかったわけですから、無理もありません）。そういう意味では、「時代に合った新しい校歌」をもとめる言説自体が、一種自縄自縛的な状況になっていたと言ってもよいかもしれません。この曲は「校歌」ではなく「生徒会の歌」として提示されたわけですから、「校歌」よりもはるかにハードルは低かったはずです。それでも「一寸重さのない曲とも思いますが、生徒会の歌なら適当だと思います」という回答もある一方で、「生徒会の歌として皆んなで唄うのはどうかと思う」という受け止め方もあり、この従来の「校歌」表象のダブルバインド的な縛りがいかにきついものであったかということをあらためて感じさせられてしまうのです。旧制中学時代の校歌のままでよいのではないかという反応もまた、そのような感性の延長線上に出てきているように思われます。

新校歌の制定に関連して、このような問題が、旧校歌へのこだわりとして表面化したのは、実を言うと、浜松北高だけのことではありませんでした。福島県立会津高校（旧会津中学校）では、1948（昭和23）年9月に「校歌制定委員会」が作られ、柳澤健（作詞）、古関裕而（作曲）の両氏に依頼して新校歌が制定されたのですが、それから10年近く経った1957（昭和32）年の同校の『学而新聞』（第61号、1957年3月1日）には「旧校歌復活を願う」という生徒からの投稿が掲載され、その次の号（第62号、同年5月2日）の紙面でも「春に拾う3つの話題」という記事中でやはり「旧校歌」が取り上げられ、その「復活」を願う動きが広がりつつあることが報じられています。「飯盛山の桜花／鶴ヶ城址の秋の草」という歌詞ではじまる新校歌は、いかにも古関裕而らしい明るくのびやかな旋律に彩られたものです。少なくとも今日の感覚からすれば、決して校歌に相応しくない軽薄なものと受けとめられるようなものではないでしょうが、この時代の感性にとっては、1921（大正10）年に東京女高師教授・尾上柴舟の作詞、東京音楽学校教授・萩原英一の作曲で作ら

新聞　昭和28年5月15日発行

我等のナイン堂々入場

第六回 選抜高校野球大会に出場

第六回選抜高校野球大会入場式

本校

選抜高校野球への出場を伝える『浜松北高新聞』の記事（1953.5.15）

れた旧校歌の荘重な曲との比較で「校歌に相応しくない」と受けとめられたところがあったのかもしれません。

　また、これは校歌ではありませんが、滋賀県立彦根東高等学校（旧彦根中学校）では、1950（昭和25）年に自治会が募集し、入選した新しい応援歌について、その発表会が開かれているときに、反対派の生徒たちが土手に上がって、《アムール川の》の替え歌である戦前からの応援歌《ああ英傑》を放吟する一幕もあったという話が報告されています（『彦根東高百二十年史』、1996、695）。いずれも、校歌やそれに類するジャンルの音楽が、時代の変化に合った新しさを求めるという際に、決して一筋縄ではいかないような問題がいろいろ絡まり合って出てくるような状況になることを物語っています。校歌の場合、新校歌に切り替えることが、旧校歌を歌ってきた先輩たちとの分断を引き起こすリスクを孕んでいるために、なかなか切り替えに踏み切れないという面があるという話は、これまでにも出てきましたが、それだけでなく、現役の生徒たちにとってもまた、その感性の内部で新旧両様の方向性がせめぎあうような状況があったことを、こうした事態は物語っています。

　もっとも浜松北高校の場合、その一方で、とにもかくにもこのような形でこの曲が「生徒会の歌」として公的に認知されるようになった背景としては、浜松北高がこの年の春の選抜高校野球大会に出場することになり、そこで歌う歌がないという現実的な理由によった部分もあったようです。評議委員会の動向を報告する『浜松北高新聞』の「評委会手帳」というコーナーには「野球戦に生徒会の歌を使用」という見出しがつけられ、「一部の人々にはあんな歌がと非難もあるようだが他にないのだから仕方がないといったところで、これがなかったら旧校歌を歌うに違いない。それよりまあまあよかろう」などと書かれています（同紙第43・44合併号、1953年3月18日）。このあたりのことについては、応援団について論じる第5章でまたあらためて取り上げますが、校歌や応援歌のあり方が、スポーツの応援、とりわけ高校野球と密接に関連しながら形作られていることを示すエピソードのひとつではあります。

浜松北高校では「生徒会の歌」問題の翌年、1953（昭和28）年7月に「校歌作成委員会」がまたもや新たに設置されました。今度は学校長を委員長とし、その他職員6名と生徒6名で構成される形でしたから、生徒会の管理ではなく学校直属の組織になったわけで、生徒の「自治」という点から考えると後退したともいえます。しかし事態はようやくこれによって本格的に動き出しました（「長年の懸案解決か／校作委会職員生徒合同で／委員長に校長就任」、『浜松北高新聞』第46号、1953年7月15日）。作詞、作曲は生徒への公募ではなく専門家に委嘱することとなり、同年末に卒業生の児山敬一（哲学者・歌人）の作詞が、翌1954（昭和29）年3月には諸井三郎（作曲家）の作曲が完成し、7月10日の校歌発表会で正式にお披露目されて、5年間にも及んだ「校歌問題」はようやく決着をみたのでした。

作詞した児山は、在学中に歌わされていた旧校歌が、

新聞　昭和二十九年七月二十日（火曜日）
濱松北高新聞
校歌発表會行わる
發表会
できるまで
児山・諸井氏をお招きして
児山氏
諸井氏
新聞と文芸雑誌の印刷は定評ある鈴木製本へ
鈴木製本印刷社

校歌の完成と発表会の開催を伝える『浜松北高新聞』の記事（1954.7.20）

浜松のことも知らず、中学生のくらしもわからないような「ひどい歌」であると不満に思っていたとのことで（児山敬一「校歌と勉強」、同紙第74号、1957年2月9日）、それとは対照的に新校歌は、「春は三月野末のはての　草のあいだに花が咲く」とはじまり、浜松の四季の描写を織り込んだ情緒豊かな口語詩になっており、諸井の作曲も校歌の世界に新しい空気を吹き込むような清新なものがつけられました。学外に委嘱した専門家からの次元の違うアイデアが投入されることで、「無い物ねだり」をしていた生徒たちもようやく納得したということなのかもしれません。

第4節　男女共学という「異文化接触」：旧制中学校＋旧制高等女学校＝？

第二次大戦後の学制改革を考える際にポイントとなるのが、大きな制度変更を伴うことになった中学校、高等学校などの中等教育の部分であることはすでに述べました。それまで別々のカテゴリーに位置づけられていた中学校、高等女学校や実業学校などの多種多様な学校を新制の「中学校」と「高等学校」とに一元化し、進路を「単線化」してしまったのですから、考えてみれば相当の荒業で、よくもまあこの改革がスムーズに進んだものだと思ってしまうほどです。

そういうさまざまな荒療治の中でも特に注目すべきなのは、男女共学化という問題です。戦前の日本の教育制度は、「男女七歳にして席を同じうせず」という言葉が物語っているように、とりわけ思春期以降の時期に男女の接触を許すような教育のあり方を認めず、男子が行く学校と女子が行く学校とは厳密に分離されました。旧制中学校と高等女学校こそは、そのような「男女別学」を端的に示す存在だったわけですが、その両者が「中学校」、「高等学校」という単一のカテゴリーに括られるようになったことを通り越して、一つの学校の中での「男女共学」まで実現したというのですから、これはもう天地がひっくり返るような大改革であったと言っても過言ではありません。

男女共学の問題については、近年の日本教育史研究などでも本格的に取り上げられるようになり、そのテーマでの論文集なども出されています（小山静子・石岡学編著『男女共学の成立：受容の多様性とジェンダー』、六花出版、2021）。旧制中学校と高等女学校の置かれた位置づけや背景的な周辺事情が各県ごとにさまざまに異なるなか、この改革を主導したGHQの関与のしかたにも地域によってかなり違いがあったため、この「共学化」には多様なパターンが生じました。埼玉県や群馬県、栃木県のように「別学」の伝統がかなり温存された地域もあったかと思えば、全部の学校をひとしく共学化するような形で対応したところ、そして旧制中学校と高等女学校との合併がはかられた地域もあります。なかには、兵庫県の姫路中学校と姫路高等女学校のように、二つの学校を一緒にした上で、職員と生徒を折半にしてふたつの共学校（姫路西高校と姫路東高校）に再編成した、などということころがあったりもします。その全貌について論じることはここでは到底できませんので、そのあたりは日本教育史の専門家に任せるほかありませんが、ひとつだけ強調しておきたいのは、この「男女共学化」が、単に二つのカテゴリーをひとつの同じ枠組みに統合したという制度的な変更をはるかにこえて、「学校文化」という観点から考えるならば、全く異なった二つの文化がぶつかりあい、再編成される壮大な「異文化接触」のような状況が生じた、ということです。そして、「校歌」という題材は、そのような問題を考えてゆくうえでの重要な切り口になるものなのです。

そのことを象徴的に示しているひとつの事例を紹介しましょう。兵庫県立神戸高校の校歌に関わることです。兵庫県立神戸高校は、旧制の兵庫県立第一神戸中学校（神戸一中）と兵庫県立第一神戸高等女学校（県一高女）の両校が1948（昭和23）年に合併して共学校として発足した学校です。神戸一中は1896（明治29）年、県一高女は1901（明治34）年の開校で、県内随一の名門校同士の合併と言っても過言ではありません。当然校歌もすでに制定されており、神戸一中の方は1913（大正2）年、県一高女の方は1911（明治44）年と、いずれもかなりはやい段階で作られ、歌われているものがありました。両校が合併するにあたって、このふたつの旧校歌は廃止され、それに代わって1951（昭和26）年に、吉川幸次郎に作詞、信時潔に作曲を委嘱した新たな校歌が完成し、正式に制定されました。

興味深いのは、合併直後の1948（昭和23）年5月27日に行われた両校生徒たちの「対面式」の様子です。これから一緒になるふたつの学校の生徒たちが整列して挨拶し、それぞれの校歌（この時点では当然まだ新校歌はありませんでした）を歌ったのですが、当時の在学生であった牧千雄が後にその様子を描いた一文が『70年のあゆみ』（1966）に収録されているので、みてみることにしましょう。

「昭和23年の初夏のこと、あの広い母校の校庭一ぱいに神戸一中の生徒と県一高女の生徒が整列したのです。……一中の校庭に若い乙女がかくも大勢足を踏み入れたのは、大袈裟にいえば校史始まって以来のことであり、女学生達にとっても、表面はともかく、内心は蛮地に乗り込んだような気持だったと想像できます。……この歴史的な対面式―実質的には両校の合併式は、酒井一中、片山県一両校長の重重しくも悲痛な演説によって始められたのでした。この時の参列者の気持は、何ともいえず、ちぐはぐなものだったようです。つまり男生徒共は、女学生なんかに興味はないといった顔をしていながら、その実、これから始まる新しい社会の将来に何とはなしに、期待と不安をもっていましたし、女学生の方は、これで連綿と続いた県一の伝統も、とうとう新しい時代へと転換させられたという一種の感傷的な気分になっていたと思われ、更に壇上の教師陣は、もっともっと複雑な感慨にふけっておられたでしょう。」

ここには、男女共学化という大きな転換を迎えるにあたっての人々の当惑が余すところなく描かれています。この年の春、男女共学の話がもちあがったとき、最初は校長会も賛成しておらず、別学の伝統を維持できる余地を懸命に探ろうとしていたようなのですが、教育の民主化、男女平等、教育の機会均等をはかる新しい学校制度への変革を求める進駐軍の軍政部民間情報教育課の強い意向に鑑みて、学校側の希望をそのままかなえることは到底不可能な情勢であったため、「いわば時世の勢いに押されて、共学へ踏み切らざるをえなかった」（『70年のあゆみ』、35）ということなのです。あまりにも大きな変革であり、タテマエとしては理解し、ある種の期待をいだきながらも、現実の問題としてこれからどのようにしていったらよいのか、誰も想像することができなかった、というあたりが実際のところではないでしょうか。

旧制神戸一中と県一高女の対面式（1948.5.27）
（『神戸高校百年史』）

対面式はこのあと、一中、県一の両校の生徒がそれぞれの校歌を歌う段になるのですが、この様子が何とも興味深いのです。

「校歌を歌う段になると、高橋和巳一中自治会長が制帽をわしづかみに音頭をとったが、その校歌は斉唱というよりは咆哮に近く、しかも歌っているうちに歌詞がずれていき、県一生徒の中からはクスクス笑いが起こった。……県一の校歌はコーラス部長の久保田昌子のタクトに合せた二部合唱であった。上野が丘にはじめてこだました女声合唱は、一中生には随分美しく聞こえたことであろう。この歌声の美しさは、当時県一職員であった三浦欣一なども鮮明に覚えているという」(『神戸高校百年史　学校編』、1997、305)。

このふたつの校歌歌唱の間にみられる落差はそのまま、旧制中学校と高等女学校という二種の学校の形作ってきた「学校文化」の違いであり、そこにおける校歌という音楽の位置づけの違いであるということができるように思います。同じ「校歌」という名称で呼ばれていても、旧制中学校の生徒と高等女学校の生徒のいだいている校歌の表象は天と地ほどに違うものだったということなのではないでしょうか。

旧制中学校の校歌がしばしば応援歌の延長線上のものとして表象され、運動競技の応援などの機会に歌われる学校を代表する楽曲として発展してきた背景については、第2章でも述べてきました。それに対して高等女学校では、学校生活の様々な局面を合唱で彩る文化が高度に発達し、校歌はその中心に位置づけられるレパートリーとして発展してきたのです。対面式で垣間見られた一中と県一の校歌のあり方は、まさに校歌というジャンルについての両者の基本的な表象の違いそのものでした。

高等女学校では音楽教育が重視されました。もちろん、旧制中学校でも音楽はどうでもよく疎略に扱われたというわけでは必ずしもありません。神戸一中でも、１９０２（明治35）年に着任した図画担当教員の西松園三がヴァイオリンを弾いて運動場で皆で歌を練習したとか、その後に数学教員となった水津嘉之一郎が１９０８（明治41）年に校歌の制作を建議したといった話が残っており、校歌の制定もその延長線上で実現されたことはたしかなようです（『神戸高校百年史　学校編』、１０３－１０４）。また、１９２９（昭和４）年には陸軍戸山学校で考案されたラッパ隊を導入することが職員会議で決まって楽器一揃いを購入し、その後は「放課後は鳥の鳴かない時はあっても一中の校庭でラッパの鳴っていない時はないと噂されるほど練習した」（『神戸高校百年史　学校編』、１２６）などという話も残っていますから、高等女学校と形は違うとはいえ、それなりの「学校文化」としての音楽の土壌が形作られていたことは間違いありません。しかしその一方で、初期のカリキュラム表には音楽は見当たらず、最初の専任教員である金健二が着任したのもようやく１９２９（昭和４）年になってのことでした。さきに名前を挙げた西松も水津も音楽の教員ではありませんでしたし、校歌の制定やラッパ隊の導入も、行軍や分列行進といったこととの結びつきの中でのことでしたから、そういう意味では高等女学校での音楽の位置づけ方とはかなり

ラッパ隊を先頭に神社参拝（神戸一中、1936年頃）
（『神戸高校百年史』）

雛祭り（県一高女）（『神戸高校百年史』）

違っていたようです。

それに対して高等女学校には、東京音楽学校を卒業した若手のホープなどの「エース級」が投入されるケースも多く、県一高女でも、初代の永江正直校長の時代からさっそく楽器練習室を作り、東京音楽学校出身の安達孝に音楽科を担当させたことが記録されています（『神戸高校百年史　学校編』、213）。この県一高女の「音楽文化」を作り上げることに最も貢献したのは、東京女高師に転任した安達の後任の音楽教員として1905（明治38）年に着任した田中銀之助（1880－1947）でした。田中は、1911（明治44）年に大阪音楽学校の永井幸次との共編で『女子音楽教科書』（大阪開成館）を刊行するなど、音楽教育の世界で学校の枠をこえる活躍をみせていますが、何と言っても、県一高女に田中が残した最大の功績は、創立記念日、運動会などの行事の際に歌われる儀式歌を数多く作曲し、学校生活を歌で彩るような「学校文化」を作り出したことにあるように思われます。田中は1911（明治44）年に制定された県一高女の校歌の作曲者でもありますが、校歌を単体で作曲したというよりは、これらのさまざまな行事の歌のおりなす学校生活全体の一環としてデザインしたという形で捉える方がよいように思うのです。

県一高女が1932（昭和7）年に発行した『創立三十周年記念誌』中の、諸規程を集めた巻末には、「本校ノ制定セル歌」という項目があり、《校歌》のほか、《校旗の歌》、《創立記念日の歌》、

《運動会閉会の歌》、さらに《職員歌（これ我が天地）》、《朝の歌》、《夕の歌》、《友千鳥（同窓会の歌）》の各曲の歌詞が掲載されています。また、別項の「儀式規程」にも、入学式、始業式、開校記念日などの儀式の次第が掲載されていますが、国歌や勅語奉答の歌等の儀式唱歌にならんで、校歌をはじめ、《新入生歓迎の歌》、《創立記念日の歌》などの学校独自のレパートリーが組み込まれています。校歌の歌詞の各節に「忠」、「孝」、「貞」の各語を組み込むなど、これらの歌は、この時代の「国民づくり」の一環として位置づけられているという側面があるということは間違いありませんし、すべてがオリジナル曲というわけではなく、いかにもこの時代らしい「替え歌」曲があったりもします。しかしその「替え歌」である《新入生歓迎の歌》（「咲く花かおりて百鳥うたい／楽しみみちたる学びの庭に／いとしき友どち今日は迎えぬ／われらの喜び何にたとえん」という歌詞です）も、原曲は讃美歌（《友という友は》という歌詞で親しまれている讃美歌ですが、この時点での讃美歌集では同じ旋律に《あめにはみつかい》という歌詞をつけたものが収録されていました）であり、旧制中学校の定番であった寮歌の替え歌などとは著しく趣を異にしています。さらに言えば、校歌や他の儀式歌なども多くは讃美歌調であり、この学校の歌の文化全体のデザインが、旧制中学校の応援歌の世界とは対照的な讃美歌調で統一されているとみる方が事態を言い当てているのかもしれません。

県一高女の中に開かれたこのような音楽の世界は、生徒たちにも強い印象を残したようで、『神戸高校百年史　同窓会編』に収録されている卒業生の回想には、こうした音楽に触れたものが数多くあります。

「一年生の二学期に開校以来の副校長の佐々木先生が御転勤なさることになり、盛大な送別会が

開かれました。送別の歌を大桑先生がお作りになり、音楽の田中銀之助先生が作曲されました」(19回生　岡村綾子)

「一年生のはじめての音楽会では大桑先生作詞、田中先生の作曲になる子守唄を歌いました……。それを最初に歌わせていただいたのですから私達の学年は光栄だと大喜びしました。其の子守唄は名曲として音楽の教本にものり、すぐ全国の女学校で歌われるようになり、一番初めにならった私達の学年は仕合せだったと感動しました」(18回生　坂本きさ)

音楽会の予行演習(県一高女)(『神戸高校百年史』)

神戸一中との対面式で県一高女の校歌が美しい二部合唱で歌われた背景には、このようにして積み上げられてきた高等女学校の学校文化があり、校歌はその一翼をなすものにほかなりませんでした。それが放歌高吟的に蛮声を張り上げた一中の応援歌風校歌と否応なしに向き合わされることになったのですから、これはまさに「異文化接触」以外の何者でもなかったでしょう。

田中銀之助という卓越した指導者の育て上げた県一高女の学校文化はやや特殊なケースと思われるかもしれませんが、高等女学校での校歌を中心とした音楽実践の実例をみていると、同様な形で独特な学校文化が築かれていた例はいろいろみつかります。もうひとつだけ、鹿児島県の事例を紹介しておきましょう。

鹿児島県でもやはり、1894（明治27）年開校の県立第一鹿児島中学校（鹿児島一中）と1902（明治35）年開校の県立第一高等女学校（一高女）という一中、一高女のペアが合併して共学校となり、鹿児島県立鶴丸高等学校として発足しました。こちらも校歌は、両校の古い校歌を廃止し、1952（昭和27）年に新校歌が制定されています。ご紹介したいのは、1978（昭和53）年に制作された《はろばろと　鹿児島県立　第一鹿児島中学校　第一高等女学校　鶴丸高等学校　愛唱歌集》と題されたレコードです。タイトルになっている「はろばろと」というのは合併時に制定された新制鶴丸高校校歌の冒頭部分の歌詞ですが、校歌、応援歌をはじめ、新旧の学校で愛唱された歌をいろいろ集めた、興味深い構成になっています。一見してわかるのは、一中と一高女とで愛唱歌の種類やあり方が全くといって良いほど違っているということです。一中のレパートリーは、応援歌と運動部の歌、それに《数え唄》や《一中節》といった俗謡でほとんどすべてですが、一高女の方は、応援歌などに加えて《創立記念日の歌》や《卒業式の歌》などが入れられています。興味深いのは、一中の愛唱歌の大半が作詞者や作曲者が不詳であるのに対し、一高女の方にはそのようなものがほとんどなく、調べてみるとその多くが近森出来治、三島喜代造、北村季俊（維章）といった歴代の音楽教員によって作曲されているということです。この点についてこのレコードのライナーノーツでは、「一中においては歌は生徒の間から自然と生まれ

公会堂で行われた一高女の音楽会。指揮をとるのは北村季俊（維章）（1941）（『創立百周年記念誌』）

た場合が多いのに対し、一高女は先生の指導の下に作られたからであろう。従って前者は作者の名がなかなか判明しにくく、これに対し後者はかなり正確な資料として残る結果となっている」と述べるとともに、そのことが一中に戦中の軍国色は意外に少なく、逆に一高女にかなりみられるという結果を引き起こしていることを指摘しています。

このことは、あるいはちょっと意外なことに思えるかもしれません。一高女で歌われている歌をみると、たしかに一方では、戦後に北村維章の名でタンゴ・オーケストラを主宰するなどの活躍をみせることになる北村季俊が《白すみれ》などという可愛らしい愛唱歌を作ったりもしています。しかしその前任者であった三島喜代造作詞作曲の《卒業式の歌》の第2節には、「かしこ御幸仰ぎしこの学び舎を／聖将の生まれしゆかりの庭／これわれらが誇り尊し」などという歌詞があり、1935（昭和10年）年に天皇の鹿児島行幸の際に行在所になったことや東郷平八郎元帥の生家の場所がちょうど当時の校地にあたっていたことを巧みに歌い込んでいたりします。また、《バレー部の歌》（加藤卓一作詞、近森出来治作曲）も、なかなか瀟洒なその旋律のいでたちとは裏腹に、歌詞の方はいきなり「球の手榴弾パッと投げ込んで／何の鉄条網がっちり組んで」などとはじまるので、びっくりしてしまいます。軍事演習ばかりで軍国主義の先端を行っていた旧制中学を尻目に、高等女学校の方は時局とは無縁の愛唱歌の世界にあそんでいた、などというのは幻想でしかないことを思い知らされます。

いずれにせよ、新たにスタートした新制高校は、この著しく乖離した二つの文化を調和させ、着地させるという難題を背負い込むことになりました。この問題は、制度を少しいじるくらいで解決するような簡単な話ではなく、従来の旧制中学校や高等女学校の培ってきた文化に比肩しうる新制高等学校の新しい文化を、時間をかけて一から構築してゆくことが求められるようになったのです。

その全体的な状況に立ち入った議論をすることは本書の範囲をはるかにこえていますが、ここでは神戸一中と県一高女の合併によってスタートした新制神戸高校での壮大な「異文化接触」のもたらした顛末の一端について少しだけ述べておきます。すでに述べましたが、神戸高校では合併に伴い、吉川幸次郎作詞、信時潔作曲による新校歌を1951（昭和26）年に制定しました。それに先立って、1948（昭和23）年の新制高校発足時には校章が、また少し遅れてのことになりますが、1964（昭和39）年には校旗が制定されています。神戸高校の場合には、校木（楠）、校花（春蘭）などというものも定められており、学校のシンボルとなるようなさまざまな道具立てが用意される

共学になり、フォークダンスを踊る男女生徒
（『神戸高校百年史』）

ことになったのですが、音楽に関して特筆しておきたいのは、校歌と相前後して、それ以外にもさまざまな歌が作られ、歌われるようになったということです。自治会と学校の提案によって団体愛唱歌として歌詞を公募して作られた《エール・ソング》（1951）、当時の高山忠雄校長の発案によって作られた《卒業生を送る歌》（1954、のちに《卒業の歌》と改題）、それに創立記念式で歌うための記念式歌（1956）などが相次いで作られました。また、1952（昭和27）年には『Songs to Remember』と題された歌集が作られ、音楽の授業や学校行事で用いられました。

これらの曲の作曲や歌集の編集を手掛けたのは1951（昭和26）年から65（昭和40）年まで音楽教諭を務めた柳歳一（1910

NHKの全国唱歌ラジオコンクール（現在の全国学校音楽コンクール）で3位に入賞した音楽部（1955）（『六十周年記念帖』）

－1999）でした。柳は東京音楽学校で歌手の藤山一郎（1911－1993）と同級で、柳自身も東京音楽学校在学時から松山時夫という芸名でレコード録音を行なっていたのですが、卒業後は富山県の魚津中学校と魚津高等女学校でかけもちの音楽教員を務めた後、戦後は西宮高等女学校を経て神戸高校に赴任しました。神戸高校では合唱部の指導に手腕を発揮し、赴任の翌年にはNHKの全国唱歌ラジオコンクール（現在の全国学校音楽コンクール）で県代表になり、その後全国優勝へも導きました。魚津時代の高等女学校の教え子はその回想記に「《花》の歌を合唱した喜びが、今もなお先生のお顔と共に浮かんできます」と記していますが（『魚津高校百年史』、1999、91）、魚津中の方でも、「魚中バンド」なるブラスバンドの指導にあたったりもしており、教え子のひとりは回想記で、授業が底抜けに楽しく、「センチメンタルな覚え易い歌」も教えてくれたと語っています（『魚中38回生級友録』、1962、88）。

『Songs to Remember』のような歌集が作られた背景にはもちろん、同時代の「うたごえ運動」に代表される合唱ブームの影響などもあったでしょうが、それが具体的な形で現実のものになってゆくにあたっては、このような経歴のなかで積み重ねられてきた柳の体験がものをいったであろうことは想像に難くありません。さらに応援歌などにとどまらず、《卒業生を送る歌》のような、学校生活を営んでゆくなかで歌われるようなレパートリーがことさら入念に整備されていった背景には、県一高女が育んできた田中銀之助以来の伝統の影も感じられるのではないでしょうか。

神戸高校には、《サリマライズ》と題された愛唱歌があり、校内のクラス対抗の合唱コンクールで課題曲として歌われるなど、いろいろな形で親しまれ、ある意味では校歌以上に学校を象徴する歌になっています（同校の創立100周年記念に制作されたビデオがあるのですが、そこでもこの歌が冒頭に出てきます）。フォスター風の佳曲ですが、もともとはアメリカ南部の農園歌として作られたものが、オランダ人によって南アフリカに伝わって全く別の歌詞がつき、南アフリカのオランダ人の愛唱歌として親しまれていたものです（《サリー・マレー》というのが原題で、南アフリカの少女の名前であるとのことです）。神戸一中卒業生の中村仁策が第二次大戦時に捕虜でシベリア送りになった際に、収容所でオランダ兵がこの歌を合唱しているのを聞いてそれを採譜して持ち帰り、帰国後に混声合唱に編曲するとともに別の歌詞をつけた形で広めたとのことです（『神戸高校百年史　学校編』、376）。こういう歌が長きにわたって愛唱され続けているということもまた、この曲単体の問題である以上に、旧高女以来の蓄積の上に、熱意をもって活動を積み重ねてきた音楽教員の努力やそれを後押しする時代の空気などが絡まり合う中から、この学校独自の「学校文化」が形作られてきたがゆえのことでしょう。神戸高校のような学校の場合、ともすると、旧制中学の「バンカラ」の名残など、「男性原理」的な部分ばかりが目についてしまいがちなのですが、その裏側で、旧高女の学校文化が土台になり、その上に新制高校の新たな学校文化が着実に形作られてきたことも忘れてはならない、そんなことを感じさせられるのです。

第5節　「男女共学化」のなかの校歌：横浜平沼高校の事例

この「男女共学化」の問題は、この時期の校歌の見直しにとってどのような影響をもたらしたでしょうか。新しい学制によって「高等学校」として出発する際に、多くの学校で校歌の改正が論議され、かなりの数の学校で新しい校歌が制定されたという事実のうちにはもちろん、新制高等学校の「男女共学」という理念を念頭においた部分があることは間違いありません。実際、すでに言及した一関一高でも、校歌見直しにかかわる論議の中で「男女がともに口に出せる歌」にする必要があることが主張されていましたし、少なくともタテマエ的には、そのような方向性に沿った形で校歌の新たな展開が目指されていたことはたしかだろうと思います。

しかし、実際の状況をみてみると、どうもそのようなタテマエが十分に機能していたとはいえそうもありません。一関一高の場合にも、最終的には「讃歌」が作られたとはいえ、正式の校歌としては結局、旧制中学校時代のものが温存されたわけですし、多くの学校でそのような形で決着する結果になったことはこれまでに述べてきた通りです。もちろんその背景に、歌い継ぐことで伝統を継承してゆく、コミュニティ・ソングとしての校歌というジャンルの特殊性があることはたしかであり、そういうなかで古いものの保存に向かう力学が強く働き、結果的に新しい時代に対応して新しいものがどんどん出てくるという形になりにくいということはあるのでしょう。しかし校歌と男女共学をめぐるこの状況には、そのような一般論に還元することのできない厄介な問題が絡んでいるように思われます。それはジェンダー論的な男女の非対称性の問題です。

この点については、『校歌の誕生』の著者である須田珠生がすでに興味深い論文を書いています。

「新制高等学校における男女共学化と校歌の制定：校歌再制定をめぐるジェンダー意識の交錯」（笹野恵理子編『学校音楽文化論：人・モノ・制度の諸相からコンテクストを探る』、東信堂、２０２４、第8章）という論文です。まさにこの戦後の学制改革による新制高等学校誕生期に旧制時代の校歌がどのように取り扱われたかということがテーマなのですが、その際に同じ共学化であるにもかかわらず、旧制中学校から共学化した学校と、高等女学校から共学化した学校とで、旧校歌の扱いに著しく違いがあったことを指摘しています。旧高等女学校から共学化した新制高校で旧校歌がそのまま歌われるようになった例はほとんどないのに対し、旧制中学校から共学化した新制高校では旧校歌が温存された事例がかなり認められ、両者の間に非対称性があるというのです。須田の研究は北海道の高校の事例を取り上げたものですが、全国的にもおそらく同様な傾向を指摘することができるのではないかと思います。

学制改革で新制高等学校という制度が作られるなかで、旧制中学校と旧高等女学校という、二つの全く異なったカテゴリーの学校がひとつにまとめられることになったわけで、そういうなかで「異文化接触」と呼べるような事態が生じていたということは前節で述べてきた通りなのですが、その動きが「対等合併」と呼べるようなものではなく、そこにある種の力関係が働いており、「男子校優位」の動きになったのではないかというのが、そこで指摘されていることであり、それはまさに正鵠を射た指摘であろうと思います。

須田はまた、旧校歌の歌詞内容の受け止め方にみられる男女間の差異についても興味ある指摘をしています。旧高女の校歌にしばしばみられた「乙女」、「少女」などの歌詞は、男子が歌うには抵抗があるものとして、この改編期にほとんど姿を消したのに対し、旧中学の「丈夫《ますらお》」、「健児」といった明らかにマッチョな表象を伴った歌詞はしばしば生き残り、今でも歌われているというのです。須田が指摘しているように、その背景に、旧制中学に代表される男子教育をメインストリームとみる意識がひそんでいたことは否定できないでしょう。

そのような前提をふまえた上で、ここではあえて、そういうなかで例外的な存在となった学校の事例を取り上げてみたいと思います。横浜にある神奈川県立横浜平沼高等学校の校歌です。ここでは1916（大正5）年に制定された旧高等女学校時代の校歌が「共学化」された後も新校歌に取って代わられることなく存続し、今でも歌い継がれているのです。そのようなことがどうして可能になったのか、ちょっとみてみることにしたいと思います。

横浜平沼高校は旧横浜第一高等女学校ですが、もともとは1901（明治34）年に県内で最初に開設された「神奈川県立高等女学校」を起源とする学校で、神奈川県内の高等女学校の中でも自他共に認める高等女学校の「名門」といえる存在であったことは間違いありません。1948（昭和23）年にいったん「神奈川県立横浜第一女子高等学校」という女子校として新制化したのち、1950（昭和25）年から、男女共学化して「神奈川県立横浜平沼高等学校」という現在の名称になりました。神奈川県の場合には原則的には中学校も高等女学校も一律に「共学化」されましたから、高等女学校が「共学化」されるこのような事例は決して珍しくはありませんが、随一の名門校として一目置かれていた「第一高女」が共学の学校になったことが大きな「事件」であったことは間違いありません。横浜平沼高校の校歌がたどった命運には、この学校の独特なありようが深く関わっていると思われます。

旧横浜第一高等女学校の校歌は、1916（大正5）年に、裕仁親王（後の昭和天皇）の立太子礼の奉賀式を祝して行われた記念事業として制定されたもので、当時の代表的歌人であった佐佐木信綱の作詞、日本初の作曲家などとも称され、東京音楽学校教授も務めた女性作曲家・幸田延の作曲になる、おそろしく荘厳で格調の高い校歌です。すでに述べたように、冒頭、「をしへの道のみことのり／われらが日々のをしえなり」と、教育勅語の精神を遵守することの宣言からはじまる歌詞は、さすがに戦後を生き延びることはできず、1950（昭和25）年に作詞者の佐佐木信綱に依頼して歌詞の改訂が行われました。冒頭部分は「学びの道にいそしむは／我等が日々のつとめなり」と書き換えられました。第二節も「栄ゆる御代のみめぐみに／御くにの花とさきいでむ」という歌詞で結ばれていましたが、ここも「栄ゆる春を迎えつつ／み国の花と咲き出でむ」と書き換えられています。もっとも、「御」がひらがなの「み」に書き換えられたとはいえ、天皇制を想起させる「みくに」という単語はそのまま残り、いかにも女学校風のテイストが匂ってくる「花と咲きいでむ」という語も温存されたのですから、むしろよくもまあ、この程度の変更で済んだものだと思ってしまうくらいです。

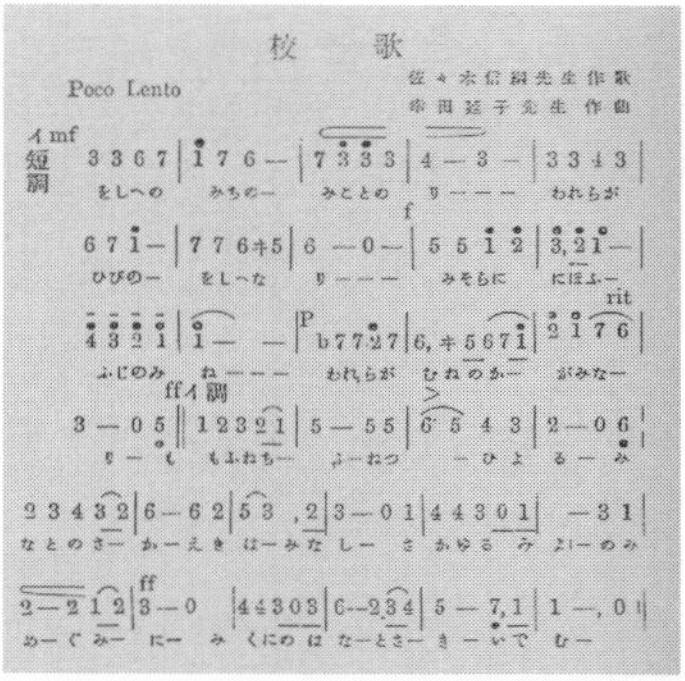

制定時に校友会誌『花橘』第13号に掲載された数字譜

しかし、それだけですんなりおさまったわけではありませんでした。この歌詞の改訂が行われた少し後に、この年に入学した「男女共学一期生」の、とりわけ男子生徒から、新しい校歌を求める運動が起こったのです。

この最初の学年の男子生徒のひとりで、その後母校で英語担当教員も務めた馬場昇が後に記している回想記（「校歌をどう思う」、『創立百周年記念誌〈同窓会編〉』、264－

第23号

平沼時報

校歌をどう思う

新聞部第二回世論調査

改正賛成が多数

三年は改正を認めず

校歌に対する世論調査の結果を報じた『平沼時報』記事（1952.2.29）

265）によると、「音が高くしかも変調があって歌そのものが難しい、校歌の歌詞は、改訂されたが、いつまでも『み国の花』と歌っているのはどうなのか、蛮声を張り上げても歌える母校の校歌が欲しい、という声が出てくるのは当然のことで、特に進撃する野球部の活躍を応援する男子生徒からの声が大きかった」ということです。横浜平沼高校では『第一女高時報』という紙名で発刊された学校新聞が、学校名の変更にともなって『平沼時報』というタイトルになっていましたが、馬場によると新聞部は、校歌問題に消極的だった最上級生の女子部員が退部して男子部員がやっと主導権をとれるようになったことで、世論調査を実施するなどして、校歌をテーマとした特集記事を組むにいたったのでした。

たしかに、1952（昭和27）年2月29日発行の『平沼時報』第23号には「校歌をどう思う」という記事があり、その調査の結果が報告され、「改正賛成が多数」、「三年は改正を認めず」という見出しがつけられています。「三年は改正を認めず」とありますが、このときの三年生は旧高等女学校時代に入学した最後の学年であり、その伝統をまもる最後の砦よろしく新校歌の制定に強硬に反対していたようで、二年の終わりになってようやく主導権を握った推進派の男子生徒たちが学校新聞を武器にそれを打ち破るキャンペーンを張ったというような構図になっていたようです。それを示すかのように、この号には「校歌改正に賛成」という論説記事も掲載されています。今の校歌はいかにも女学生向きの歌で男子生徒が歌うには不適当である、現在の校歌の存続を主張する人は今までの伝統を守ろうとする保守的な懐古主義に溺れているのであるからそういう誤った考えは捨てなければならない、といった論が展開され、「我々は〝新しい平沼高校〟を象徴する明るく、健康的で、荘重な校歌を制定し、全校生徒がそれを歌う日が一日も早く訪れることを切に望んで止まない」と結ばれています。

しかしこの『平沼時報』渾身のキャンペーンも、新校歌の制定という動きには結びつきませんでした。馬場の回想によれば、この三年の女子生徒の反対が相当に強かったことに加え、音楽担当教員であった佐藤一夫が、幸田延の作曲した校歌の素晴らしさを説いて生徒たちを説得したなどのこともあり、このときの新校歌への動きは結局まとまらなかったということであったようです。

しかし、それですべてが済んだというわけではありません。5年後の１９５７（昭和32）年の『平沼時報』をみると、この年に再び「校歌問題」が浮上したことがわかります。生徒総会で再び新校歌制定の議論が行われ、職員会議でも議論された結果、生徒の中から作詞を公募することが決まったことが報じられています（それまでの校歌を廃止するということではなく、それとは別に第二校歌として制定するという話であったようです）。しかし同時に、すでに作曲は芥川也寸志に委嘱することまで決まっていたものの、生徒から応募された14点のなかにあまり適当なものがなかったために翌年に持ち越しになったという旨も書かれています（「校歌問題　来年に持ち越し」、『平沼時報』第58号、１９５７年10月1日）。さらに翌年の第62号（１９５８年7月19日）にも「再燃した校歌問題」という記事が掲載されており、この年の生徒総会でもやはり校歌の議論が行われたことが窺えます。ただ、記事には、この年は生徒総会自体が「低調を極めた」とあり、校歌の制定目指して盛り上がった6年前の熱気は感じられませんし、結果も「校歌は改めず、応援歌のみ専門家に依頼することに決まった」だけにとどまっています。その後、それを受けた話が出てこず、旧高女時代の校歌が歌われるだけの状態がそのまま続いているところをみると、その話も結局立ち消えになってしまったのでしょう。

生徒の手で新時代に即した校歌を作るという意気込みばかりが先行し、それに相応した応募作が出てこないまま、いつの間にか話が消えてしまい、元の校歌がそのまま歌われ続けるというパターンは、これまでにも下妻一高や一関一高などでみてきたものですので、横浜平沼高校の場合にも基本的には同じ構図だという面もあるとは思いますが、旧制中学校という男子校ではなく、旧高等女学校の校歌が共学化後も歌われ続けるという、他にはあまりみられないケースであるだけに、丁寧に見てみるといろいろおもしろいことがわかってきます。

まず指摘しておくべきことは、単なる新旧対立ではなく、そこに男子生徒と女子生徒との対立が重なり合うというジェンダー問題がらみの構図になっていることです。そしてその背景には、前節で論じた旧制中学校と高等女学校という、根本的な「異文化」がぶつかり合うなかで、その着地点が求められていたような状況があります。新校歌を制定することを求めた男子生徒たちにはもちろん、古い校歌が時代錯誤に感じられたというような感覚もあったでしょうが、調査に対して彼らが挙げている問題点をみてみると、歌詞が女性的、曲が難しくて歌いにくい、あまりに暗い荘重な曲で、スポーツの応援に不適当である（たしかに実際に聞いてみると、なるほど、これは応援には向かない曲だということがすぐわかります）といった理由が挙げられ、活発、豪快、明朗といった方向での改正を求めるという意見が大勢です。そこでの校歌のイメージは、まさに旧制中学校の学校文化のなかでの校歌のありかたを念頭において考えられているということができるでしょう。言ってみれば、ここでの対立は、旧制中学校と高等女学校という校歌をめぐるふたつの異なった文化がぶつかりあい、高等女学校側が旧制中学校の文化の侵食を身を挺して防いでいるという構図を象徴しているものでもあるのです。男子生徒の反対理由のなかに、歌詞が「女性的」というのが挙げられているということは、旧制中学校が共学化した際の校歌の問題点に「男性的」ということが挙がってこないことと対比させてみるならば、たしかに両者の非対称性が浮かび上がってくることも間違いのないところでしょう。

　しかし、この問題を単純な男女の二分法的な対立関係に還元してしまうのはいささか早計です。もう一度、１９５２（昭和27）年に新聞部の行った世論調査を見てみましょう。たしかに全体としては、「共学化第一世代」である二年生の男子が新校歌制定を推し進めようとしているのに対して、旧高女の最後の世代である三年生が反対しているという対立構造が軸になっていることは変わりないのですが、細かくみてみると、「現在の校歌は適当と思うか」という問いに対し、二年生の女子でも過半数が不適当と答えていますし、「校歌は改正すべきか」という問いにも、部分的改正も含めると女子生徒も大半が改正を支持すると回答しているのです。このことはどのように考えるべきでしょうか。たしかに、中学校から新制で入学してきた最初の世代である二年生の女子が、旧制の最後の世代である三年生とは違った感性をもって育ってきたという面はあるにはあるでしょうが、野球の応援で放歌高吟するための校歌を求めるような男子生徒と同じような校歌のイメージをもっていたとは思われません。同じ校歌改正への賛成であっても、女子生徒の場合には何か違う理由があったのではないでしょうか。

そのことを考える上で参考になりそうな論文があります。「旧制から新制への移行期における横浜の中等学校：横浜三中・第一高女から横浜緑ヶ丘高校・横浜平沼高校へ」（『市史研究よこはま』第16号、横浜市史編集室、２００４、14−47）という前田一男の論文です。これはちょうどこの新制中学・新制高校の誕生期に在籍していた卒業生たちへのアンケート調査を行い、この新しい制度が当時どのように受け止められたかを明らかにしようとしたもので、横浜平沼高校がその対象校のひとつになっています。個人へのアンケート調査というやり方で生徒の側の反応をうまく引き出しているところがミソで、バンカラで鳴る名門三中に女子がはいってくるなどとんでもない、と共学に反対していた生徒が、女子が実際に入学してくると「滑稽なほどに豹変」し、「反対運動の事は全て忘れてしまった」等々、公的な記録文書にはなかなか残らない、生徒目線での受け止め方をうまく照らし出しているのです。

男女共学化への反応に関しても、もともと女子校であった横浜平沼高校に入学した生徒が、そこでの「共学」のありようを肌感覚でどのように受け止めたかが浮き彫りにされています。興味深いのは、そこでの男女の受け止め方の違いです。たとえば、男子生徒の場合、上級生の女子生徒が自分たちに対し、予想に反して面倒見が良く、親切だったと受け止めているのに対し、同じ学年の女子生徒の方は、上級生が男子ばかりをかわいがり、ちやほやしているように感じ、いささか当惑していたことが窺われます。また女子生徒のなかには、旧高等女学校の伝統を一身に引き受けている上級生に好意的な目を向ける記述がある一方で、「エリート意識の強い」上級生や旧高女時代からの教師が、小学区制になったためにかつての名門に無試験で入学した自分たちを以前の生徒とつねに比較して、言葉遣いの悪さをとがめるなど、新制の自分たちを無視したり下に見たりしている感じを受けて反感をもった、とするような回答もかなり多くあったようです。中には、わざと電灯の上に埃をのせ、それを指さして「伝統と誇り」などと揶揄したという思い出を語った人などもいたとのことでした。

このような回答を見ると、一、二年生の女子生徒に、高女時代の校歌を守ろうとする三年生に賛同せず、新校歌の制定を支持する者が多かったことには、少なからずそのような空気が反映していたのではないかという気がしてきます。男子生徒の場合には、横浜平沼高校の「女学校」としての伝統が重圧になったことはたしかです。新校歌制定運動の先頭に立った馬場もその回想の中で、近所に住んでいた第一高女出身のご婦人から「あなたがあの学校へ通うの？」ときかれて思わず赤くなり、自分は新しくできる高校に行くのであって、女学校に行くのではないと、何度も自分に言い聞かせたというエピソードを紹介しています。そんななかで、旧高女の、旧制中学校とは全く違う校歌の文化と触れることになれば、それが旧制中学校流の「活発」「明朗」な校歌を求める動きにつながってゆくことは十分に想像できるでしょう。

一方の女子生徒の場合には、横浜平沼高校に入学することは、伝統ある「女学校」への入学を意味したのでしょうが、そこで接した「伝統」にある種の違和感を感じたという側面があったように思われます。前田はアンケート結果をとりまとめた総括の中で、女子生徒の場合には、男女の教育機会の平等化を目指した学制改革に期待し、そこにひらかれる可能性に期待をこめて入学してきた面が強く、それだけに上級生の対応に戸惑ったのではないか、と推測し、そこには「二つの階層が文化的に混在したところから生まれる優劣の差異を内在させた緊張感」が生まれたのではないかと述べています。たしかに女子の回答のなかには、「威厳」や「威圧感」を感じるとともに、「県立第一高女が私達から大分レベルダウンしたのではないかとすまない思いがあった」というものなどもあったりします。そういう意味では、一口に「新校歌制定」の運動と言っても、そこにはほとんど呉越同舟に近いような、いろいろな感情や思惑が交錯していたのではないかと思います。

最終的には、新校歌制定の動きは功を奏さず、横浜平沼高校自体は、旧高女時代の校歌が今にいたるまで歌われる結果になったわけですが、その一方で、「旧第一高女」の伝統の重みは根強く、その後も男子の志願者が徐々に減少し、「このままでは女子校になる」(『平沼時報』第103号、1967年3月1日)という「平沼危機」が語られたりする局面などもありましたが、今では、その由来が女学校であったことも日常的にはほとんど意識されていない程度には「共学化」が定着していることは間違いのないところです。そういうなかで旧高女の伝統を残した校歌はどのように受け止められているのでしょうか。何度も引用した回想記の締めくくりに、「共学化一期生」の馬場は次のように書いています。

「卒業後12年して母校に奉職する機会を得て、応援団が新入生に校歌練習をさせる場面に立ち会って太鼓が入るとそれでもなかなかではないかと思うようになった。私にとって入学したときのあのたおやかな透き通ったなかに凛と響く女性ハーモニーも校歌であるけれども、『ソレー』のかけ声がかかる応援団のエールが入り重々しくなった校歌が懐かしい。」

私は残念ながら、この太鼓や応援団のエールがはいった校歌を聴いたことがなく、あの幸田延の格調高いメロディに太鼓やエールがはいるとどのようなものになるのか、なかなか想像しがたいのですが、旧高等女学校の代表たる校歌に、応援団の太鼓という旧制中学の文化が違和感なく流入しているさまは、とても興味深いものです。考えてみれば、文化が無限に変容を重ねながら定着してゆく現場は、どこでもそのようなことになっているのではないでしょうか。逆に、一高寮歌《春爛漫》の「替え歌」校歌が残った一関一高では、戦前からの伝統をひいた「バンカラ応援団」の応援実践が今も残る一方で、YouTube にアップロードされている音楽部の校歌録音をきいてみると、あの「バンカラ」風寮歌の旋律がピアノ伴奏による混声合唱曲に華麗に変身しているさまをみることができます（応援団と音楽部の関係については第5章でも取り上げます）。文化の現場とはそのようなものだ、とつくづく思わされます。

第4章　生き延びる校歌

第1節　校歌と「現実」：「公害校歌」をめぐる顚末

校歌に関心を寄せる人は多いのですが、その一方で、校歌のあり方といったことが正面切って議論される機会というのは、決して多いとはいえません。本書ではこれまで、校歌というもののあり方に焦点をあて、その歴史的な変化を描き出すような議論をしてきて、とりわけ前章での「戦後対応」に関わる部分では、校歌のあり方をめぐる論争が盛り上がるさまなども紹介してきましたが、それらの議論もほとんどは、高校新聞などで「校内問題」として議論されているものであって、そのことが一般の新聞で報じられるなどして全国的な話題になるようなことはほとんどありませんでした。

しかし、過去の新聞記事を検索していると、そういう議論がことさら盛り上がった時期があることがわかります。1970（昭和45）年頃から80年代にかけて、校歌に関わる記事が急増しているのです。しかも、校歌はどのようなものであるべきか、というような形でそのあり方を根本的に問うような記事が、これまでに見られなかったような頻度で、かなり集中してみられるようになっているのです。

このような動きの引き金を引いたのは環境問題でした。高度経済成長の時代が続くなか、急速に都市化や工業化が進み、海岸の埋め立てや大気汚染などによって、校歌に歌われている「白砂青松」的な世界と現実の周囲の景観とが急速に齟齬をきたすようになったことから、今そういう校歌を歌うことの是非や意義が問われはじめ、さらにはそもそも校歌とはどうあるべきものなのかということが、見過ごすことのできない論点として浮上するようになったのです。

1970（昭和45）年9月30日の読売新聞には、「〝見えない富士山〟歌えるかい／校歌にも公害異変」という記事が掲載されています。富士山といえば、校歌で歌われる「定番」とも言える存在で、相当離れた地域でも歌詞で言及されることがよくありました。校歌の中で歌われている富士山についての研究もあったりするくらいです（かく言う私の出身高校も千葉市にありましたが、「富士の高嶺のすなおさは／われ等健児の生命なり」という歌詞がつけられていました）。この記事ではまず、大気汚染で生じたスモッグなどによって、富士山が見られない場所が多くなったために、新設校の校歌で富士山が詠み込まれることが激減していることが指摘されていますが、それだけでなく、すでに制定されている校歌の歌詞がそのような状況の中で「現実ばなれ」してしまっているような学校も取り上げられ、その苦悩が紹介されています。取り上げられているのは静岡県富士市立田子浦中学校の校歌（三富功作詞、平井保喜作曲）で、第2節の歌詞は「松は緑に砂白き／なぎさに立てば鷗どり／水あこがれのふし歌い／のどけき舞のてぶりかな」というものなのですが、今や松はほとんど枯れ、田子の浦港は「あこがれの節」どころか、ドロドロのヘドロ節というありさまで、校歌を凍結しようという声も出ているというのです。そういうなかで校長は、あえて残して歌い続けることで、「自然を返せという叫び」として校歌がひとつの「トリデ」になってもよいのではないか、という談話を寄せていますが、いかにも環境保全のための市民運動が大きなうねりになったこの時代らしい反応といえるかもしれません。ともあれ、歌詞の内容がこれほどまでに現実ばなれしてしまったなかで、これまでの校歌を自分たちの歌として、何も意識することなく素直に口にすることがもはやできなくなってしまう状況になっていたことは間違いありません。

朝日新聞でも、翌１９７１（昭和46）年９月４日に「校歌無残／ウソになった歌詞」という同様の記事が掲載されていますが、こちらでは東京の武蔵野市立第四小学校や立川市立第八小学校の校歌が取り上げられ、歌詞に歌われた緑の野辺や清き流れが失われ、宅地造成ラッシュで魚も住めなくなった現状との乖離が甚だしくなった状況が報告されています。

そういうなかで、時代に合わなくなった校歌に代わって新しい校歌を作る学校もあらわれてきます。１９７０（昭和45）年10月20日の読売新聞には、千葉県市原市の姉崎小学校で新しい校歌が作られたことが報じられています。姉崎小学校には１９４２（昭和17）年に制定された校歌（松原至大作詞、弘田龍太郎作曲）があったのですが、その「海と山とに恵まれて／空はあかるく地は豊か」という歌詞が、海が埋め立てられて京葉工業地域になり、煙突が立ち並んでいるような状況とはあまりにも乖離してしまったことから、時代状況にあった歌詞をつけた新校歌（成久清一作詞、小

潮の香遠くなりても…
公害小に新校歌
現実見つめ煙突も歌う
市原・姉崎小

姉崎小学校の新校歌制定について伝える読売新聞記事（1970.10.20）

野満作曲）を制定することになったのでした。その新たな校歌の第2節には「潮の香はるか　遠くなりても／燃えるよ　君と僕　あなたと私／フレアスタックよ　太陽のような／あの逞しい　情熱を」という歌詞がつけられています。「フレアスタック」というのは、製油所などで発生する余計なガスを焼却する装置から出る炎のことです。石油コンビナートのようなところで、巨大な煙突のてっぺんに大きな炎のあがっているさまはとても印象深いもので、工業化社会を象徴する光景であったと言っても過言ではありません。それまでこの地域の象徴であった「白砂青松」的な風景に代わり、このフレアスタックの立ち並ぶ風景こそが、来るべき未来社会におけるこの地域の新たな象徴になるという期待が、この歌詞にはこめられていたということでしょう。

現在からみるとなかなか想像することが難しいかもしれないのですが、高度経済成長の右肩上がりの時代だったこの時期には、たしかにそのような空気感がありました。私自身、たまたまこの頃には市原市の隣の千葉市に住んで中高生の時代を過ごしていましたから、同級生には他地域から転入してきて、これらの会社に勤めている人の子弟がたくさんおり、そのようにして町の人口がどんどん増えてゆくことを、町の「発展」として感じていました。そして、遠足などの際にバスの車窓から眺めるフレアスタックの光景をまさに、そういう「発展」を絵に描いたようなものとして受け止めるような、その時代の感性のありようを共有していました。だからその感じはとてもよくわかるのです。ただ、このような光景をこの地域の未来を夢見させるようなものとしてポジティブに受け止めているだけではすまないような問題が、ここには内包されていました。このような急速な工業化の「副作用」ともいうべき、環境汚染の問題です。この時期は同時に、いわゆる「公害問題」が顕在化し、各地で公害の撲滅や環境保全を訴える市民運動が盛り上がりはじめた時期でもありました。そしてそのことが、校歌の作り替えにかかわるもうひとつの動きとなってあらわれたのです。

1972（昭和47）年7月20日の読売新聞は、「空は誰のものか／裁かれる公害ゼンソク」という連載記事のなかで、三重県四日市市の市立塩浜小学校の校歌にかかわる話を取り上げています。それによると、塩浜小学校には1961（昭和36）年に制定された校歌（伊藤信一作詞）があったのですが、その歌詞は「港のほとりならび立つ／科学の誇る工場は／平和を守る日本の／希望の希望の光です」とはじまっており、まさに工業化を絶賛するような内容のものでした。しかし石油コンビナートのあった四日市は、周知のように1960年代末あたりからぜんそく患者が続出するなど、公害問題のメッカともいうべき様相を呈してきていました。10年前には「希望の光」と思われたコンビナートの光景でしたが、地元の人々の多くがそれによってもたらされる煙や悪臭に苦しめられ、健康を害するようになってしまった中で、それを絶賛するような校歌を歌うことには大きな抵抗感がともなう、そんな状況が生じたのです。そのため、この1972年、塩浜小学校では卒業式の校歌斉唱をとりやめるという前代未聞の決定をすることになったのでした。校歌の方はその後、作詞者に依頼して修正してもらうことになり、「南の国から北の国／港出ていくあの船は／世界をつなぐ日本の／希望の希望のしるしです」という歌詞に改められることで決着しました（その後、塩浜小学校は別の小学校と合併し、その機会に校歌も新しくなったため、現在では歌われていません）。そういえば似たような話で、校歌ではありませんが、茨城県

このケムリを「希望の光…」だなんて
校歌かえます
四日市の小学校

塩浜小学校の「公害校歌」問題は毎日新聞でも報じられた（1972.2.9）

の「茨城県民の歌」（1963年制定）の第3節にある、原子力発電所をうたった「世紀をひらく原子の火」という歌詞が、東日本大震災の原発事故以後、問題になったということもありました。これらは、歌詞に描かれている景観が現実と齟齬してしまったというよりは、歌詞の背景にある価値観やものの考え方が、歌が作られたときと変化してしまったようなケースであるとみることができるでしょう。

「白砂青松校歌」にせよ「公害校歌」にせよ、そこでとられた対応はきわめて具体的なものでした。長く歌われているうちに、現実の環境や社会状況が変化して、歌詞の内容との間に齟齬が生じたわけですから、問題となる歌詞を具体的に書き換えてその齟齬を消し去ることで解決をはかったということになるわけですが、問題はそれだけにはとどまりませんでした。このような事態をうける形で、新聞紙上ではその是非をめぐってさまざまな議論が生じ、それが、そもそも校歌とはどうあるべきかというような議論に発展していったのです。

第2節　「校歌らしい」校歌？：「いまどき校歌」への道

前節でとりあげた、校歌の歌詞と現実との齟齬をめぐる新聞記事には大きな反響がありました。とりわけ姉崎小学校で、環境の変化に合わせる形で前の校歌に代わる新校歌を制定したようなやり方については賛否両論があり、それらがやがて校歌のあり方をめぐるより一般論的な話に展開してゆくことになったのです。

この姉崎小学校の新校歌制定を1970（昭和45）年10月20日の紙面で報じたのをうけて、読売新聞では10月26日のコラム「編集手帳」でもこの件を取り上げています。この時期、若者によって好んで使われていた「シラケル」という語をキーワードに、現実離れした美辞麗句ばかりで「シラケ」てしまっている世の中に楔を打ち込むことをポジティブに評価する論調のものです。姉崎小の新校歌の「フレアスタック」もまさに、美辞麗句に満たされた「シラケ」た旧校歌のウソをあばく一撃として評価されており、「いまではすっかり子供たちの間にとけこんでいる」と書かれています。それに対し、同じ読売新聞の「気流」という投書欄にも、10月30日と11月5日にそれぞれ、この姉崎小の新校歌についての投稿が掲載されていますが、こちらはいずれも、校歌の作り替えに疑問を呈する内容のものでした。

追跡
校歌再考
公害賛歌なんて
時代に合わない

読売新聞「気流」欄の校歌特集（1972.10.26）

読売新聞ではその後、1972（昭和47）年10月26日の「気流」欄で、この問題に関連してその後寄せられた投稿に、さらなる追跡取材を加えて「追跡／校歌再考」という特集記事を掲載しています。この記事では、千葉県の千葉市立蘇我中学校（勝承夫作詞、平井康三郎作曲）と東京の武蔵野市立第四小学校（葛原齒作詞、藤井清水作曲）の校歌が取り上げられ、それらに関して寄せられた読者の投書を出発点に、その背景や関係者の見解などが紹介され、それらを通じて校歌というもののあり方を考えるという構成になっています。蘇我中学校の例は、姉崎小学校と同じ京葉工業地域に関わるものですが、「あがる煙は大空染めて／昼は白銀暮れれば黄金／鉄の響きも文化の調べ」などという工場を礼賛する歌詞がつけられており、「公害讃歌」ともとれる内容になっていることから、同窓会などが中心になってこの校歌を新しいものに作り替えようとする動きが出てきていることが紹介されています。一方の武蔵野四小の方は、戦前に作られ、当初第5節まであったとされる校歌の歌詞の大部分が時代に合わなくなって歌われなくなり、かろうじて第1節だけが残った形で細々と歌われている現状と、教員や父兄からも時代感覚にあった校歌の存在が望まれていることが紹介されています。この記事ではこのふたつの事例をふまえて、校歌のあり方について、教育界の内部にもふたつの異なった方向の考え方があることが示されています。児童がピンとこないような歌を歌い続けることのないように、「時代に合わなくなった校歌は、どしどし作り変えてもいい」と語る人がある一方で、自然環境や都市の状況は変わっても、創立当時の建学のビジョンは変わらないはずだから、環境の変化に左右されて安易に作り替えるべきではないとする考え方もあります。結局のところ、第三者が一般論としてどうこういえる話ではなく、子供の心情を第一に考えてケースごとに判断してゆくほかはないというような結論に落ち着いています。

ここには、状況が変わっても同じ歌がそのまま歌い継がれる一方で、いつの時代にあっても常にそれが「自分たちの歌」であることを求められるという、校歌というジャンルの、もっと言えば「コミュニティ・ソング」というもののあり方のもつ問題が端的に表れています。もちろん、これはきわめて根本的な問題ですから、それらを両立させる切り札的な「勝利の方程式」などあるわけもないのですが、この「公害校歌」問題は、校歌というジャンルの孕むそのような問題を否応なしに自覚させられるような機会となったことは間違いありません。

読売新聞の「気流」欄では、その後も何回にもわたって校歌をテーマにした投稿の特集が組まれており（1973年9月8日、1984年3月18日、1987年3月8日）、毎回、10本以上の投稿が取り上げられています。回を重ねるにつれて、環境問題とのつながりは徐々に希薄になり、個人的な思い出話のようなものが多くなっていきますが、それでも、そういう思い出話的なエピソードを通じて、校歌というもののあり方を考えさせられるような投稿が時折見られます。

「失われた第1節」(1973年9月8日)という投稿では、同じ学校を卒業している親子が校歌をめぐって論争しているさまが語られています。この学校では、戦後になって第1節の歌詞が削除され(たぶん、皇国史観的な内容が含まれていたのでしょう)、第2節から歌われるようになったらしいのですが、父が昔の通りに第1節から歌うと、息子の方は「そんなのはないよ」と食い下がる、しかし自分にとっての校歌はやはり削除された第1節だ、という父の投稿です。

一方、「父と一緒に歌う」(1984年3月18日)という投稿も親子に関わるもので、こちらはやはり父と同じ高校にはいった娘さんからの投稿なのですが、次のようなものです。

「父は酒が入ると、よく高校時代の校歌を歌う。歌詞も曲もずいぶん昔の感じで、父が歌い出すと、家族みんなが『そんなの軍歌みたい』とばかにしていたものだった。
ところが昨年、私が父と同じ高校に入学。入学式では、かつて父がわめいていた軍歌のようなその校歌が、ご丁寧にもオーケストラの伴奏で歌われた。厳粛な空気の中で、私はなんともおかしくてならなかった。
それが今では、父が酔ってこの校歌を歌い出すと、私も一緒になって歌う。今や家族からばかにした目で見られる対象は、父と私の二人である。」(高校生　小島章子　16　新潟県上越市)

ここにはたしかに、校歌というジャンルの音楽のもっている独特のありようがあらわれているように思われます。校歌はそれぞれの時代の社会状況や文化状況にあわせた形で変化することが求められます。時代に合わなくなった歌詞を削除したり修正したりすることが求められるようなこともあり、その場合には、最初の投稿の例のようにある種の「分断」を生むことも出てくるでしょう。しかし他方で、時代をこえて歌い継がれてゆく校歌には強烈な「同化力」も具わっています。もうひとつの投稿を書いた娘さんにとっては、この校歌の歌詞や音楽様式はおそらく、自分自身の同時代的な感性からは相当にかけ離れたものであったはずですが、かなり大きな落差であっても、それをのりこえて同化していってしまえるような力を校歌は発揮しているように思われます。場合によっては、音楽が媒介として機能することが、歌詞の意味内容などによってもたらされる落差や違和感を覆い隠し、「同化」へと導いてゆくような結果になっているのではないかとすら思ってしまいます。前の記事に登場した蘇我中学校や武蔵野第四小学校の校歌も、改定が取り沙汰されはしたものの、最終的にはそのままの形で残り、今も歌われているようですから、結局はここでもそういう「同化力」によって、いわば「丸め込まれる」ような形になったということなのかもしれません。

ちなみに、さきほどの投稿に出てきた、娘さんの高校の「軍歌みたい」な校歌ですが、どうやら第2章でも触れた、新潟県立高田高等学校の校歌だったようです。前身の高田中学校時代の1904（明治37）年に制定されたものです。たしかに、軍歌を思わせるような曲想で、「いかにも」という感じではあるのですが、ちょっとおもしろいのは、投稿した娘さんが言及しているオーケストレーションです。私の手元には高田高校の創立120周年記念に作られた校歌・応援歌のCDがあるのですが、ここにも高田高校のオーケストラによる演奏が収録されており、「編曲　古海法雲（高校第17回卒）」という但し書きがあります。投稿者が聴いたのがこれと同じ編曲であったかどうか、確証はありませんが、かなり凝ったオーケストレーションがなされており、これで聴くとずいぶん印象が違います。この校歌にはたしかに、軍歌のような、「放歌高吟」的な表象がつきまとっていることはたしかですが、同時にそのような文化に属さない人々をうまく引き込んでゆけるような複数の回路が用意されており、そういうものがうまく機能した側面もあるのではないか、そんな気がしています。

脱線ついでにもうひとつ言うと、この高田高校の校歌は１９６８（昭和43）年に、４人組の男声コーラス・グループ、デューク・エイセスの歌った録音が東芝レコードでレコード化されています。この校歌が《妙高山は峨々として》というタイトルで収録され、もう一曲、《高田の四季》という曲がカップリングされています。《高田の四季》は、レコードには「新潟県民謡」と銘打たれ、踊り方の解説までつけられているのですが、これまたもともとは戦後に作られた高田高校の応援歌で、当時地理・歴史教員として在職していた町田太郎が作詞、作曲したものでした。踊り方のところには「高田観光協会」という記載があり、「発売元」としても地元のレコード店である「多田金」という名前が書かれていますので、全国発売というよりは地元発信の観光振興事業の一環ということだったのだろうと思われますが、このような形で、校歌が当時の歌謡曲や民謡のレパートリーにつながってゆくような局面もあ

レコード化された高田高校校歌のジャケット（歌：デューク・エイセス、東芝、1968）

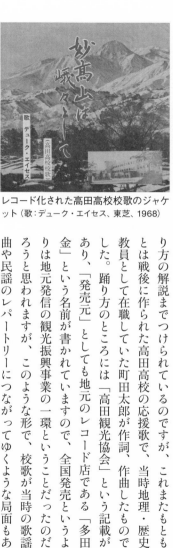

ったことには、少しばかり驚かされます。もちろんこれは学校の公式な事業だったわけではありませんが、校歌は必ずしも「校門を出でず」に学校内部で純粋培養的に伝承されるわけではなく、それが歌い継がれてゆく中ではさまざまな文化的コンテクストと関わり、さまざまな表象を纏うからこそ、時代を超えていろいろな人々とつながってゆく力を与えられるということなのではないか、そんな気がするのです。

脱線が長くなりましたが、ここでもう一度、1970年代の「公害校歌」の話に戻りましょう。以前に三重県四日市市の塩浜小学校での歌詞の改定の話に触れましたが、四日市市には、実は似たような事例がもうひとつあります。三重県立四日市南高等学校の校歌です。1959（昭和34）年に開校した四日市南高校では、その4年後の1963（昭和38）年に校歌が制定されました。塩浜小学校の校歌が作られた2年後のことですが、塩浜小学校同様、こちらにもやはり「炎をあげるスタックが／限りない未来を照らす」というような「公害讃歌」とも受け取れる歌詞がつけられていたため、1978（昭和53）年にその部分が「心にひめた問いかけは／限りない未来をめざす」という歌詞に差し替えられました。

この四日市南高校の校歌の作詞者は詩人の谷川俊太郎でした（ちなみに作曲は武満徹が担当しています）。1978年10月12日の朝日新聞（名古屋本社版）には「公害の反省／校歌改める／四日市南高」という見出しの記事が掲載され、歌詞の差し替えにいたった詳細な経緯が書かれています。四日市南高の場合には、塩浜小学校のように、生徒や父兄に歌うことに対するアレルギーが生じたというようなことはなかったようですが、作詞者である谷川が雑誌に書いた一文でこのことに触れ、当時工業化と経済成長を肯定的に歌いあげてしまった自分自身に対する忸怩たる思いを告白していました。それを目にした関係者が協議して、この年、学校創立20周年を迎えたのを機会に正式に谷川に変更を依頼したことで、修正が実現したとのことでした。その関係者が目にした一文というのが、「校歌は変る：一実作者の感想」というタイトルのもので、雑誌『世界』の１９７４（昭和49）年11月号に掲載されています。谷川がそこで何を論じているのか、次にみてみることにしましょう。

谷川のこの論は、べつに「公害校歌」をテーマにしているというわけではなく、校歌というもののあり方を、国家や社会との関わりのなかで考えようとするもので、これまで校歌の典型と考えられてきたような戦前の古い校歌が、学校の個性、校風を表すというよりは、むしろ「明治期の日本にあっては国論統一のひとつの道具として用いられた」ものであることを喝破し、その問題点を指摘することからはじまっています。敗戦後に多くの学校で、歌詞の皇国史観的な部分を削除し、書き換えるというような「弥縫」を行わざるをえなかったのもそのことゆえのことであり、それは「日本の学校が一本の文化的伝統を背骨としてもち得なかったありさま」を示しているのだと、谷川は言います。そのうえで谷川は、実は自分自身も同罪ともいうべきふるまいをしたことへの「苦い反省」を込めて、四日市南高校の校歌のケースを持ち出しています。この時期に新設された学校ではしばしば、日本の高度工業化とそれに伴う経済成長を肯定的に歌い上げたものがあり、

公害の反省
校歌改める
四日市南高
創立20年、全校の総意
作詞者谷川さんもOK
谷川俊太郎さん

四日市南高校の校歌歌詞改訂を報じる朝日新聞（名古屋本社版）記事（1978.10.12）

自分の意識の中でもまた、「炎を上げるスタック」は、いわば新しい山水に化していた、と谷川は言います。しかしその結果、自分は知らず知らずのうちに、「学校を国家に隷属させる手助けをしていた」のであり、その点で戦前の校歌で「大御代」を歌った明治の大学教授と変わるところはなかった、というのです。

谷川の考察の奥深さは、古い校歌のイデオロギー性を批判することが、その種の校歌のみにかかわる個別的な批判にとどまっていないところにあります。自分自身が別の形で行った詩作も同じ罠に陥っていたということを谷川は自覚しており、そういうところで無難な美辞麗句へと逃げ込んで責任を回避しようと思っても、その時代において無難であったような字句が十年もたたぬうちに「有害（?）」な字句に変わってしまい、そういう美辞麗句自体が、実はその時代の「国家の言葉」であったことに、あとになって気づくことになるのだと、谷川は言っています。ここには校歌というジャンルが背負っている二律背反的な宿命が見事に捉えられています。

谷川の論考は、そういうなかで校歌というものを作曲することの絶望的な難しさ、言ってみれば、八方塞がりの状況を照らし出しているようにもみえるのですが、少し違う角度からみてみるならば、そこで「国家」に対峙する形で引き合いに出されている「教育」や「校風」のあり方だってべつにそれらから超然としたところに不変の理念としてそびえ立っているというわけではなく、ときには寄り添ったり、ときには身をもぎ離したりして、試行錯誤を繰り返すなかから自らを鍛えてきた結果としてあるものなのではないでしょうか。校歌の歩んできた歴史は、その軌跡であるともいえるわけで、「大御代」や「フレアスタック」を含んだ歌詞を書き換えることは、たしかに「弥縫」といえば「弥縫」でしょうが、そういう経緯もふくめてみることで、その学校の背負ってきた歴史の厚みをみせてくれるのではないかと、私は思っています。谷川もまた、敗戦後の皇国史観的な歌詞の修正について述べている箇所で、「一方では政治的変化に対応し、他方では文化の持続性を残し、学校の歴史を断絶させまいとする希望から生れたのだろうと私は推測する」と述べていますが、まさに校歌というジャンルの背負った宿命を身にしみて体感する中から出てきた言葉であるように、私には思えます。

ともあれ、「公害校歌」に端を発した校歌問題は、校歌に歌われている環境という限られた話にとどまらず、校歌というもののそもそものあり方を問い直す動きへと広がっていきました。この時期の新聞記事を調べてみるととりわけ、多くの学校の校歌がいささか古臭く、歌っている児童・生徒の感性とずれてしまっていることを指摘し、もっと時代に合った新しい感覚の校歌を歌わせるべきであることを主張するような記事が頻繁に出てくるようになるのです。

たとえば、1973（昭和48）年8月18日付読売新聞の「豆鉄砲」というコラムには「高校球児に古すぎる校歌」という記事が掲載されています。テレビ・ラジオ面のコラム欄ですが、夏の高校野球大会の中継放送で流れてくる校歌をきいての感想を書き綴ったものです。きこえてくる校歌が「紋切り型の古くさい歌ばかり」であることを批判したうえで、「ジャズやロックにしびれ、フォーク・ソングを自ら作って口ずさもうという今どきの若い者のセンスとはおよそかけ離れたこのような校歌のほかに、現代感覚による応援歌のようなものがもっと新しく作られ、歌われても良いのではないだろうか」と書かれています。朝日新聞でも、夕刊一面のコラム「今日の問題」に「校歌」と題された記事が掲載されていますが（1979年8月20日）、こちらもほぼ同様の趣旨で、もう少し自由に、校歌を時代に合ったものに変えてゆくようなところがあってもよいのではないかという問題提起の記事になっています。その他、「校歌にも世代交代の波」（読売新聞、1980年7月25日）、「没個性の校歌なぜ変わらぬ」（朝日新聞、1985年8月2日）、「なじめないむずかしい校歌」（朝日新聞、1987年8月6日）など、見出しをみただけでその主張の方向性がわかるような記事が、1970〜80年代にかけて並んでいます。

そのような流れのなかで、実際の校歌のあり方にも変化が生じはじめます。1990年代にはいり、2000（平成12）年の声をきくあたりから、J－POPを担うようなポピュラー音楽系の作詞家や作曲家に校歌の作曲を依頼するケースが増えてきて、従来の校歌にはなかったようなポップス調の校歌が出てくるようになりました。そのことがとりわけ話題になったのは2011（平成23）年で、夏の第93回全国高等学校野球選手権大会に群馬県代表として健大高崎高校（冬杜花代子作詞、坂田晃一作曲）、愛知県代表として至学館高校（飯尾歩作詞・作曲）と、いずれもJ－POP調のテイストの校歌をもつ学校が同時に初出場したことなどから、注目が集まるようになりました。そんなことをきっかけに、その少し前の2004（平成16）年に春の選抜で優勝、夏にも準優勝の大活躍をとげて以来、「『やれば出来る』は魔法の合いことば」という、およそ校歌らしくない歌詞が話題になっていた愛媛県の済美高校（一色和寿子作詞、藤田浩作曲）の校歌などもひっくるめて、「いまどき校歌」などと呼ばれるようになったのです（「いまどき校歌　話題の的」、朝日新聞、2011年8月5日、「ドキドキ　今どき校歌」、朝日新聞、2011年8月18日）。校歌は一度作るとそんなに簡単に作り変えるものではありませんから、こういう校歌がどんどん増えているとまでは言えませんが、新設や合併などで新たに校歌が作られるようなケースでは、ポップス系の作者に依頼するようなことは今ではさほど珍しいことではなくなってきています。

そんな状況をみていると、今後も「ポップス化」が急速に進んで、校歌をめぐる景色が全く変わってしまうのではないかと思われるかもしれないのですが、なかなかそう一筋縄ではいかないのではないかと私は思います。たしかに、一昔前の「紋切り型の古臭い」スタイルの校歌が当たり前のように作られる時代に逆戻りするようなことは、おそらくもうないでしょうが、だからといって、校歌の世界がポップスの世界と区別のつかないようなものになっていってしまうということには、なかなかならないような気がするのです。

その意味でちょっとおもしろい事例をひとつご紹介しましょう。千葉県立富里高等学校の校歌です。富里高校は1986（昭和61）年に新設開校した学校で、校歌も開校時に作られたのですが、その際に作詞を山口洋子（1937－2014）、作曲を平尾昌晃（1937－2017）に依頼しました。この山口と平尾のコンビは言うまでもなく、この時期の歌謡曲の世界に五木ひろしらのヒット曲を次々送り込んでいた「黄金コンビ」でした。校歌の制作をポップス系の作者に依頼するような動きなどまだほとんどなかったような時代でしたから話題になり、新聞記事でも紹介されています（「校歌作曲して平尾自ら指揮／千葉県の新設高開校式」、朝日新聞、1986年4月14日）。ところが実際に曲をみてみると、この山口＝平尾という歌謡曲の世界の「黄金コンビ」のイメージからわれわれが想像するのとは全く違ったテイストのものであることに驚かされます。もちろん、ある種の「新しさ」を感じさせるところはあるのですが、それがかなり「校歌らしさ」の方に寄った「新しさ」で、「山口＝平尾ワールド」的な感じは全くないのです。実際の制作プロセスのなかで、誰がこのような方向づけを主導していったのかというようなことは調べてみないとわかりませんが、外部からの要請にせよ「自主規制」にせよ、何らかの形で、新しい校歌を従来の「校歌らしさ」の方向へと引

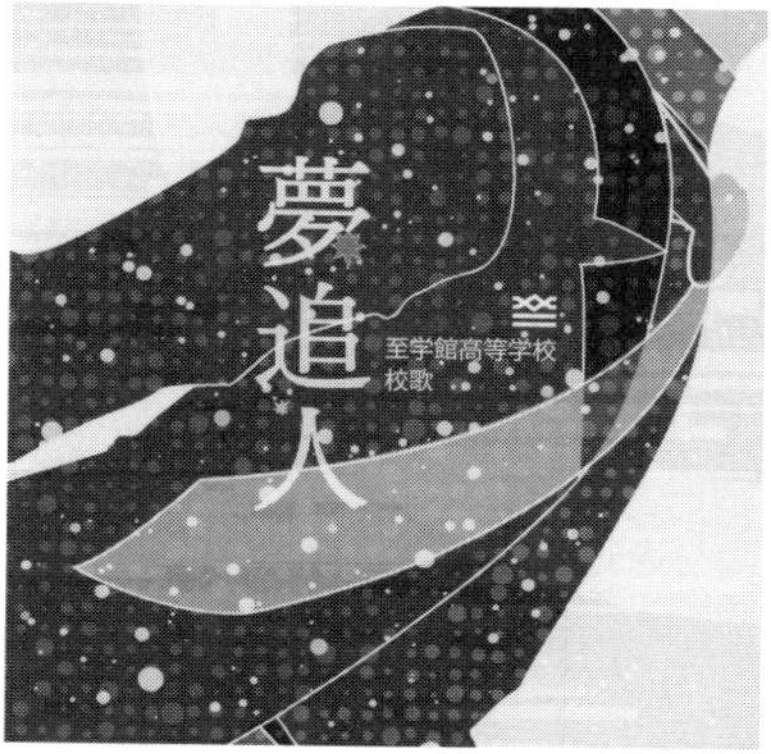

至学館高校校歌《夢追人》CDジャケット
（2012）

き寄せてゆくような力学が作用したことはたしかだろうと思います。

少し局面は違いますが、「いまどき校歌」の代表格とされる至学館高校の校歌のケースにも似たようなところがみられます。こちらは歌そのものはもろにJ－POP調のものですので、その点は富里高校のケースとはだいぶ違います。実はこの曲は最初から校歌として作られたわけではなく、同校の系列の大学にかつて籍を置いていたレスリングの伊調千春選手が２００４（平成16）年のアテネ五輪で惜しくも銀メダルに終わった際に、さらに金メダルを目指す同選手を励ますために作られたものが後になって校歌に転用されたという来歴がありました。「一番高い所に登って／一番光る星を摑んだ／一番辛い道を選んで／一番強い心をまとった」とはじまる歌詞をそのつもりで見直してみると、たしかに背景にあるストーリー性が感じられてきます。《夢追人》というタイトルでＣＤも出ていますが、シンガーソングライターとしても知られるＫＯＫＩＡがつぶやくように歌っているのを聴いていると、そもそもこういう曲を皆で合唱するなどという校歌としての使い方ができるのかと思ってしまうくらいです。ところがこれが皆で歌えるのです。YouTubeに、夏の甲子園大会の予選で勝ち、甲子園出場を決めた試合の後に校歌が流され、選手たちもスタンドも一緒になってこれを歌っている映像があったので見てみたのですが、普通の校歌と同じように、選手たちがだみ声を張り上げて「放歌高吟」しているのです。

もちろん、そんなものは「芸術的価値」という観点から高く評価できるようなものではないという声は出てくるでしょう。「作品を台無しにしてしまった」という嘆きの声もあるかもしれません。しかしそれにもかかわらず、否むしろそのような歌い方をしているからこそ、「校歌」としてまさに機能しているのです。こういう曲がまさに「校歌らしい」ものになっていることを、この歌が適応して「校歌らしく」なっていったとみるか、あるいはむりやり「校歌らしさ」の世界に引きずりこまれてしまったとみるか、そのあたり判断がわかれるところかもしれませんが、ともあれ「校歌らしく」なることで「校歌」として機能するようになったことはたしかです。そういう意味ではこのケースでもやはり富里高校の例と同様に、新しい方向性をもった校歌を、従来の「校歌らしさ」の方に引き寄せてゆこうとする力学が働いているケースとしてみることができるのではないかと思います。

もちろん長い目で見れば、その「校歌らしさ」自体も変わってゆくでしょう。高校野球の時に見られるような「放歌高吟」的なありかた自体、旧制中学校の男性中心的な時代の空気を引きずっているものであることはたしかで、やがてはそういうものが消えてゆくことになる、否なるべきだというのは、もちろんひとつの理屈でしょう。ただ、現実には文化というものは、ただちに理屈の通りに動くわけではありません。「Ｊ‐ＰＯＰ調校歌」も、やがては浸透して校歌のあり方全体を変えてゆくことになるのかもしれませんが、そのことは校歌があまねく「Ｊ‐ＰＯＰ化」することと同じではありません。そうではなく、Ｊ‐ＰＯＰの新たな世界に触れることを介して校歌の世界に新しい風が入り、そういうなかで校歌の概念や表象が徐々に変化することで、従来の校歌ともＪ‐ＰＯＰとも違うような新たな校歌の世界がひらかれてゆく、今はその途中の「過渡期」にあるというべきなのかもしれません。まあ、そのように考えてゆくと、そもそも「過渡期」などというものが特別にあるわけではなく、文化とは絶えずそのような形でそのあり方を変えてゆくものだという話に落ち着くことになるのかもしれませんが。

第3節　《勇敢なる水兵》の3つの命運：「大合併」の時代と校歌

1.「右肩下がり」の時代の文化

明治時代以来、校歌がたどってきた命運をこれまでいろいろみてきました。そこからみえてきたのは、校歌というジャンルの楽曲のもっている、時代の変化をこえて長く歌い継がれるという特徴であり、社会や文化の状況に相当大きな変化があっても、それに絶妙な形で対応して、古い校歌がしぶとく生き延びてきた、そういう歴史であったと言って良いでしょう。そんな古い校歌にとって、現代はどのような時代であるのでしょうか。戦後の学制改革、高度成長期の環境問題といった状況の中を生き延びてきた校歌の側からみると、今はまた大きな転機に直面している時代であるように、私には思えます。

というのも、学校の合併などによって、古くから歌い継がれてきた校歌が廃止され、それに代わって新たな校歌が制定されるようなケースが数多くみられるからです。もちろん、新しい校歌を作ることがブームになるというのは、高度経済成長期においてもみられたことです。新しい工業地域や住宅地がどんどん広がるだけでなく、人口も増加し、そのために新設校が次々作られて、新たな校歌が必要になるような事態が日常的に生じていました。さきほど「公害校歌」と呼んだようなものも、ほとんどはそういうなかで作られたものです。それに対して、今起こっていることは、それとは正反対の現象です。少子高齢化が進むなか、人口の減少が最初に顕著な形であらわれる子供の教育の場において、学校の統合合併を余儀なくされるケースが相次いでいるのです。とりわけ地方においては、それが過疎化と重なり合うことになりましたから、状況はより深刻ではありますが、人口が全体としてはそれほど減少しているわけではない都市部においても、当然地域によって人口の偏りがあるわけですから、高度成長期に宅地開発が行われ、その時代に一定の年齢層の人が入居したような地域では、高齢化が甚だしく、かつて爆発的な人口増加に合わせて開校した学校が次々と閉校や合併を余儀なくされるような状況が起こっているのです。

加えて、教育制度の多様化、複線化が進み、「義務教育学校」、「中等教育学校」のように、小中一貫、中高一貫といった形で、これまで別々の段階に分かれていた学校を統合するようなケースなども出てきました。こちらのケースは少なくとも文科省的なタテマエからいえば、制度の柔軟な運用を促すことで多様な教育を可能にすることが主眼であり、ふたつの学校を統合することでコストダウンをはかるためということではないでしょうが、こうした統合や合併にはどうしても、日本社会全体が拡大基調から縮小基調に転じるなかで、いろいろなものがシュリンクしている状況の影がつきまとってしまいます。別の言い方をすれば、「平成の大合併」に象徴されるように、日本社会全体が縮小してゆく状況の中で、いかにしてさまざまな制度のスリム化をはかり、コストのムダを最小限におさえるか、ということが社会全体の課題になっている、そんな時代の流れが、そこにはあらわれているのです。

学校の統合合併もそういう流れの中で出てきた当然の結末にほかなりません。しかし逆に、そういうことの結果として、かえって新校歌を作るというニーズが増えているとすれば、何とも皮肉なことではあります。たしかに、たとえば小学校と中学校という、これまでには別の段階として位置づけられていた学校が統合されるとなれば、それまで別々の前提で作られていた校歌をそのまま流用するというわけにはいかないでしょうし、同じ町にあった男子校と女子校を合併してひとつにするとなれば、どちらか一方の旧校歌をそのまま新しい学校の校歌にするというわけにもいきません。そういう機会に新たな校歌を制定し、新時代にふさわしい新しい船出をはかりたいという発想は、それ自体はまことにごもっともと言うほかないのですが、本当にそれだけでよいのかという疑問は残ります。

この問題は実は、校歌だけの話にとどまることではなく、文化の全体的なあり方に広くかかわる大きな問題です。全国の市町村で行われた「平成の大合併」は、スリム化をはかり、余計な出費を減らすという面では、たしかに良かったのでしょうが、文化の保存や継承ということにとっては、重大な阻害要因になりかねません。合併後も当面は、合併したそれぞれの市町村がこれまでに培ってきた文化を互いに尊重し、「激変緩和措置」的な対応がとられるかもしれませんが、長い間にそういう境界線が取り払われてくれば当然、もともと一部地域のみで培われてきたような文化の保存や継承のために他の地域の人間が公金を投入することの意義が問われることになってくる可能性だってあります。言い換えれば、文化を維持してきた「単位」が変わってしまうことで、その維持に赤信号がともることにもなりかねないということなのです。そのことは、「学校文化」に関しても全く同じです。これまで、それぞれの学校で保存し、継承されてきた文化が、このようなかたちで統合合併を余儀なくされたときに、いったいどのようなことになるのか、その帰趨をわれわれはしっかり見定めなければならないと思うのです。そのことについて考えてみるために、同じ《勇敢なる水兵》という軍歌の「替え歌」を校歌にしてきた3つの学校の事例をみてみることにしたいと思います。たまたま、この同じ歌を「替え歌」にすることで出発した3つの校歌が、それぞれの地域の状況や背景などとのかかわりで、それぞれどんなに異なった運命をたどることになったのか、その様子をみてみることは、文化の保存や継承ということを考える上で、いろいろな示唆を与えてくれるのではないかと思うのです。

2. 校歌とともに失われる地域共同体：栃木県立烏山高校

最初に取り上げるのは、栃木県立烏山高校のケースです。烏山高校は、栃木県那須烏山市（これ自体が、旧烏山町、南那須町の合併で2005年にできた行政区分です）にある高校です。烏山町には、旧制中学校由来の烏山高校（1907年創立、男子校）と、旧制高等女学校由来の烏山女子高校（1921年創立）というふたつの新制県立高校があったのですが、このふたつを引き継ぐ形で、2008（平成20）年に新しい栃木県立烏山高校が作られ、旧烏山高校と烏山女子高校は廃校になったのでした。地方の高校で、近年比較的よくみられる統合のパターンといえるでしょう。

旧烏山高校には、旧烏山中時代に作られた第一校歌（1908年制定）と新制高校になってから作られた第二校歌（1953年制定）とがありました。第一校歌は開校時に制定されたものですが、典型的な「替え歌校歌」でした。元歌は《勇敢なる水兵》という軍歌（佐佐木信綱作詞、奥好義作曲、1895年）で、日清戦争の際の黄海海戦で被弾し重傷を負った三等水兵が、息絶える瞬間まで敵艦の様子を心にかけていたという、一世を風靡した美談に取材して作られたものです（修身の教科書に取り上げられて有名になった、同じ日清戦争時の木口小平のラッパのエピソードと同類の話です）。元歌には、「煙も見えず雲もなく／風も起こらず浪立たず／鏡の如き黄海は／曇りそめたり時の間に」といった歌詞がつけられていましたが、そこに当時、烏山中の教員であった大金丘壽が「千歳ことぶく壽亀が丘／紺青ながす那珂の水／那須野が原の末遠く／わが学舎はそびえ立つ」という新しい歌詞をつけたものが烏山中の校歌になったのです。戦後に作られた第二校歌（戸倉廣愛作詞、乗松昭博作曲）は、戦前からの古い校歌をもつ多くの学校で試みられた、旧校歌を残しつつ、第二校歌、讃歌などの形で時代に合ったものをもう一曲作るというパターンで作られたもので、烏山高校の場合には、両者が併用されてきたようです。もう一方の烏山女子高校の方は、旧高女時代の校歌（1928年制定）に代わって1952（昭和27）年に制定されたものが歌われており、両者の統合によって、これらの校歌がすべて廃止されたのでした。

これらのなかで特に興味を引くのが、烏山中時代に作られた旧烏山高校の第一校歌です。というのも、この校歌、単に校内の行事で歌われるだけにとどまらない大きな広がりをもって町中で歌われるものになっていたからです。その事情を理解するためには、旧制烏山中学校の成り立ちについて簡単に説明しておかなければなりません。すでに述べたように、烏山中の設立は1907（明治40）年とされていますが、最初から県立の中学校としてスタートしたわけではありませんでした。中学校の必要性を強く認識していた地元の有志が県知事に県立中学校の設立を請願したものの再三にわたって却下されたため、請願者の一人であった医師の川俣英夫が私財を投じて「烏山学館」という各種学校を設立したのがそのはじまりでした。その後、中学校として認可されて「私立烏山中学校」に、さらにそれが県に移管されて「栃木県立烏山中学校」となった、そんな成り立ちをもっているのです。そのような事情ですから、この烏山中学校にとって、その創設者である川俣英夫という人物は、いくら感謝してもしきれないような大恩人であったわけです。そのため、旧烏山高校では、毎年4月28日の創立記念日には、一日かけて川俣に感謝を捧げる一大行事が行われ、統合によって閉校になるまで続いていました。『教育とちぎ』という雑誌（第41巻第11号、1991）には、「町民と歩む創立記念行事」という記事が掲載されており、その様子が描かれています。それによると、午前中に川俣先生の墓参と創立記念式典、午後に同窓会総会があり、それに引き続いて、夕方から提灯行列が行われていました。

烏山高校創立記念日の提灯行列（『教育とちぎ』第34巻第6号、1983）

「日も沈みかけた六時十分、花火を合図に全校生徒が各々提灯を手に校庭に集まってきます。城跡に沈む夕日に見送られながら、校旗とブラスバンドを先頭に行列は学校を出発します。沿道の軒々には『祝創立記念日』の提灯が掲げられ、町内の人もたくさん提灯を持ってかけつけます。提灯の灯が町中を華やかに飾る中で、町中に校歌が響きわたり、万歳をする人や大声ではしゃぐ人もいて、おおいに盛り上がります。

……

本校に赴任したばかりの先生は、最初この行事に戸惑いを感ずるかも知れません。やがて、生徒と一緒になって町を歩くうちに、提灯を持って見守ってくれる沢山の人々に感動を覚えるようになります。高校になるとかく薄れがちな地域の人々と共に歩む学校の姿が、この行事を通じて生きているのです。」

町内の人々にも同校の卒業生は多いでしょうから、学校という閉じられた共同体の行事であることをこえて、校歌の響きが町中に共振し、その響きとともに帰属意識や連帯感が深まってゆく様子が窺われます。その核となったのが、まさにその際に歌われた「第一校歌」だったのです。

草野武一著『川俣英夫先生伝』（栃木県立烏山中学校、1941）には、第1回の創立記念日の様子が描かれていますが、そのときにすでに提灯行列が行われていたことがわかります。

「夜は提灯行列を華やかに催うす。教員大金丘壽氏は提灯行列についてゞあるが、たゞそれ行進するのもいかゞかとて、作つたのが本校校歌である。その日の朝の思ひつき、ふと作つたのである。……しかし今晩かぎりのものだ。敢へて訂正を加へる必要もなからうと『勇敢なる水兵』の音譜で合唱するやうに手配をとつた。それが校歌となつて過去をもち、現在も将来かけて歌はれる生命あるものとなつたのである。」

ここに書かれているように、この創立記念日の提灯行列は、この校歌の成り立ちそのものに切っても切れない形で関わっています。校歌があらかじめ存在していて、それが行事の際に歌われたというのではなく、むしろ逆に、行事で歌われた歌が校歌になっていった、とみるべきなのだろうと思います。旧烏山高校のこの第一校歌はそのような形で歌い継がれることで、学校の設立に関わる記憶を、ほぼ100年もの長きにわたって後世に伝え続けてきたのです。烏山女子高との統合合併によって、この旧第一校歌も、また創立記念日に行われる墓参や提灯行列などの行事も失われてしまいました。そのことは、単に学校行事の中での話である以上に、地域共同体を支えてきた行事やその周辺に形作られてきた文化が失われてしまったことをも意味しています。

もちろん、新たにスタートした栃木県立烏山高等学校には文化がない、などと言っているわけではありません。同校のウェブサイトをみてみれば、ある意味ではこれまで以上にさまざまな文化的仕掛けが施されていることがわかります。開校の2008(平成20)年に新たに制定された校歌(さとう恭子作詞、田中聡美作曲)は、現代的な感覚に合った大変美しいメロディのもので、新時代の出発にふさわしいものです。今風という点では、「からら」、「カラスヤマン」などという、学校の「ゆるキャラ」が作られていたりもしており、おそらくこれから、そういうものを軸に新たな文化がつくられ、物語が紡ぎ出されてゆくことだろうと思います。地元の地域共同体との関係という点も、いろいろ考えられています。教育のひとつの柱として、「地域課題解決型キャリア教育」をうたった「烏山学」なるものが立てられており、地元で求められている「グローカル人材の育成」や「将来地域社会で活躍するリーダーの育成」が目指されています。これまた、今の地域社会のもとめている要求にこたえようとするもので、いまどき提灯行列などをやっているよりもはるかに実効性のある取り組みであるとも言えるかもしれません。

しかしその一方で、100年にわたって行われてきた創立記念日の提灯行列の積み上げてきた文化や記憶を、何らかの形で継承してゆくことはできないのだろうかという思いが残ることもまた事実です。そして、たとえ行事全体は消え去ったとしても、そのときに歌われていた第一校歌を歌う機会が残され、何らかの形で歌い継がれてゆくならば、それが人々の記憶を呼び起こし、継承してゆく装置になりうるのではないか、そんな風にも思うのです。

3. 「戦時」と「戦後」をくぐりぬけて：新潟県立新発田高校

この烏山中学の校歌の元歌となった軍歌《勇敢なる水兵》は当時かなり人口に膾炙したものでしたから、他にもこれを元歌にしたものがいろいろ作られています。応援歌や行軍演習のための歌などに転用されたものも含めれば相当数にのぼるだろうと思いますが、正式に校歌として制定されたものだけみても、私が確認した限りで、烏山中学のほか、新潟県立新発田中学校（現新発田高校）、兵庫県立第二神戸中学校（現兵庫高校）の校歌が同じく《勇敢なる水兵》を元歌にしています。このうち新発田中学校のものは、烏山よりもさらに7年さかのぼる1901（明治34）年に制定されたものですが、《勇敢なる水兵》を元歌にしたこの3つの校歌のなかで、今でも校歌として歌われている唯一の存在になっています。

作詞者名としては、渡部坦治と久代左司馬というふたりの国語教員の名が記されており、歌詞の第1節は「蒲城の東五十公野の／大空高く聳ゆるは／これぞ吾々学生が／教を受くる校舎なる」となっていますが、第10節まである長い校歌です。古い校歌には時として、このような長大なものがあります。諏訪清陵高校（旧諏訪中学校）の校歌（1903）の例は、すでに学友会の話のところでも言及しましたが、第一校歌、第二校歌とふたつあって、第一が全8節、第二が全10節という長いものでした。新発田中学校のものもそれに匹敵する長さですが、卒業生・落合高次の回想によると、作詞にあたっては、盛り込むべき項目として、位置、名勝、徳目、運動、卒業、名誉、結語といったものが定められ、それぞれについて両作詞者が別々に作詞したものを項目ごとに比較して採択、混成したということです（『新発田高等学校百年史』、１９９６、63）。歌詞の内容が多岐にわたった分だけ、全体的な統一感がやや稀薄になっているようにも思われるのですが、これは歌というものについての考え方の問題で、すでに第1章で触れた「国民づくり」のための啓蒙や教化を狙った初期の唱歌などには比較的よくみられたことでした。

そんなわけで、この新発田中学校の校歌も、歌詞の内容はかなり多岐にわたっています。第2節では「諏訪公園の春の花」や「加治の川原の秋の月」が描かれたかと思うと第4節では「誠心誠意師を敬し／剛毅質朴身を持して」などという、修身の教科書のような内容が出てきます。そうかと思えば、第6節では一転して「ベースボールやロンテニス」、「ボートレース」といったスポーツの場面になったりという具合で、たぶんそれぞれ「名勝」、「徳目」、「運動」といった項目に対応しているのでしょう。

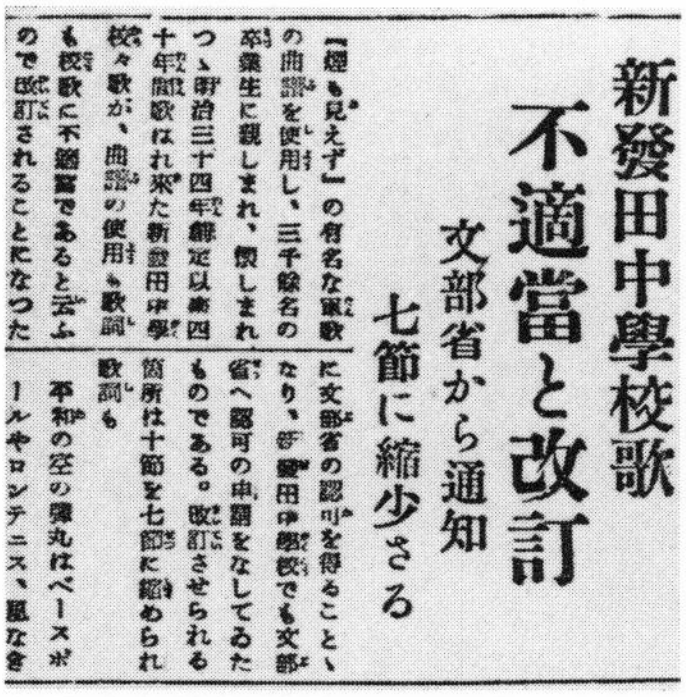
新發田中學校歌
不適當と改訂
文部省から通知
七節に縮少さる

「煙も見えず」の有名な軍歌の曲譜を使用し、三千餘名の卒業生に親しまれ、懐しまれつゝ明治三十四年制定以來四十年間歌はれ來た新發田中學校々歌が、曲譜の使用も歌詞も校歌に不適當であると云ふので改訂されることになつた

に文部省の認可を得ること、なり、新發田中學校でも文部省へ認可の申請をしてゐたものである。改訂させられる箇所は十節を七節に縮められ歌詞も

平和の空の彈丸はベースボールやロンテニス、脆な舍

新発田中学校校歌が不適当とされた際の新聞記事（『新発田新聞』1940.5.16）（『新発田高等学校百年史』）

最初に書いたように、この校歌は今でも歌われているのですが、決して平穏無事に歌われ続けてきたわけではありません。戦時色も強まった１９４０（昭和15）年に、この校歌は文部省から不適当とされ、改訂を迫られたのです。文部省による唱歌の認可制度については、第1章ですでに触れましたが、もともとは小学校を対象としていたこの制度が、その前年の1939（昭和14）年に出された文部省訓令第49号によって、師範学校、中学校、高等女学校、実業学校、青年学校にも適用されるようになり、校歌も含め、学校で歌われる唱歌はすべて認可を要することになったのでした。そのため、これまで特に認可を受けることもないまま長く歌われていたこの校歌に関しても、あらためて県学務局に認可の申請を出したところが、不適当で改訂を要するという通知が戻ってきたという次第でした。

不適当とされた理由は、曲譜が《勇敢なる水兵》のものをそのまま使っていることと、歌詞に敵性語を用いるなどの問題があったということで、全10節のうち、第6、8、10節の歌詞が「不適当」とされました（『新発田高等学校百年史』、419）。たしかに、第6節には、「ベースボール」、「ロンテニス」、「ボートレース」といった語が出てきますから、野球の「ストライク」や「ボール」も「よし」、「だめ」と言い換えさせられた時代であったことを考えれば、そういうこともあろうかという気はします。

もっとも現実問題として、この新発田中学の校歌だけが特に「不適当」と判定されるような理由になっているともあまり思えません。他の曲の曲譜をそのまま使っているということにしても、まだかなりあちらこちらの学校で「替え歌校歌」が普通に歌われていた時代です。歌詞にしても、そういうことを言い出せば、他にも「不適当」と判定されてもおかしくない校歌はまだまだたくさんあったことでしょう。須田珠生が『校歌の誕生』で書いているように、認可の申請に関わるこのあたりの意識に関しては、地域による温度差や個々のケースによる判断のバラツキがかなり大きかったようですから（須田珠生『校歌の誕生』、2020、178‐183）、すでに長いこと歌われてきた校歌などの場合には、実際には申請を出さないまま歌われていた学校もかなり多かったのではないかと思われます。そういう意味では、この新発田中学のケースは「正直者がバカをみた」ような面もあったのかもしれません。

しかしともあれ、「不適当」とされてしまった以上、対応しないわけにはいきません。新発田中学では、この機会に校歌を新たに作り直すことにして、相馬御風に作詞を、中山晋平に作曲を依頼しました。そして、1941（昭和16）年9月9日付の文部省の認可を経たうえで、今後はこちらの新校歌を校歌として用いるということになったのです。

この新校歌ですが、なにぶんにも、1941年という戦時体制真っ只中のような時期に作られたものでもあり、歌詞がすさまじいことになっています。いきなり「神の御恵、父祖の恩／土にゆたけき大平野／軍都の歴史輝ける／この弥栄の地を占めて」とはじまり、第2節には「勅語の聖旨一筋に」などという文言が顔を出し、第3節は「このありがたき大御代に／皇御民と生まれたる／大き任務を果たさばや」と結ばれます。地域の景物が詠み込まれるようなこともなく、最初から最後まで皇国史観・皇室賛美一色のような歌詞です。戦前の校歌には多かれ少なかれそういう匂いがあり、だからこそ戦後に改訂を余儀なくされたわけですが、それにしてもこんなに極端なものは、あまりみたことがありません。

もっとも世の中、何が幸いするかわからないものです。まもなく終戦となりましたから、今度はこちらの新しい校歌の方が「不適当」になったことは言うまでもありません。その結果として、新校歌に取って代わられたはずの旧校歌が再度呼び戻され、今日まで校歌として歌い継がれることになったのです。『新発田高等学校百年史』には、以下のように書かれています。

「校歌が新たに作られることはなかった。戦時中にふさわしくないとして改定された校歌は、戦時色の払拭が叫ばれた戦後すぐに歌われなくなり、もとの『蒲城の東』にもどっていた。明治の軍歌のメロディが新制高校の校歌にふさわしいかどうかの議論はあまりなかった」（『新発田高等学校百年史』、529）

何とも不思議な流れではあります。前章でみたように、各学校で校歌のあり方をめぐる議論がいろいろ巻き起こった状況、そして新発田高校自体も新制高校になるにあたって男女共学になったことなども考えてみるならば、この軍歌由来の「替え歌校歌」にはなにがしかの議論があってしかるべきであったようにも思うのですが、もう一方の新校歌があまりに強烈であったために、そういう論点がかすんでしまったような面もあったのかもしれません。

もっとも、これですべてが片付いたというわけではありません。1965（昭和40）年には、『新発田高校新聞』紙上で校歌改正が話題に上るようになり、全校生徒へのアンケート結果は6割が改正を支持したといいます（『新発田高等学校百年史』、660）。1965年というと、「公害校歌」問題をきっかけに校歌のあり方をめぐって議論が沸騰する時期より少し前になるのですが、新発田高校で校歌見直しの動きがこの時期に出た裏には、どうやら特殊事情があったようです。大阪の朝日放送が制作したテレビのコメディ番組「スチャラカ社員」（1961‐67年放映）の主題歌に、《勇敢なる水兵》の替え歌が使われていたために、あんな曲を校歌として歌うのは恥ずかしい、という意見が噴出してきたようなのです。

しかし二年後に再度行われたアンケートでは、賛否が拮抗する結果となり、結局、それが新校歌に向けた具体的な動きにいたることはありませんでした。改正を訴える意見の一方で、「歌詞をみろ、今のはやりを追ったそんな校歌じゃない。立派な伝統のあるすばらしい校歌だ」（同書、661）というような意見も根強くあったようです。たしかに考えようによっては、「ベースボールやロンテニス」を「平和の空の弾丸」になぞらえるなどという、今のわれわれでは絶対に思いつきそうもない発想は、逆にこの校歌が経てきた歴史の長さや重みを感じさせるものになっているとみることもできそうです。ただ時代に合っていればよいというような一筋縄ではいかない、校歌というジャンルにまつわる機微を垣間見させるようなエピソードと言うべきかもしれません。

4. 旧校歌という「学校文化資源」：兵庫県立兵庫高校

最後に、同じ《勇敢なる水兵》を転用したもう一つの例である、兵庫県立第二神戸中学校（神戸二中、現兵庫高校）の校歌についても簡単に触れておきましょう。神戸二中は1908（明治41）年の開校ですが、《武陽原賦》（白井敏輔作詞）と題された校歌は、翌年の1909（明治42）年に発表されたもので、「名も千載にかんばしき／湊川原の片ほとり／黎明の光身に浴びて／希望に生ける健児あり」とはじまり、第7節まであります。

前章で男女共学化の問題に関連して触れた、神戸一中と「県一」のケースと同様で、戦後の学制改革にともない、こちらは1948（昭和23）年に兵庫県立第四神戸高等女学校（県四）と統合されて、今の兵庫県立兵庫高等学校になりました。「県四」は1942（昭和17）年の設立ですが、戦時だったこともあってか、校歌が作られたのは戦後の1947（昭和22）年という、合併直前の時期のことで、歌詞を生徒から公募し、音楽教員の丸山（塩浜）まさが作曲したものが校歌になりました。8分の6拍子ののびやかな曲想で、二部合唱にピアノ伴奏のついた、「県一」の校歌とも共通する、高等女学校ならではの学校文化の香りが感じられる作品であり、二中の「替え歌校歌」とは好対照をなしています。ここでもおそらく合併に際して、神戸高校と同様の壮大な「異文化接触」の光景がみられたのかもしれません。

校歌は、統合されて再スタートした兵庫高校のためのものが新たに作られましたので、二中と「県四」の旧校歌はいずれも廃止になりました。経緯はもちろんちがいますが、《勇敢なる水兵》のたどった命運という点にかぎってみれば、2008（平成20）年に烏山高校で起こったのと同じようなことが、すでにここでは起こっていたことになります。その後すでに70年以上が経過したわけですが、表舞台から退いた「替え歌校歌」がどんな命運をたどったのか、簡単にみておくことにしましょう。

合併直後の1948（昭和23）年に、兵庫高校は春の選抜高等学校野球大会に出場しました。この大会は新制に切り替わった直後で、まだ校名なども決まっていなかった学校などもあったことから、学校名は旧制の中学校、実業学校のものが用いられ、兵庫高校も「神戸二中」という名前で出ています。この時点ではまだ新校歌が作られていなかったのですが、二中の旧校歌は軍歌由来だということで自粛したとのことです（『創立70周年記念　ゆうかり歌集』、1978、83）。その後、国語漢文教員が合作で作詞し、二中の卒業生である網代栄三が作曲したものが新たに校歌として制定され、現在も歌われています。網代はほかにも《生徒会歌》、《創立一周年記念歌》なども手がけており、東京音楽学校を出て作曲家として活動していたその実力を遺憾なく発揮していますが、この新校歌は、「ピョンコ節」的な付点、逆付点のリズムを基調にした復古的と言っても良いようなつくりになっており、二中の旧校歌のテイストをかなり意識したことを窺わせます。その一方で、全体が二部合唱で書かれており、また最後の部分では「ピョンコ節」とは違う雰囲気を盛り込むなど、過去との連続性を保ちつつ、統合によってスタートを切る新しい学校文化の創出に向けた意気込みを感じさせるものになっているように思われます。

もうひとつ特筆すべきことは、この学校が、前身校も含め、過去に自分の学校で歌われた歌のレパートリーを収集・保存し、また活用してゆくことになみなみならぬ熱意をみせてきたということです。兵庫高校では、創立70周年記念にあたる1978（昭和53）年に『創立70周年記念　ゆうかり歌集』という、校歌や応援歌を集めた歌集を出版しており、また創立100周年の2008（平成20）年にはそれらを録音したCDを制作しています。このような形で自校の校歌や応援歌を集め、周年記念のような機会にレコードを制作したり、学校史の本の付録に楽譜集の形でつけたりするような試みは他の学校にもいろいろ見られはするのですが、これほど曲数が多く、大がかりなものはなかなかありません。

『ゆうかり歌集』には、「想い出のあの歌・この歌」という座談会も収録されており、この1978（昭和53）年という時点でまだ健在であった第1回の卒業生なども参加して、校歌や応援歌にまつわる昔話などを披露しており、歴史資料としても貴重なのですが、そこには、新しい兵庫高校のスタートにあたって、「応援団や新聞委員を兼ねていた当時の生徒会が、今まである歌を収録しようということで歌集を作られ、生徒に配布されました」（同書、89）というような話も書かれています。最初に作られたのは『創立1周年記念　兵庫高校歌集』（1949）というもので、その後何度か新版が出ているようです。当時の在学生の回想によると、この話は音楽教員だった南山庸光を中心に、最初は自然発生的に持ち上がったということのようですが、単に既存のものを収集・記録するというだけでなく、音楽部のメンバーが作詞したり、南山自身が作曲したりすることで新たに作られた部歌や逍遥歌などもいろいろ含まれており、このような機会に音楽部のメンバーなどが中心になって、新たな学校文化を再構築してゆこうとしたさまが窺われます。70周年記念に作られた『ゆうかり歌集』もまた、そういう蓄積の延長線上にその集大成としてできあがったものなのであり、一朝一夕に作られたものではないのです。南山は二中の卒業生で、武蔵野音楽学校（現武蔵野音楽大学）の声楽科を1948（昭和23）年に卒業して母校の教壇に立ったのですが、戦後の新しい時代に向けてフレッシュなスタートを切ったばかりの、こういう若い世代の卒業生が、前身校の伝統を引き継ぎつつ、新時代の学校文化へとつないでゆく、旗振り役を果たしたということになるのだろうと思います。

兵庫高校の同窓会のウェブサイトをみると、2008（平成20）年に創立100周年の記念行事として行われた「ゆうかり芸術祭」という催し物の最後に、卒業生と現役生徒とが一緒になって歌った新旧三校歌の音源をきくことができます。学校の統合によって新校歌が制定されることは、イコール旧校歌が消えてゆくことだと、われわれはどうしても考えてしまいます。そういう目で見ると、「大合併」の時代には文化がどんどんシュリンクしてゆくなかで古い文化が失われてゆく、というようなペシミスティックな感じをいだいてしまうのですが、合併ということは、考えようによっては、前身校の伝統や校風が切断されるどころか、豊かに流れ込むこともあるわけで、自分たちの帰属している文化にさらに奥行きや広がりを与えてくれる時代だというような見方もできるのではないでしょうか。もちろん、時代の経過の中で、過去のものが少しずつ失われていったり、変容していったりすることは避けられないことですし、また何でもかんでも保存すればよいというものでもありません。しかし、自らの周囲にあるさまざまな歌を文化資源として後世に引き継いでゆくことの大切さと難しさ、《勇敢なる水兵》の「替え歌校歌」のたどってきた3つの軌跡は、われわれにそういう問題をいろいろ考えさせてくれるように思われるのです。

第5章　「学校文化」のなかで：校歌を取り巻くインフラストラクチャー

第1節　高校野球と対校戦：校歌・応援歌の文化を育んだ「制度」

ここまでは校歌が歌い継がれてゆく際に、作られたときには想像もできなかったような社会や環境に触れるなかでどのように対応してきたのか、という観点から、校歌自体を中心に考えてきましたが、この章では、校歌自体からは少し距離を置き、校歌の周囲に形作られる「文化」を培うことに貢献してきた制度や組織に焦点をあわせて考えてみたいと思います。というのも、校歌が社会や環境に触れると一口に言いますが、そのことは直ちに、個々の曲が単体として社会の中に放り出されるとか、個々の曲に直接社会的な影響が入り込んでくるというようなことを意味しているわけではないからです。個々の校歌が、単にひとつの歌であることをこえて、ある種の社会性を帯びてくるというときには、必ずそれを媒介する組織や制度が関わっているわけで、校歌の社会性を論じるときにはまず、そのような「インターフェース」部分の仕組みをおさえることが重要になります。もちろん組織や制度と言っても、組織図に書けるような形で規定できるようなものではなく、潜在的な要因がいろいろ複雑に絡み合っているというような話ですから、ここですべてを整理して論じ尽くすようなことはとてもできませんが、その特徴的な一端を取り出してみると、そこにもおもしろいドラマがいろいろ潜んでいることがわかります。

ここでは特に、校歌が校内で歌われる歌であることをこえて対外的な機能を帯びてくる局面として、「応援」という場面に焦点をあててみたいと思います。第2章ですでに述べたように、多くの学校で校歌が作られるようになった背景には、対校試合などの機会が増える中で、自校の応援のための歌が求められたことが大きな要因としてありました。しかしこの関係は、単に校歌自体に対する外的な影響因子として作用したというだけではありません。そのような状況に対応する形で組織化された「インターフェース」部分を介して、校歌というひとつの曲が、他校との関わりの中に置かれたり、学校の外に向けての発信を担ったりという形で社会的な機能を担うことが可能になっているのです。ここではまず、個々の学校という枠をこえた校歌や応援歌をめぐる「文化」がどのように形作られたかということから話をはじめ、そういうなかでそれぞれの学校が作り上げてきた「応援団」という組織やそこにおける吹奏楽の位置といった問題に話を進めてゆきたいと思います。もちろんこの、高校野球－応援団－吹奏楽といった問題系はたぶんに一面的なものです。高校野球や応援団がクローズアップされているのは、本書が旧制の中学校や実業学校などの校歌を中心的なターゲットとして定めて論じてきたことの結果という面が大きく、すべての校歌に等しく当てはまるというわけではありません。今後さらに、もっといろいろなケースを念頭に置いたうえで多様な文化的コンテクストを取り出して論じてゆくことが必要になるでしょうが、校歌の歴史にとって、この「男性原理」的な問題系が大きな力を発揮したこともたしかですので、本書ではとりあえずその部分をおさえておくことを目指します。

校歌というとまず思い出される場面のひとつに、高校野球があります。毎年、甲子園球場で行われる春の選抜高等学校野球大会と、夏の全国高等学校野球選手権大会というふたつの全国大会がはじまると、勝った学校の校歌がテレビから流れてくるのを風物詩のような感じで受けとめている方も多いのではないでしょうか。この両大会はいずれも戦前から続くもので、夏の方が1915（大正4）年（全国中等学校優勝野球大会）、春の方が1924（大正13）年（全国選抜中等学校野球大会）の創始です。1924年夏に甲子園球場が新設されてからは、両者ともずっと甲子園での開催になりましたので、この甲子園という場所が、校歌の表象と切り離し難く結びつく象徴的な存在となりました。校歌はその学校の歌として校内で歌われるものではありますが、スポーツ試合のような対外的な場で「外向け」に歌われることで大きな広がりをみせ、その学校の象徴としての威力を発揮するようになっていることを考えると、この甲子園が、校歌の文化を育んできた重要な場のひとつであることは間違いありません。

じっさい、これらの大会でははやくから校歌が主役ともいうべき役割を果たしてきました。春のセンバツ大会で試合終了後に勝った学校の校歌を演奏して校旗を掲揚する習慣がはじまったのは、1929（昭和4）年の第6回大会でした。1931（昭和6）年の第8回大会では、全出場校19校の校歌を録音したレコードがつくられ、試合の合間に場内に流すとともに、ポリドールから発売もされています（『選抜高校野球大会三十年史』、毎日新聞社、1958）。この第8回大会では、同時に大会の歌も制作されました（1992年まで、長いこと大会歌として親しまれた《陽は舞い躍る甲子園》は、その3年後の1934年に作られた別の曲です）。夏の大会の方でも、1926（大正15）年の第12回大会に大会歌が制定されています。一般に公募して入選した歌詞に信時潔が曲をつけたもので、いま大会歌として使われている《栄冠は君に輝く》は戦後になって作られ、その後を継いだ2代目になります（これとは別に、1935年の第21回大会には富田砕花の作詞、山田耕筰の作曲による「行進歌」が作られており、こちらもまだ入場行進の曲としては現役で使われています）。この時期の甲子園大会ではこのように、各校の校歌だけでなく、大会を彩る歌が次々と投入され、歌が欠かせない役割を果たすようになってきたのです。ラジオの実況中継放送がはじまったのが1927（昭和2）年ですから、このような形で甲子園大会がメディアイヴェント化してゆくなかで、校歌という存在も新たな意味合いをもつようになったということなのかもしれません。

もちろん、いきなり全国大会がはじまったわけではありません。そこにいたるまでのいろいろな下地があり、そういうなかでの蓄積や盛り上がりを吸収する受け皿のような形で最後に登場したのが全国大会であったわけです。そのような下地としてまず考えられるのが「対校戦」です。大学野球の場合には、1903（明治36）年にはじまった早慶戦が下地となって、やがてそこに他の大学が参加するようになり、1925（大正14）年から現在のリーグ戦形式の東京六大学野球大会がはじまったという歴史があります（今でも、東京六大学野球のなかで「早慶戦」が特別扱いされているのは、そのような歴史ゆえのことです）。中等学校の野球の場合にも、同じようなことがみられます。とりわけ旧制中学においては、前にも述べたように、旧制高校への憧れがかなり強かった面がありますので、旧制高校の中で行われていた、一高と三高の定期戦のような「対校戦文化」を模倣する意識もあったのではないかと思われますが、いずれにせよ、このような対外試合が、ひとつの学校の文化が自校のなかだけで完結することなく他の学校との関係性のうちに展開するようになってゆく最初の大きな機会になりえたことはたしかです。そうであるならば、校歌の社会性を育む場としても、対外試合が重要な役割を果たしたことは想像に難くありません。

ここでは岩手県を例にとることにして、盛岡第一高校（旧盛岡中学校）、一関第一高校（旧一関中学校）、福岡高校（旧福岡中学校）という3つの学校の草創期の状況をとりあげ、そのあたりのことをみてみることにしましょう。この3つの学校は、岩手県の野球史のなかの「名門校」です。戦前の全国中等学校優勝野球大会の全国大会への出場回数でみると、岩手県からの出場校は延にして15校になりますが、そのうちの盛岡中学と福岡中学が各5回、それに一関中学は3回で、それ以外は2校（遠野中学、盛岡商業が各1回）だけにすぎません。これらの学校はまた、応援歌の成り立ちについての比較的詳しい記録が残っている学校でもあります。第2章でも述べたように、応援歌は学校が公的に制定するものではないため、なかなか記録が残っておらず、正確な成り立ちがよくわからないことが多いのですが、これらの学校の場合には各曲の成立時期などが比較的明らかになっており、それをフォローしてゆくと、対校戦文化の展開に連動する形で応援歌が整備されてゆくプロセスがみえてくることになるのです。

この地に野球という競技が移入されたのは1900（明治33）年前後のことでした。3校のなかで一番古いのは、1899（明治32）年に仙台一中と試合を行ったという盛岡中学校の記録ですが、盛岡中学校は1902（明治35）年から3年続けて一関中学校と試合を行っていますし、福岡中学校も1904（明治37）年から毎年隣県青森の八戸中学との定期戦を行っていますので、この3つの学校ではさほど大きな時差なしに普及していったとみることができそうです。しばらくの間、対校戦中心の時代が続き、近隣の中学校だけでなく、早大などの大学チームや仙台にあった旧制二高などの「格上」のチームとの対戦も積極的に行っています。そういうなかで大会という形をとるようになった最初のものは、旧制二高の主催で1911（明治44）年に行われた東北六県中学連合野

東北六県中学連合野球大会で対戦する盛岡中学と一関中学（1913）（『白亜校80年史』）

球大会で、最初の全国大会となる全国中等学校優勝野球大会が開始されるのはその4年後の1915（大正4）年のことです。ただし、この第1回の全国大会（まだ甲子園球場ではありませんでした）は周知期間が短かったことなどもあって、東北地方の予選にエントリーしたのは秋田県の3校だけで、岩手県勢は1校も出場せず、盛岡中と一関中が予選に出たのは、次の1916（大正5）年の第2回からでした。しかし、その後は全国大会を頂点とした地方予選の仕組みが急速に整ってゆくなかで、対校戦の占めるウェイトは低下してゆくことになりますので、1900（明治33）年頃から1920（大正9）年あたりまでが、対校戦全盛の時代であったと言って良いでしょう。そしてちょうど、対校戦が花盛りになり、全国大会が形を整えてゆくこの時期こそが、各校で次々と校歌や応援歌が作られた時期でもあるのです。

表4は、大正期以前の時期、この3つの学校それぞれで作られた校歌、応援歌を時系列に沿って一覧表にしたものです。たとえば一番上の盛岡中学のところをみると、今日まで盛岡一高に伝えられている「第一」から「第十」までの応援歌のうち、少なくとも「第五」までの五曲がこの時期に作られています。ちょうど全国中等学校優勝野球大会が開始される1915（大正4）年のあたりから応援歌の本格的な整備がはじまり、応援団の発足した1922（大正11）年前後にかなり集中的に作られていることがわかりますが、この時期にはじまったというわけではなく、それ以前にも一関中学や早稲田大学との対校戦などの機会に応援歌を作る試みが散発的に行われてきていたこと

も明らかになります。

福岡中学の場合にも状況はほぼ似ており、1910（明治43）年の早稲田大学戦の機会に作られているところなど、盛岡中学と全く同じです。実はこの年には、早稲田の二軍チームが東北・北海道遠征を行っており、そのことを聞きつけた福岡中学が練習試合を申し込み、OBでつくっていた「形水クラブ」とともに挑戦したものの、両者とも大敗したのでした。ついでながらこのとき、「形水クラブ」は盛岡中学にも1対19で大敗したとのことですから、この時期の福岡中はまだかなり弱かったのでしょう（『陣場台熱球録：岩手県立福岡高等学校野球部百周年記念誌』、2005、22）。盛岡中も福岡中も、この機会に同時に応援歌を用意したというわけだったのです。福岡中は1918（大正7）年頃から応援歌作りが本格化し、こちらでも応援団の結成された1923（大正12）年から翌年にかけて大量の応援歌が作られています。福岡中の場合には、この時期、応援団幹部や関係者が集まって旅館に泊まり込み、ヴァイオリンが得意だったOBなども引き込んで、応援歌を何曲もまとめて作ったことが伝えられています（『福陵百年史　下巻　読む百年史』、2002、67）。多くは「替え歌」ですが、中に「内藤次郎作曲」となっているものが何曲かあります。この内藤こそが件のヴァイオリンの得意なOBで、即興で歌われたものを何度もヴァイオリンで試奏し、改良したと伝えられています。

盛岡中学にはじめて勝った際の福岡中学応援団の記念写真（1924）（『福陵百年史』上巻）

内藤の話は例外的なケースで、この時期に作られている応援歌

不明	**逍遥歌 （天地の正気）**	**第一高等学校寮歌 （嗚呼玉杯に）**	
不明	**取るなら取ってみろ**	**北大予科恵迪寮ストームの唄 （札幌農学校は蝦夷ヶ島）**	
（福岡中学）			
1906	応援歌 （三葉なる松に泥塗れる）	第一高等学校寮歌 （アムール川の）	対八戸中戦
1910	**第十三応援歌 （天は晴れたり）**	**慶應義塾応援歌 （天は晴れたり）**	**対早稲田戦**
1911	**校歌 （岩手の北台天下の鎮）**	**第一高等学校寮歌 （春爛漫）**	**創立10周年記念**
1918	**第四応援歌 （あの輩は何者ぞ）**	**早稲田大学応援歌 （敵塁如何に）**	**対早稲田戦**
1918	**第一野球部歌 （男神女神の精をとり）**	**第一高等学校寮歌 （嗚呼玉杯に）**	
1918	第二野球部歌 （陣場の山の浅緑）	第一高等学校寮歌 （都の空に）	
1923以前	応援歌 （よろづの敵を物とせぬ）	早稲田大学応援歌 （見よや早稲田の野球団）	
1923	凱歌 （臥薪の夢に）	第二高等学校第二部凱歌	応援団結成
1923	福中生の歌 （三葉の松の繁る福陵に）	不明（内藤次郎？）	
1923	**遠征歌 （紅き血潮の滴りて）**	**北大櫻星会歌 （瓔珞みがく）**	
1923	**第二応援歌 （福中よいとこ）**	**不明**	
1923	応援歌 （偉人の生地福陵は）	内藤次郎作曲	
1923頃	**第一応援歌 （福岡中学は陸奥の国）**	**北大予科恵迪寮ストームの唄 （札幌農学校は蝦夷ヶ島）**	
1924	第十四応援歌 （山河麗し晴れ試合）	第一高等学校寮歌 （紫淡くたそがるる）	
1925頃	哀歌 （鉄路万里をヨー）	内藤次郎作曲	
大正末	第七応援歌 （緑も深き福陵の）	内藤次郎編曲？	
不明	**柔道部歌 （福陵の春）**	**第一高等学校柔道部部歌 （時乾坤の）**	

※太字は2校以上で共通の元歌が用いられているもの

※以下の出典をもとに著者が作成

『白亞校80年史』、『一関一高八十年史』、『陣場台熱球録』、Webサイト「一関一高応援団幹部室」、Webサイト「福陵博物館」

表4　盛岡中学、一関中学、福岡中学各校の初期の校歌・応援歌

制作年	曲　名	元歌／作曲	備　考
（盛岡中学）			
1898〜1900頃	水泳部の歌 （猛暑七旬）	不明	
1903	野球部の歌 （黄金花咲く）	第一高等学校寮歌 （曲名不明）	対一関中戦
1908	**校歌 （世に謳はれし浩然の）**	**軍艦行進曲**	
1910	応援歌 （打って打って打っ飛ばせ）	第三高等学校エール	対早稲田戦
1915	**第一応援歌 （あの輩は何者ぞ）**	**早稲田大学応援歌 （敵塁如何に）**	**当初は運動会のため （あの青白は何者ぞ）**
1918	第四応援歌 （見よ新緑の）	第一高等学校寮歌 （弥生が岡に）	対早稲田戦
1922	第二応援歌 （凱歌、杜陵ぞ弥生）	北大予科恵迪寮寮歌 （都ぞ弥生）	応援団結成
1922	**第三応援歌 （血潮の旗の）**	**第一高等学校柔道部部歌 （時乾坤の）**	
1923	**第五応援歌 （むせぶ悲憤の）**	**北大櫻星会歌 （瓔珞みがく）**	
不明	**第六応援歌 （盛中よいとこ）**	**不明**	
（一関中学）			
1901	野球のほまれ （四百名をこぞる）	唱歌 （元寇）	運動会
1903?	**校歌 （岩手磐井の一関）**	**第一高等学校寮歌 （春爛漫）**	
1907	関中運動会の歌 （花の隧道たどり来て）	萩谷伴雅作曲	学年対抗野球大会
1907	庭球部歌 （吹きすさぶ須川おろしに）	不明	
1917	**野球応援の歌 （チャムピオンフラグ）**	**軍艦行進曲**	**野球部全国出場記念**
1922	**柔道部歌 （骨をも砕く）**	**第一高等学校柔道部部歌 （時乾坤の）**	
1922	剣道部歌 （栄華の夢は）	不明 （寮歌？）	
1924	野球部歌 （混迷辿る）	角田省一作曲	
不明	**ボールにからむ**	**慶應義塾応援歌 （天は晴れたり）**	
不明	打てば勝つ	慶應義塾応援歌 （打てば勝つ）	

のほとんどは「替え歌」なのですが、そこで使われている元歌を調べてみると、3校のうち2校以上で同じものを使っているケースが相当数あることがわかります（表4では太字で表示しています）。もちろん、この地域の学校以外でも広く元歌に使われているものもありますので、すべてが直接的な影響関係ということはありませんが、北海道帝国大学の櫻星会（北大体育会の前身）の会歌であった《瓔珞みがく》といった他ではなかなか見かけないような歌が共通に使われているケースもありますし、盛岡中学の《盛中よいとこ》と福岡中学の《福中よいとこ》のような例を目にすると、どうみても直接的な連関を想定せざるをえないように思われます。旧制一高柔道部の部歌であった《時乾坤の》のように、一関中学も含めた3校全部に共通に使われているものもあります。もちろんこの場合には、盛岡中学の《血潮の旗の》は普通の応援歌ですが、一関中学の《骨をも砕く》、福岡中学の《福陵の春》はいずれも柔道部の部歌ですので、野球ではなく柔道の対校試合でのつながりだろうと思いますが、各校に応援団が形作られてその相互交流が盛んになってゆくなかで、このような形で各校を横断する「替え歌のネットワーク」が形作られてゆく動きの一翼をなすものであったことは間違いありません。

そのような全体的な状況を念頭に置いてあらためて見直してみると、校歌についてもまたこのようなネットワークのなかで生み出されてきたものとして、また違った視界がひらけてくるのではないでしょうか。三校のいずれにおいても、校歌は応援歌の整備に向かう動きの比較的早い段階で作られていますが、なかでも一番はやかったのが一関中学で、1903（明治36）年頃に作られています。すでに述べたように一関中学の校歌は、旧制一高寮歌《春爛漫》の「替え歌」ですが、注目したいのは作詞者が名校長として知られた斎藤直太郎であったことです。斎藤の校長としての在職期間は１９０６（明治39）年から１９１６（大正5）年まででしたから、正確にいうと校歌を作詞した１９０３年はまだ校長に昇任する前だったのですが、この時期から斎藤は異才を発揮しています。表４で校歌の前後のところをみると、１９０１（明治34）年に《野球のほまれ》という応援歌、１９０７（明治40）年に《関中運動会の歌》というのがありますが、実はこれらもすべて斎藤が作詞しているのです。少々穿った見方になってしまうかもしれないのですが、こうした実践が刺激となって、一関中学に続いて、盛岡中学が１９０８（明治41）年、福岡中学が１９１１（明治44）年に校歌を作るような流れが生まれたというようなこともあるいはあるのではないでしょうか。しかも福岡中学に至っては、一関中学と全く同じ一高寮歌の《春爛漫》を元歌に使っているというのですから。もちろん、斎藤の作詞した《野球のほまれ》は運動会のため、《関中運動会の歌》は校内で開かれていた学年対抗野球大会のために作られた曲のようですから、それ自体は対校戦のために書かれたものではないのですが、校歌も含め、それらが対校試合でも使われることで、学校の歌であることをこえた文化としての広がりを作り出していったとみることは決して無理なことではないように思われます。その後の１９１７（大正6）年には今度は逆に一関中学の方が、盛岡中学が校歌の元歌にしていた《軍艦マーチ》を転用して《野球応援の歌》を作るというおまけまでついており、そこからは、これらの学校が相互に刺激し合うなか

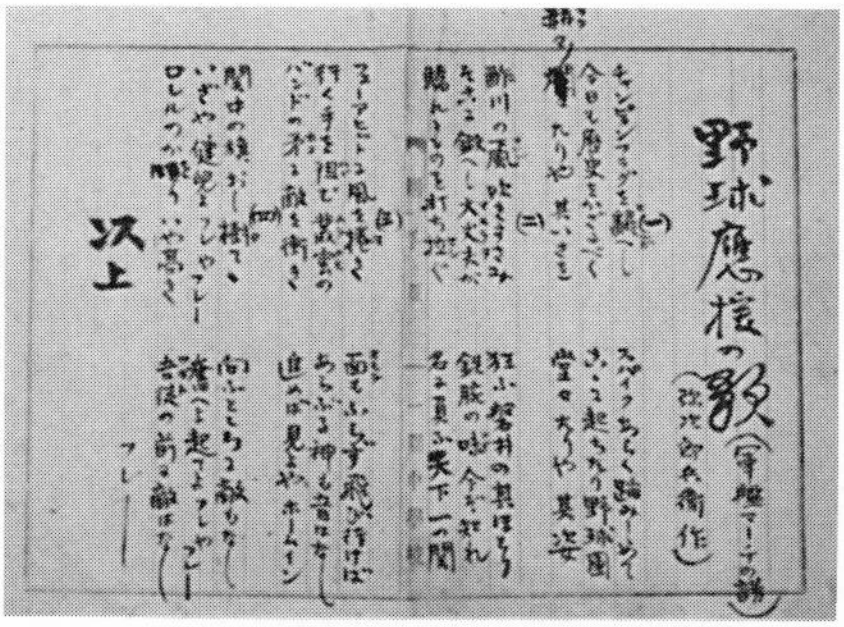

一関中学の応援歌《チャムピオンフラグ》の原本。右下に「軍艦マーチの譜」という指示がみえる（『一関一高八十年史』）

から、応援歌を整備する動きが加速していった様子が窺えるように私には思われます。そして校歌という存在は、こうした動きの核になっていたのです。

ここからは、校歌という存在を支える、文部省を中心に形作られた唱歌教育や学校管理のような「制度」とはまた違った、もうひとつの「制度」の存在がみえてきます。それはもちろん、文部省や教員という「上から」の制度とは違う、生徒のニーズを吸収する「下から」の制度とも言えますが、校歌が生み出される現場では、このふたつは実はそれほど対立関係にあったわけではなかったのではないかという気もしてくるのです。生徒たちは決して、学校側の用意した「制度」に反対してべつの「制度」を作ったわけではありません。むしろ学校に校歌の制定が求められている状況に巧みに入り込み、いわばそこに別の方向から生命を吹き込んでゆくような形で文化を作り出していったのではないか、そして教員もまた、そのような動きに相乗りするような形でその文化に関与した、そんなふうにみることができるのではないでしょうか。

一関中学の校歌の作詞者である斎藤直太郎と福岡中学の校歌の作詞者である疋田剛三はいずれも教員です。それに対して盛岡中学の伊藤九万一は生徒です。しかしそのことを、一方が学校側で、他方が生徒側というような形でみてしまうことは、事態を見誤ることにつながります。

福島県立安積高校（旧安積中学校）の校歌（作詞：校友会、作曲：原田敬二）は、1920（大正9）年に開校記念日が新たに制定されたのを受け、翌年その第一回の式典が行われた機会に、校旗とともに制定されました。それだけみるといかにも学校側主導で作られた印象になりますが、創立から37年もの長きにわたって校歌のない状態が続いていたこの学校に校歌ができるにいたったのは、当時五年生の生徒たちが修学旅行に出かけた先の中禅寺湖の遊覧船上で《ローレライ》の大合唱となり、それをきっかけに「校歌がほしい」という声が高まったのがきっかけだったようです。その結果、歌詞の公募が行われ、30篇をこえる応募作のなかから入選となった3作を中心として国語科教員の大場善四郎らが推敲して作り替えたものが歌詞になりました。作詞が「校友会」となっているのはそのような背景ゆえのことですが、教員と生徒とが微妙に重なり合いながら登場する、このようなあり方は、安積高校のみにとどまらず、この時代の校歌を支えていた文化環境のありようそのものであると言ってもよいのではないかと思います。

甲子園大会をはじめとする、全国規模の大会制度が確立してゆくなかで、応援歌の文化を育んできた「対校戦の時代」は終わりを告げることになったわけですが、このような対校戦の文化は、その後も消えたわけではありませんでした。もちろん、大会のシステムが整ったからといって、一対一の練習試合のようなものがなくなるわけではないというのは当然のことですが、それだけではなく、新制高校の時代になってまた別の形で新たな生命を得て、ひとつの「文化」を形作ることになりました。１９５０年代から60年代にかけて多くの新制高校で、特定の学校を相手に定めて毎年「定期戦」などと呼ばれる対校戦を行うことが慣習化して、学校文化のなかでまた新たな役割を担うようになったのです。

本書でそれについて細かく論じる余裕はありませんので、今後の課題とするほかないのですが、学校新聞などで、この「定期戦」が花盛りであった１９５０年代から60年代にかけての様子をみてみると、「定期戦」という語から想像されるような、単にひとつの競技の勝ち負けを争う対校試合であることをこえた大規模な催し物になっているケースが多く、学校文化のなかで相当大きな位置を占めていたような印象をもちます。運動競技のいろいろな種目が一堂に会する形で同時に開催されるばかりでなく、文化系各部の交流が企画されたり、討論会が開催されたりと、かなり大きな広がりをもっていたことが窺われるのです。

ひとつだけ実例を紹介しましょう。神奈川県立湘南高校では埼玉県立浦和高校との定期戦が1957（昭和32）年から行われるようになり、2002（平成14）年まで計46回にわたって続きました。湘南高校の学校新聞である『湘高新聞』に掲載された関連記事を追ってゆくと、かなり早い段階から廃止論なども出ていた状況の中で、問題点を少しずつ克服しながら少しでも長くこの行事を存続させようと努力を重ねた様子が伝わってきます。

定期戦を続けてゆくというのは実はかなり大変なことです。特にこの湘南と浦和の場合、双方の学校がかなり離れているため、物理的な移動だけでも大変で、初期の頃は臨時列車を仕立てたり、貸切バスをチャーターしたりというようなこともやられていたようですが、だんだんそれも難しくなってきた状況下で皆が参加できる魅力的な場を作り、維持してゆくのは大変なことでした。また、湘南は共学校であるのに対して浦和は男子校であるとか、部活動の仕組みが、湘南は全員加入制であるのに対して浦和は自由登録であるなどの制度的な違いなども障害になって、対校試合に直接参加できない生徒をどのように引き込むかも大きな課題になりました。

1960年代末から70年代にかけての『湘高新聞』の浦高戦関係の記事はもっぱらそのテーマでもちきりで、クラブではなくクラス単位の交歓会を新企画として催したり（第142号、1974年6月22日）、クラブに属さない人のための一般選抜による種目を設けたり（第146号、1975年6月21日）といった工夫もいろいろなされています。ついには、百人一首大会、うたごえ、ジャンケン大会や椅子取りゲームまで盛り込む状況になったようですが（第150号、1976年6月19日）、それも対抗戦を単なる運動部の生徒だけのための競技大会にしてしまわずに、学校をあげた交流企画として盛り上げようとする努力の賜物にほかなりませんでした。

そういうなかで開始当初から、校歌や応援歌は大きな役割を果たしていました。今までに述べてきたさまざまな企画は、あるいは参加者を増やすための苦し紛れのもののように受け取られたかもしれませんが、そういうわけではありません。定期戦のはじまった段階から、それを単なる競技大会以上のものにしようとする意志は明確に認められます。開会式での入場行進やブラスバンド部によるファンファーレ演奏などは当初から行われていますし、第2回には、当番校の湘南高校の生徒たちが沿道で出迎えるなか、到着した浦和高校の生徒たちが先頭のブラスバンドに導かれて最寄りの藤沢駅から学校までパレードしたりもしています。そういうなかでとくに「応援合戦」のようなものは、当初から中心企画であっただけでなく、皆が参加できる環境を作るためのテコ入れ策としても重要視されました。1963（昭和38）年には開閉会式で歌うための「浦高湘南定期交歓戦の歌」が全部で3曲、両校合作で作られたりもしています。1971（昭和46）年4月6日（第130号）の「どうなる浦高戦」という記事では、両校の協議で基本方針として「応援重視」ということが決まったということに加えて、そのために特に開閉会式が重要であるから、「特に開会

湘南・浦和定期戦の一コマ。藤沢に到着した浦和高校メンバーがブラスバンドの先導で湘南高校までパレード（1960）（『湘南五十周年誌』）

為櫻新聞
第81回定期戦開幕
2018年（平成30年）
5月4日
木曜日
発行所
茨城県立下妻第一高等学校
新聞部
花魁道中。両校学校長を先頭に、生徒会長・應援團・吹奏楽部がテニスコート横を行進し、定期戦の開幕を飾った＝テニスコート横、知久侑樹撮影。
下妻一高・水海道一高の定期戦開幕を報じる下妻一高の『為桜新聞』の号外（2018.5.4）

式においては、浦高に圧倒されてしまうように感じられる校歌、一連の浦高戦交歓歌はぜひとも当日までに歌えるようにしておきたい」などというメッセージが付け加えられています。応援参加を呼びかけるために、校内放送で校歌や応援歌、昔の応援歌などを流したということなどもあったようです（190号、1986年6月21日）。

対校戦は1960年代を頂点として、徐々に下火になり、そのほとんどは消滅してしまいましたが、それまでの間、実施している学校はどこでも、それを単なる各クラブの競技大会以上の全校をあげた行事にしてゆくためにさまざまな工夫をほどこしていました。未だに存続している稀有な例である茨城県の下妻第一高校と水海道第一高校との定期戦は、「常総の早慶戦」などとも称され、1947（昭和22）年の開始以来、2024（令和6）年現在ですでに87回を数えていますが、近年では両校応援団の「睨み合い」が名物となり、YouTubeなどを賑わしています。応援団にもめっきり女子生徒が増えて様変わりする状況のなかで「伝統行事」として引き継がれている姿を目の当たりにするにつけ、形こそ変わっているとはいえ、対校戦の文化の孕んでいた潜在的な力が発揮される局面が未だ決して消え失せているわけではないことを感じさせられるのです。

第2節　「バンカラ応援団」の虚実：「応援歌指導」の現在地

校歌という存在を支えるインフラストラクチャーとして、前節では野球の甲子園大会に代表される、対外的な運動競技という場を取り上げ、そういうなかで校歌や応援歌が育まれ、機能してきた経緯について考えてきたわけですが、そのような場について考えてゆく上で不可欠となるのが応援団という存在です。校歌や応援歌の整備への動きが、対校戦の発展にともなって応援団が組織される動きと連動する形で起こってきたことは、すでに述べてきましたが、今度はその応援団の側にあらためて焦点をあてる形で考え直してみたいと思います。

応援団という言葉をきくと、皆さんはどのようなイメージを思い浮かべるでしょうか。もちろん、競技の種類や学校の歴史などによって、応援団の実態はさまざまではあるのですが、ひとつの典型的な表象として、今どき誰も着なくなってしまったような学ランを身にまとい、「押忍」などという意味不明な挨拶をかわす、独特な文化を身につけた集団、そんなイメージを思い浮かべられる方が多いのではないでしょうか。応援団のこういう体質は、戦前の旧制中学校に起源をもつ、「伝統校」と呼ばれるような学校にはしばしば残っています。その種の「伝統校」の出身者のなかには、入学した途端に体育館に缶詰にされて、この学ランのお兄さんたちが仕切る「応援歌練習」などという行事に参加させられたときのことを「恐怖体験」として思い出される方などもあるのではないでしょうか。

「バンカラ応援団」などと呼ばれる、こういうタイプの応援団には、毀誉褒貶がつきまとっています。「弊衣破帽」の身なりや、「放歌高吟」という振る舞いのなかに、現代社会においてはほとんど失われてしまっている、旧制高校に代表される、古き良き時代の精神がかろうじて受け継がれているると考え、いまや「絶滅危惧種」となりつつあるそのような存在を、日本の良き伝統として擁護するような立場が一方にあります。しかし他方には、そのようなあり方を時代錯誤として否定し、むしろその弊害を問題視するような立場もあります。数年前に、ある写真週刊誌に「〝東北の超名門〟を生徒が告発　絶叫強制！パワハラ応援歌練習」という記事が出たことがあります（『FLASH』2021年6月1日号、光文社、76）。「入学直後の新入生に応援歌を覚えさせ、在校生としての自覚を促す」行事であるにしても、「竹刀を振り回す上級生に威圧されながら、応援歌を絶叫して歌うことを強制させられ」たり、「少しでも歌詞を間違えたり、止まってしまうと罵声を浴びせられ」たりといった状況はハラスメントとしか言いようがないのであり、しかも学校側も「伝統」を大義名分にそれを放置している、そういう状況を告発する記事でした。この記事では、盛岡一高、花巻北高校、水沢高校など、岩手県の「名門校」の在校生や卒業生の証言が取り上げられていますが、岩手県にはこのような「バンカラ応援団」の「応援歌練習」の風習が残る学校がこの三校以外にもいくつかあります。前節で応援歌の成り立ちを論ずる際に取り上げた盛岡中学（盛岡一高）、一関中学（一関一高）、福岡中学（福岡高校）はいずれも、その「バンカラ応援団」がしばしばテレビなどで紹介されてきた学校でした。

これはなかなか厄介な問題です。たしかに、時代が変わり、価値観が変わることで、以前からの応援団のあり方が時代錯誤的なものになり、そのあり方を問われるようになることは、当然ありうることです。ましてや、ハラスメントというような問題になってくれば、伝統という一言で片付けてしまい、あとはOKというわけにはいかないのはもちろんのことです。ただ、応援や応援団が、

盛岡一高の応援歌練習（『白堊校百年史』）

長い年月をかけてさまざまな人々によって形作られ、変容を重ねてきたひとつの「文化」である以上、今のわれわれの価値観だけから一方的に断罪して済むほど話は簡単ではありません。さまざまな文化的コンテクストや歴史的背景と関わりながら、応援が「文化」として成り立ち、変容してきた歴史をきちんと見直した上で議論することが求められることになるでしょうから、応援自体を中心的なテーマにしているわけではない本書には手に余る問題で、本格的に論じることはなかなかできません。ただ、応援に関する研究が近年だいぶ増えてきていることはたしかです。文化人類学を中心に、スポーツ社会学、民俗芸能研究などさまざまな領域の研究者が寄稿した『応援の人類学』（丹羽典生編著、青弓社、２０２０）などという論集も刊行されています。そういうなかで、「バンカラ応援団」についての研究もいろいろ出てきていますので、ここではそのような最新の研究の一端だけでものぞき見てみることにしたいと思います。というのも、時代に合わないとされながら、その状況をくぐり抜けて生き残り、それなりの存在感を発揮している、この「バンカラ応援団」のありようは、本書でこれまでにみてきた校歌というもの自体のありようにどこか重なり合うようにも思われるからです。

「バンカラ応援団」に特化した最新の研究として、瀬戸邦弘のものがあります。前記の論集『応援の人類学』に寄稿した「伝統校という歴史空間を構築する応援団」（同書、

146－174）では、本書でもこれまで何度か話題に出た盛岡一高の応援団を事例として、この応援団の一年間の活動に密着した調査にもとづく考察が行われています。さらに「応援文化論：文化装置としての応援空間」（『スポーツ社会学研究』31－1、2023、55－70）は、それらの考察をさらに一般化させ、深めた形での議論になっています。ここで詳細に説明する余裕はないのですが、注意すべきことは、瀬戸がこの種の応援団を、合理性をこえた、ある種の呪術性をもつ存在として位置づけようとしていることです。新入生は応援歌練習に参加させられることで、歌のみならず、はじめて身を置くことになるこの新しい共同体の作法や価値観を自らの身体にしみこませてゆくことになるというのが瀬戸の議論のポイントですが、「応援歌練習」は言ってみれば、この共同体にはいるための入信儀礼のようなものであり、応援団は、異次元の世界から降臨する、一種の「来訪神」のような存在として、いわば治外法権的な状況を作り出すことで、通常の合理的なコミュニケーションによっては伝えることができないような、この共同体の中で育まれてきた感性や価値観を新入生に浸透させてゆく役回りを担っているというのです。

この応援団特有のわかりにくさを端的に示しているものに、長野県の松本深志高校の「應管（應援團管理委員會）」という組織があります。松本深志高校もまた、旧制松本中学校以来の長い伝統によって培われた独特の文化をもつ学校で、やはり「応援歌練習」などの行事を仕切っているのがこの「應管」なのですが、この組織が、この学校における生徒の「自治」を担う切り札的な存在になっているというのです。これについてもつい最近、研究が出されています（井上義和・加藤善子編『深志の自治：地方公立伝統校の危機と挑戦』、信濃毎日新聞社、2023）。こちらは共同研究で、いろいろな立場の研究者の討議を通して、同じ事象についての捉え方の多様性がみえてきて、なかなかおもしろいのですが、このなかでもやはり「應管」を、生徒会のような「表」の制度で合理的に割り切れないような部分を取り仕切る、「裏」の仕組みとして位置づけるような捉え方が提示されています。「應管」のみせる異形の立ち現れによって、合理的な日常のモノサシをリセットすることで、深志の百数十年の自治の歴史を形作ってきた先人たちの魂を呼び起こし、それらを受け止めることのできる身体へとつくりかえることが可能になるのであり、そのようにして「表」と「裏」とがまさに表裏一体となることで、深志の自治は成り立っているというのです（井上義和「應管と舞装：伝統を更新する深志生」後編、同書、147-158）。

もちろん、この種の議論にあまりに傾きすぎると、すべてを神秘化・ブラックボックス化して片付けてしまうような話になってしまいかねないので注意が必要ではありますが、応援団という存在には、合理的な説明を拒むような独特のわかりにくさがあることはたしかで、それを論理的に説明しようとしてもどうしてもある種の据わりの悪さが残ってしまう、そんな感じがあることは否定できません。そしてまた、いろいろな学校の学校新聞をみていると、生徒会などの学校組織のなかに応援団をどのように位置づけるかということがなかなか一定せず、どこの学校もいろいろ苦心していたことがよくわかります。そしてまた、そのことで生徒総会がもめたり、手続き上のことに由来するトラブルなどが生じたりといった事例もあちこちで生じているのです。

このことは、ひとつには、応援団という組織のもっている、他の部やサークルなどとは似て非なる、特殊な性格に由来しています。応援という行いは、べつに特別な団員だけがするものではなく、理念とすると、生徒全員で一緒になって行うものであるべきだということになるでしょう。松本深志高校の場合にも、生徒全員が応援団員であるというタテマエがまずあって、「應管」はそれを統制し、指導する役をたまたま担っているにすぎないということになります（「應援團管理委員會」という名称になっているのはそのような理由ですが、ほかにも同じ理由で「応援指導部」等々の名称を用いているところもあります）。そのために多くの学校で、他の部やサークルとは違って、独立組織として位置づけたり、執行部直属にしたりと、組織上の工夫をいろいろこらしているのですが、どうしても収まりが悪く、活動の根拠や権能が曖昧になりがちです。しかし逆にそういう曖昧さが、学校内でのなかなか合理的に割り切れない部分を吸収し、引き受けるために利用された面もあるのではないかという気がします。さらに言うなら、そういう非合理的な部分をいろいろ担わせるために、あえてそういう存在を曖昧な形で残したという面すらあったのかもしれません。

応援団をめぐる歴史をみていると、たしかに、そのあたりの曖昧さが独特の機能を果たしたような事例がいろいろ出てきます。ここでは、沼津中学校（現沼津東高校）の事例をご紹介しておくことにしましょう。沼津中学校ではすでに大正末期あたりから「応援歌練習」が行われていたようなのですが、『沼津中学・沼津東高百年史』（2001）から応援団に関する記載を拾い上げてみると、これをめぐるトラブルのようなものは、何も今にはじまった話ではないということがよくわかります。1934（昭和9）年頃から応援歌練習が厳格になり、ときには暴力を伴うようになったとのことで、1936（昭和11）年には応援団の制度改革が行われています。旧来の応援団を廃止して「学友団」という組織に再編成することになり、狭義の応援にとどまらず、校内の「風紀の向上」に資するという方向性が強く打ち出されています（『沼津中学・沼津東高百年史』上巻、427）。興味深いのは、この改革を主導したのがどうも学校側だったらしいということで、応援団改革の声が上級生の中からあがったことがきっかけであったのはたしかなのですが、どうも学校側がこの機をとらえて巧みにこのような方向付けを仕向けたようにも思われるのです。

また、1942(昭和17)年当時に在学していた生徒の回想によると、毎年行われていた応援歌練習がこの年には中止になったということがあり、これもまた、当時担任だった教師が生徒に働きかけて、それを受ける形で生徒の中に中止の動きが広がっていったというような背景があったようなのです(同書、567)。生徒の「自治」というタテマエを守る一方で、そのなかに巧みに学校側の意向をすべりこませ、一種の「間接支配」を達成していたともいえるわけで、位置づけに曖昧なところのある応援団が、そのための装置として機能していたとみることもできるかもしれません。

戦後、学制改革で沼津東高になってからも、応援団のこの曖昧な位置づけに関わる問題は続きます。戦後の応援団は1947(昭和22)年に新たに立ち上げられたのですが、1952(昭和27)年には「応援団事件」と呼ばれる出来事が起こります(同書、722)。これは応援委員の選出にあたって応援団が自治会の代議員会と衝突したもので、応援団側が、団の運営が円滑に運ぶよう、積極的に協力・活動してくれそうな生徒にあらかじめ目星をつけて団員に任命しようとしたところが、代議員会に拒否され、強行突破をはかろうとしたために騒ぎになったのでした。応援団は一応自治会の組織として位置づけられるようにはなっていたものの、その組織機能は明確でなく、応援団運営規程なども作られず、団員の決め方や位置づけも曖昧のままになっていました。そのため、団を運営する立場からすれば、各クラスから応援委員を選出するというようなやり方では十分ではなく、応援の質を向上させ、納得のゆく活動を展開してゆくことを考えたら、自分たちの眼鏡にかなったメンバーを一本釣りで集めるほかないと考えたであろうことは、なんとなく想像ができます。高度な技量を発揮することが求められる一方で、生徒全員を代表する組織であることを求められる、応

学而新聞

応援歌練習

非協力的な生徒側

問題の応援歌練習風景

不振の原因は？

校内の意見を聞く

応援歌練習の問題点を特集した会津高校の『学而新聞』の記事（1958.6.2）

援団特有のそんなあり方ゆえに起こった事件であったことは間違いありません。

　このような状況が見られたのは、沼津中学校だけではありませんでした。もうひとつ、福島県の会津高校（旧会津中学校）の例をご紹介しておきましょう。この学校もまた、旧制中学校の時代からの応援団の歴史がありました。戦前には、上級生による説教やびんたなどの「気合い入れ」の事例などもあったようですが、どうやら学校側は黙認していたようです（『会津高等学校百年史』、475）。さすがに1931（昭和6）年にリンチ事件が発生した際には中心になった生徒が処分されたようですが、「校風の涵養」の一環という解釈で、かなりの部分は許容されていたようであり、そういう形で学校側とつながっていたところは、沼津中学校の場合とも共通しています。

　会津中学校でも戦後新たに応援団が結成されます。新たな応援団の結成に向けた『学而新聞』の論説には、「昔日の応援団は暴力者の集団であり、応援団の本質を無視した野獣の闘争であった」とあり（第8号、1949年6月27日）、かつてのそのような悪弊を排除した明朗な応援団として新たに出発しようとする決意が伝わってくるのですが、実際にはそんなに簡単にはいきませんでした。『学而新聞』には1950（昭和25）年の新入生のための「応援歌練習」の様子を報じる記事が出ていますが、「暴力行使はないが、怒号と蛮声の一時間」で、まとまりのない練習だったと書かれています（臨時号、1950年4月27日）。その後も同様の状況が続いたようなのですが、興味深いのは、これらの記事のトーンが必ずしも、応援団の「暴力体質」を一方的に批判するようなものになっていないということです。たとえば1958（昭和33）年には応援歌練習が必ずしもうまくいっていないことがとりあげられ、特集記事になっているのですが（第67号、1958年6月2日）、「非協力的な生徒側」という見出しが掲げられ、「手はずの不手際から意見がまちまちで進行させられないでいる特別応援団を退目に肝心の生徒は列をみだして各々勝手なヤジをとばし、別な歌を歌って騒いでいる。三分の一の生徒はろくに帽子も振っていない」などと書かれています。応援団側の、指導に計画性がなく、怒鳴ってばかりいるようなやり方に問題があることが一因であることを指摘する一方で、生徒の側の自覚や愛校心の欠如ということも、かなり大きな問題としてクローズアップされています。別の言い方をするなら、校歌や応援歌を教えるという応援団の本分を踏み越えたような、まさに「風紀の向上」や「校風の涵養」といった大問題が問われるような局面になっているわけで、そのことは、応援団の位置づけの曖昧さにある意味つけこんで、学校側が応援団に過剰な役割を負わせてしまったことによる置き土産というような面もあるかもしれません。

会津高校でもやはり、沼津東高校と同じような、「応援団事件」が発生しています。1964（昭和39）年7月20日の『学而新聞』（第92号）には、応援団の「内紛」についての大きな記事が掲載されています。それによると、応援団の一部生徒が、応援団の権威をより増大させるためにより威嚇的なやり方にしてゆくという方針を主張して秘密裡に会合をもち、それに合った団員が選ばれるような裏工作をしていたことが発覚したというのが事の次第でした。沼津のケースでもそうですが、こういう事案が出てくるとわれわれはどうしても、「戦前の暴力体質がまだ残っていた」という形でネガティブに捉えてしまい、そういう体質を一掃して明朗な応援団を作ることこそが求められているというふうに思ってしまいます。しかし、本当にそういう問題なのでしょうか。

もちろん、「暴力集団」の弁護をするつもりはないのですが、そういう形ですべての責任を応援団側に帰してしまうのは、ちょっと違うのではないかという感を禁じ得ません。ここにいたる過程で、「風紀の向上」や「校風の涵養」など、応援団が、ある意味過剰に役割を担わされてきた歴史を考えてみるならば、そういう問題にどのように対処したらよいのか、クラスから選出された応援委員が担当するというようなタテマエ的なやり方で、本当にそういう問題が解決できるのか、といったことを本気で考え直してみることが求められるのではないか、そんな気がするのです。非合理的で時代錯誤だと、誰もが感じながら、しかしあのような「バンカラ応援団」が今なお機能しているというのは、そういう問題を誰も解決できずにいるからなのではないか、そんな風にも思ってしまうのです。

学友会や生徒会が生徒の自治を「表」の部分で仕切っている「裏」で、学校側の意思なども微妙に反映しつつ、着地点をはかるような役回りを応援団が担ってきた、こういう歴史をみてくると、これまでに挙げた盛岡一高、沼津東高、会津高校だけでなく、多くの「伝統校」に残っている「バンカラ応援団」に対する見方も、だいぶ変わってくるのではないでしょうか。先輩から受け継がれたボロボロの学帽や学生服を身に纏い、蛮声を張り上げている姿をみると、どうしても伝統の残滓であるかのように考え、これらの学校が、消えゆく伝統をかろうじて「保存」しているかのような一面的な捉え方をしてしまうのですが、実際には「バンカラ応援団」はつねに「現在形」なのであり、時代によって、また学校によって、求められた状況に対応する形で、かなり多様なあり方を示しているのです。

かつてＮＨＫの教育テレビ（現在の「Ｅテレ」）で放送されていた「ファイト！」という若者向けの番組で高校の応援団が取り上げられ、熊本県の済々黌高校（旧中学済々黌）と熊本高校（旧熊本中学）というふたつの学校の応援団が紹介されたことがあります（1992年4月11日放映）。毎回ふたつの団体が出場して競うという設定の番組でしたので、一見しただけではどちらも同じ「バンカラ」風の応援団イメージでひとくくりにしてしまいそうなこのふたつの学校の応援団が、よくみるとかなり対照的な性格を具えていることがみえてくる、とてもおもしろい番組でした。実はこのふたつの学校、元をたどればひとつで、１８８２（明治15）年に設立された済々黌（のちに熊本県中学済々黌と改称）が１９００（明治33）年にふたつに分離し、その一方が熊本県立熊本中学校になったという歴史をもっています。分離するにあたって、一種の差異化がはかられ、かなりバンカラ色の強かった済々黌に対して、熊中の方はむしろ、モダンでハイカラな色合いを前面に出しました（熊中では「士君子教育」というのが校訓になっていますが、この「士君子」は、英語の「ジェントルマン」を訳したもので、イギリスのパブリックスクールをモデルにしたとのことです）。そうは言っても、一見しただけではとても「洋風」などとは言えないコワモテの応援団なのですが、そういう成り立ちを知って見てみると、裸足や下駄履きがトレードマークになっている済々黌とは違い、熊高の方は革靴姿が基本になっている、といった微妙な違いが際立ってくるのです。「バンカラ」のイメージでひとくくりにして片付けられないこういう多様性は、校風の確立を担うべく歴史を重ねてきた応援団が、地域の状況や時代の要請にこたえて、実はきめ細かく対応してきた状況を物語っているとも言えるのです。

少し話がそれてしまうかもしれないのですが、ここで出てきた「下駄履き」というのは、「バンカラ」のあり方を考える際のメルクマールになる、なかなか面白い問題です。いろいろな学校新聞をみていると、1950年代後半から60年代初頭にかけて、多くの伝統校で下駄履きが禁止になり、そのことをめぐって反対運動が起きるというような動きがあったことがわかります。『済々黌新聞』の第80号（1961年10月7日）には「ついに下駄ばき禁止」というトップ記事がみられます。「無視された生徒の意見」という見出しがつけられており、学校当局から説明会が行われたものの、生徒から質問が出て会場が騒然となった様子が報告されています。学校側は禁止に踏み切った理由として、ひとつは社会道徳上の問題として、図書館や音楽会などに下駄をはいて行き、一般人に迷惑をかけるようなことが頻繁におこっていること、もうひとつは下駄の盗難が多く発生しており、靴にすることで減少が期待されることなどを挙げています。それに対して生徒のなかからは、下駄履きは質実剛健を旨とする済々黌の伝統であり、また、履きやすく便利な下駄の禁止を一方的に押しつけるようなことは認められない、といった反発の声があがったという構図だったようです。

しかし、いろいろな学校の戦前の服装規程の状況を調べてみるとわかることですが、旧制中学校の場合、靴履きを原則としているところが大半であり、とりわけ戦時体制下では、軍靴を着用してゲートルを巻くことが求められましたから、下駄履きが「伝統」であったなどということはありません。むしろ下駄は、戦争末期からの物資不足で靴の入手が難しくなったため、やむをえず認められたことで一般化したということだったようです。1960（昭和35）年前後の「下駄履き禁止問題」にかかわるいろいろな学校でのやりとりをみていると、そういう経緯を知った上で「本来」のあり方に戻そうとする教員側に対し、生徒の側はそういう経緯を知ってか知らずか、便利な履き物が禁止されることへの反対の方便として「伝統」を持ち出しているように見えないでもありません。

ひとつおもしろいのは沼津東高校の対応です。ここでもやはり、1954（昭和29）年に生徒課が下駄履き禁止を打ち出そうとしたのですが、生徒の反対運動が起こり、その主張を尊重することで禁止は見送られました。生徒の主体性を尊重するという観点から、学校側として強制はしないということになったようですが、興味深いのは、こうした生徒側の反対の背景に、旧制高校の高下駄、マント姿への憧れがあったことが指摘されていることです（『沼津中学・沼津東高百年史』上巻、620）。考えてみると、新制高等学校は当初、その名称からしても旧制高等学校との対比で論じられる傾向が強く、その教育内容の程度が旧制高校よりもかなり下がっていることが指摘されたりもしていました。旧制中学校時代から旧制高校への憧れは強く、校歌や応援歌に旧制高校の寮歌が多く用いられたのにもそういう背景があったことは第2章で述べましたが、1950（昭和25）年の旧制高校の廃校からまだ時間が経っていないこの時期であれば、そのような空気があったことはごく自然であったように思われます。その結果、沼津東高校では他の学校での対応と異なって、下駄履きを容認する形になったため、その後、下駄がシンボルのひとつとなってゆき、応援に「下駄踊り」が登場することにもなりました。いずれにせよ、新制高校の文化が確立してゆくなかで、下駄の表象が再編成され、「伝統」が創出されたことは間違いのない

沼津東高校名物の下駄踊り（『沼中東高八十年史』）

ところです。応援団にいま引き継がれている「伝統」の多くは、それぞれの時代の空気のなかで絶えず問い直され、再編成された結果にほかならないのです。

「バンカラ応援団」は決して、旧制中学時代の「伝統」をそのまま引き継いだわけではありません。岩手の一関一高（旧一関中学）は、「バンカラ応援」の残る代表的な学校としてテレビなどでもよく紹介されますが、現在に至るまでの過程を振り返ると、意外な話が次々に出てきます。そもそも初期の応援団の服装自体からして、いまわれわれが考える「バンカラ風」とはほど遠い感じです。１９２７（昭和２）年に応援団の幹部が団旗の前にユニフォーム姿で整列している写真が残っており（『岩手県立一関第一高等学校七十年記念誌』、１９６８、40）、野球選手のユニフォームのようないでたちで、靴をはいているのですが、戦後の１９５８（昭和33）年頃にはポロシャツ・スタイルのユニフォームが導入されています。このポロシャツ・スタイルはこの当時、東京六大学の応援団で一般的だったもので、一関一高の当時の応援団長が自費でわざわ

［上］ユニフォーム姿の初期の一関中学応援団（1927）（『七十年記念誌』）　［下］ポロシャツ・スタイルの戦後の一関一高応援団（『温故知新』）

ざ早慶戦の応援見学に出かけて仕入れてきたという話まで残っています（『一関一高八十年史』、1978、141）。大学をモデルにしたという意味では、旧制時代の延長線上ともいえるかもしれませんが、時代の先端をゆくスマートな応援スタイルを志向する方向性が前面に出ています。また、男女共学化直後の応援歌練習については、音楽部の混声合唱でやったなどという話が出てきて、これにも驚かされます（同書、135）。

共学化直後のこの時期、一関一高では校歌改正をめぐる議論が高まり、結局旧校歌が存続したものの、それと別に新たに《一高讃歌》を作ることで決着したという話は、すでに第3章で書いた通りです。この《一高讃歌》の作曲をしたのが、1949（昭和24）年に音楽教員として赴任し、1965（昭和40）年まで在籍した古藤孝子でした。古藤は戦前は大連高女に勤務しており、一関一高に高等女学校の音楽文化を持ち込んだとみることもできるかもしれませんが、その後、音楽部の指導にあたり、全日本合唱コンクール東北大会で何度も入賞するなどの成果を上げる一方で、校歌や応援歌の楽譜化や編曲にも取り組みました。いま、YouTube では、一関一高音楽部の歌っている校歌を聴くことができますが、旧制一高寮歌《春爛漫》に由来するあのピョンコ節の校歌が、「バンカラ応援団」からは想像もつかない美しい二部合唱になって聞こえてくることに驚かされます。ともすると「バンカラ応援団」イメージが先行してしまいがちな一関一

創設当時の一関一高の音楽部（前列中央が古藤孝子教諭）（『温故知新』）

高の校歌ですが、決して「バンカラ」一色に塗りつぶすことのできない、多様な広がりをもった学校文化を形成してきたのです。

一関一高応援団では、その後1995（平成7）年にも「バンカラ応援」のあり方が議論になり、いったん廃止されるという出来事がありました（「一関一高応援団幹部室」ウェブサイト、「バンカラの廃止と復活」、http://www12.plala.or.jp/hakanz/top.html）。その後はまた復活していますが、それは決して伝統を受動的に継承しているわけではなく、絶えず問い返しを重ねつつ積極的、能動的に選択した結果であることを、われわれは理解すべきではないでしょうか。

「応援歌練習」に典型的にみられるように、いまの応援団のあり方にはたしかに、いまこのご時世にいかがなものかと思ってしまうような時代錯誤的な部分が残っていることは事実かもしれませんが、その一方で、時代の変化の中で、その状況を見据えつつ、着地点を探そうとする不断の試みがなされていることもたしかです。2000年代にはいってから、済々黌高校でも、会津高校でも、そして松本深志高校でも、続々女子の応援団長が誕生しています。どこの学校でも応援団が慢性的にかかえている団員不足という問題に対して、女子団員の増加が救世主的な存在になっているという話もあります。女子生徒が、従来の応援団長と同じ学ランを着て絶叫している様子をみると、このようなやり方だけが最善の解決策なのだろうかという疑問も感じないわけではありませんが、これも慣れの問題という面もあるでしょうし、いろいろな試行錯誤の中でまた違った方向性が見いだされてゆくのかもしれません。一見、滅び行く文化の「保存」のようにみえるような事象ではありますが、否そのような事象であるからこそ、この「バンカラ応援団」の事例は、文化というものがつねに生きた「現在形」のものであるということを実感させてくれるのです。

第3節　吹奏楽部という切り札：音楽と応援のはざまで

応援団の話になったからには、吹奏楽のことにも触れておかなければなりません。いま高校野球の応援シーンをイメージする際に、吹奏楽は欠くことのできない要素になっています。最近では、野球そのものよりも応援団の吹奏楽の方に興味を感じる人なども出てきているようです。『ブラバン甲子園大研究』（梅津有希子著、文藝春秋、２０１６）などという本も出ており、学校ごとの吹奏楽部の特色や、それぞれの学校が応援の際に演奏するレパートリーなどについて、びっくりするほどさまざまな蘊蓄が傾けられています。また、日本の学校における吹奏楽の独特のあり方や、そこにいたるまでの明治以来の来歴といった問題も、日本における西洋音楽受容のあり方を考える上で実に興味深い、また重要なテーマではあるのですが、大きすぎて本書の手におえるものではありません。ここでは、応援団と吹奏楽の関係という一点だけに絞って、学校文化の形成という観点からいくつかの事例を検討してみることだけで、とりあえずは良しとしたいと思います。

吹奏楽は今では、甲子園の応援の花形ともいえる存在になっていますが、球場での応援団の応援に吹奏楽が用いられるのが普通のことになったのは、実はそんなに昔のことではなく、第二次大戦後の新制高校の時代になってからのことだと思われます。このあたりについては十分な資料がなく、わからないことが多いので、なかなか確定的なことが言えないのですが、正確に言えば、球場での応援団の応援に吹奏楽が用いられた記録は、第二次大戦以前に関しては見つかっていないということです。もちろんそのことは、吹奏楽が戦前の旧制中学校にはなかったとか、学校文化のなかに位置を占めていなかったといったことを意味するわけではありません。ただ、そのことと吹奏楽が応援団の一部として観客席で応援に加わるということとは、別の問題だということです。

日本の学校、とりわけ中等学校のスクールバンドの歴史を研究している都賀城太郎の「スクールバンドと吹奏楽の普及」という論文があります（戸ノ下達也編著『日本の吹奏楽史 1869-2000』、青弓社、2013、59-86）。それによると、戦前から意外に多くの学校で吹奏楽の導入が図られており、それが運動会や各種の競技会など、スポーツに関わる場面も少なくなかったようです。京都府立京都第二中学校（現京都府立鳥羽高等学校）で1911（明治44）年に「楽隊部」を設立したという記録があり、この京都二中が1915（大正4）年の第1回全国中等学校優勝野球大会の優勝校でもあったことから、この学校がブラスバンド応援の先駆けになった可能性なども指摘されているようですが、中等学校優勝野球大会全体の状況を考えると、そのあたりはどうも不透明です。というのも、戦前のこの大会では応援活動自体がかなり制限されていたらしいからです。

現在の時点でわかっていることだけとりあえず言うと、1919（大正8）年の第5回大会から、応援団の鳴り物が禁止されました。開会日の8月13日の大阪朝日新聞の紙面に「応援団規定」というのが掲載されており、それまでにはなかった「応援は拍手、応援歌を程度とし、野卑な評語罵詈に類する発言をなすべからざるは勿論、太鼓、ブリキ罐等の鳴物を使用することを禁じ、且つ敵投手が投球の際喧噪して其投球を妨害せんとするが如き卑劣なる行為は絶対に禁止」という注意書きが書かれています。さらに1926（大正15）年の第12回大会になると、応援団自体が廃止されました。同年8月13日の大阪朝日新聞には、「応援団廃止」という見出しのもとに、「主催者は本年から応援団を認めない。従って応援団席を設けない」、「観覧者は旗、メガホン及び太鼓、ブリキ罐等他人の迷惑となるべき物品を携帯してはならない」といった記載があり、応援団自体の存在が否定される方向になっていったことがわかります。その一方で、鳴物禁止の注意書きが出た翌日である1919年8月14日の同じ新聞の紙面には、盛岡中学と同志社中学の試合で、雨で太鼓が濡れたために軍楽隊が吹奏をやめたとか、太鼓が乾いたとみえてまた鳴り出したといった話が出てきたりもしています。ここでいう「軍楽隊」がどこにどういう位置付けで置かれていたのか、太鼓以外に何の楽器があったのか、といったことについてはそれ以上のことは書かれていません。この大会の開会式には「第四師団軍楽隊」が入場行進の伴奏を担当していたようですので、おそらくこの軍楽隊が試合中にも一種の景気付けのような意味合いから中立的な立場で参加していたのではないかと想像されますが、詳細はこれだけからではわかりません。

応援団のマナーの問題がこれほどうるさく言われたのは、それまでにさんざん問題を引き起こしてきた経緯があったからです。一番有名なのは、早慶戦の際の出来事で、1906(明治39)年の早慶戦での応援が過熱し、両校応援団が一触即発の状態になったため、予定されていた試合が中止され、その後実に19年間にわたって両校の対戦が行われなくなったのでした。この事件は中等学校での野球活動にも大きな影響を及ぼしました。同じように、対戦した両チームの応援が過熱してトラブルになり、対校戦が中止されるなどした事例が全国各地で報告されています。それだけでなく、そもそも野球という競技自体が中学生の教育にとってよろしくないといった「野球否定論」が世の中を賑わすことになり、厳格な校長が就任したとたんに野球部が廃部にされてしまったなどという学校もありました。全国中等学校優勝野球大会が創設されたあともそのような問題は根強く残っていたようで、たとえば福島県では、甲子園が「応援団廃止」になった1926(大正15)年の前年に県の中等学校長会議で「応援に、鳴物を使用し、或は調子取りたる拍手、或は異様なる服装をなし、或は手旗を打ち揮ったり」することはすべて厳禁とすることが決議されています。そんな状況ですから、全国大会、地方大会を問わず、応援団にブラスバンドを入れて盛り上げるなどということが成り立つような状況であったとはとても思われないのです。

ただおもしろいのは、この「応援団廃止」が通告された1926年の第12回大会は同時に、この大会の大会歌が制定され、はじめて披露された大会でもあったということです。同じ日の紙面には「大会の劈頭を飾る盛大なる入場式」についての記述があり、前述の第四師団軍楽隊の伴奏による入場行進のことが書かれています。また大会歌についても、「本年度創めて制定した荘重奔放の歌曲になる大会歌は合唱団によりて拡声器を通じて歌ひ出され、若人の意気と精神を場内に浸透せしむるはずである」と書かれています。また、山田耕筰の作曲した「行進歌」が披露された1935（昭和10）年の第21回大会では、山田耕筰自身の指揮のもと、大阪と兵庫の中等学生ブラスバンド（天王寺商、明星商、兵庫工、兵庫一商）がその演奏を担当したとのことですから（『全国高等学校野球選手権大会史』、1958、309）、応援団から鳴物を排除する一方で、大会全体を演出する要素としては吹奏楽の役割が強まっていることが窺われます。春のセンバツ大会の方でもちょうどこの時期にあたる1931（昭和6）年に最初の大会歌が制作されたり、出場各校の校歌を試合の合間に流したりといったことが行われたことはすでに触れた通りですが、そういう状況からすると吹奏楽も、各校が応援団で用いるのではなく、もっぱら主催者側が主導して大会を全体として盛り上げるのに用いる形での展開がはかられていたとみるべきだろうと思います。この時代のスクールバンドが、スポーツ大会の興隆と関わる形で、いろいろな出番を増やしていった側面があるとしても、それが必ずしも応援団の活動と連携してその中で位置を占めるということとは結びつかなかったと言ったのは、そういう意味です。

応援団が吹奏楽を取り入れ、両者が不可分の形で展開するようになったのは、戦後になってのことです。第12回大会で禁止された応援団が解禁になること自体、１９５２（昭和27）年の第34回になってのことです。その前年、１９５１（昭和26）年の第33回大会開会式の日の朝日新聞紙面の「観覧者へのご注意」という記事（１９５１年８月12日）には冒頭にまだ、「応援団は認めない」という一項が置かれているのですが、翌年にはその記載がなくなります。この第34回大会に出場した東京の日大三高が甲子園でのブラスバンド入り応援団の嚆矢とされており、たしかにこの大会の同校の試合の朝日新聞記事をみると「一塁側日大応援団は『春の雪辱です』と張切る久保校長以下ブラスバンド入りの応援で気勢を挙げれば」（１９５２年８月18日）と書かれています。ただほかにも八尾商（大阪）×盛岡商（岩手）戦（同年８月15日）や新宮高（和歌山）×芦屋高（兵庫）戦（同年８月17日）の記事でも、応援にブラスバンドがはいっていたことを窺わせる記載がみられますので、どうも日大三高だけの話ではなかったようです。むしろ、応援団が解禁になった途端に、堰を切ったかのように多くの学校が吹奏楽を導入するようになったということの方に注目すべきだろうと思うのです。

実際この時期、応援団に吹奏楽を導入することは一種のブームと言っても良いような状態になっていました。その先鞭をつけたのは東京六大学野球の応援団でした。最初に名乗りを上げ、応援団の中に吹奏楽班を作ったのは明治大学で、１９４９（昭和24）年のことでした。それを受けて慶應義塾大学と法政大学では翌１９５０（昭和25）年、残る三大学でも早稲田大学と立教大学が１９５１（昭和26）年、最後の東京大学が１９５２（昭和27）年にブラスバンドを導入し、連盟全体としても全試合、ブラスバンドつきということを前提とした応援のやり方で統一してゆくことになったのでした（『応援団・六旗の下に：東京六大学応援団連盟36年の歩み』、ユーゴー、１９８４、１１９－１２２、１３２－１３４）。高校でもまた、そのような最先端の動向を取り入れるような動きが起こったことは容易に想像できます。全国各地の新制高校で、ブラスバンドを創設しようとするブームが生じたのです。

一関中学にあった「関中音楽隊」（『一関一高八十年史』）

もちろん、前にも書いたように、戦前の旧制中学校でも吹奏楽の導入はそれなりには進んでいました。第３章の高等女学校との「異文化接触」にかかわるくだりを読まれた方のなかには、旧制中学校は「音楽不毛の地」であるかのような印象をもたれた方もあるいはあるかもしれないのですが、そういうことではありません。それなりに音楽文化はつくられていたのですが、その方向付けが全体として高等女学校とは異なっていたということです。

前にも例に出した岩手県の一関中学校（現一関一高）のケースはその点でも、興味深い視点を提供してくれます。たとえば、１９７８（昭和53）年に編まれた『一関一高八十年史』には、当時まだ存命であった明治期の卒業生たちによる座談会が掲載されており、「関中音楽隊」と称される楽隊についてのかなり詳しい証言が掲載されています。それによると、この楽隊は１９００（明治33）年にはすでにつくられており、恒例の大運動会などでは不可欠な役割を果たしていたとのことです

（『一関一高八十年史』、１９７８、25－27）。ただし、基本的に運動会のためのものなので、毎年夏休み後くらいに各学年から募集するようなやり方で編成されていました。町にいる楽士さんたち（たぶん市中音楽隊のような形で活動していた人でしょう）に指導をあおぎ、運動会当日は、生徒には無理だったクラリネットなどはこの楽士さんが同じユニフォームを着て加わって担当してくれた、というあたりは特に興味深いところです。もう少し後の時期の卒業生の証言にも、離れた黒沢尻町まで、音楽部員がわざわざ大挙して出かけて行き、運動会のために楽器一式を借りてきたというような話が出てきますから、楽器そのものも自前ではなく町の楽士さんたちに依存していたのかもしれません（『あゝ青春：一関一高』、１９７７、88）。このようなエピソードからは、高等女学校のような文部省経由のルートとは違い、民間とつながった形で形成されてきた旧制中学の学校音楽文化の様子の一端が伝わってきます。

「ラッパさん」の名で親しまれたラッパ手・及川万造（『温故知新』）

一関中学校ではまた、授業の開始や終了を知らせる合図をラッパによって行うために専属のラッパ手を雇用し、及川万造という、日露戦争のときにラッパ手であった人がその任務に当たっており、「ラッパさん」と呼ばれて名物になっていたというような話も出てきます（『あゝ青春：一関一高』、46）。ラッパ手の存在自体は、いろいろな学校の年史にもよく出てきますから、ごく一般的な話だったのだろうと思いますが、一関中学の話でおもしろいのは、1930年代くらいの話として、生徒の中にラッパ隊の編成を呼びかける者があり、そのときにこの「ラッパさん」がとてもかわいがって親切に教えてくれたというような話が出てくることです(同書、46)。戦前に「ラッパ隊」が編成されたという話は神戸一中、会津中、沼津中(名称は管楽隊)など、多くの学校にある話なのですが、ともすると戦時体制への流れの中で上から設置され、軍国主義を担ったものというような形で位置づけられることが多く、どうしてもネガティブな形で考えられがちでした。しかし、生徒たちを吹奏楽に結びつけてゆく回路は実はかなり多様であり、いろいろな広がりをみせていたわけで、そのあたりのことをもう少しポジティブに取り上げる余地があるのではないかという気もします。

もちろんそうは言っても、これらのラッパ手やラッパ隊が各校で果たした役割をみてみると、軍事演習などの場面が圧倒的に多いことはたしかで、野球などの応援に直接関与したというような話もほとんど出てきません。沼津中学校の管楽隊が創設された1933(昭和8)年度の校友会誌に掲載されている活動報告をみると、その中にはたしかに野球の沼津商業戦の際に参加したことは書かれているのですが、「応援団の行進に途中まで参加す」とあり、試合中に吹奏楽で応援したのではなく、試合場に向かう行進の伴奏役を担ったということであるように思われます(『沼津中学・沼津東高百年史』上巻、1009)。その次には「沼中運動会に終日活躍す」という項目もあるのですが、これも対外試合ではなく校内の運動会ですから、各クラスがラッパ隊をもっているということでもないかぎり、応援団に加わったというよりは、中立の立場で徒競走の際に景気づけに伴奏をするというような役回りだったのだろうと思われます。「応援団」自体の応援のやり方ということでいうと、声による応援が基本で、せいぜいそれに太鼓が加わるというくらいが普通であり、その太鼓も大会の応援では禁止されたというような状況であったということだと思います。

　そういうわけですから、戦後に誕生したブラスバンドつきの応援というのは、戦前にはなかった新しいスタイルであり、高校生の目にもとても魅力的なものに映ったことは疑いありません。いろいろな高校の学校新聞などをみてみると、この1950年代くらいの時期に、吹奏楽部の設立への動きが多くの高校で同時発生的に起こり、そのための署名運動なども行われたりしていることがわかります。というのも、吹奏楽部をつくるには、楽器の購入などかなり大きな費用が必要となるため、学校側が難色を示して職員会議で却下されたりするところも多かったため、設立までこぎつけるのはなかなか大変だったのです。そのため、生徒会側も涙ぐましい努力をしたりもしています。たとえば、校歌改正の話でも出てきた茨城県の下妻一高では、1957（昭和32）年にブラスバンド部の創設希望が高まったため、生徒会が特製の手ぬぐいを販売して資金集めをするなどして（『為桜新聞』第479号、1958年5月20日）、翌年ようやく創設にこぎつけました。福島県の会津高校の場合には、1960（昭和35）年に、それまで毎年5万円ずつ積み立ててきた学而会特別会計から30万円をブラスバンドの設立に振り向けることになったのですが（『学而新聞』第80号、1960年11月16日）、この時期にそういう動きになったのは、野球部が1959（昭和34）年春のセンバツ大会に出場し、その際に出場各校の応援団の様子をいろいろ見聞して「太鼓だけでブラスバンドがないことのさびしさを痛感」（『学而新聞』第72号、1959年5月14日）したことが大きかったようです。新制高校となり、多くの学校が男女共学になったような状況のなかで、応援団も時代に合った形で近代化してゆくことが求められたわけであり、吹奏楽はそのために投入される切り札とも言えるような存在だったのです。

創設当時の一関一高の吹奏楽部（『温故知新』）

再三引き合いに出している岩手県の一関一高の場合もそうでした。一関一高といえば今は、「バンカラ応援団」の代表格として名前があがるような存在になっていますが、生徒会が生徒たちをまとめ上げてゆくための柱にするために、応援団の近代化とブラスバンドの導入に率先して取り組んだ学校でもあったのです。『一関一高九十年史』（1988）には、以下のように書かれています。

「女生徒を含む千六百人の大応援団を組織し、運営し続けるためには、是非とも旧制中学時代の方式とイメージを一変させ、全校生徒が自ら進んで参加するような魅力あるものにする必要があったのである。何せ生徒の半数近くは女生徒である。どう考えても、満足に音楽を習ったことのない、弊衣破帽で、蛮声を張り上げるだけの旧来の応援のやり方では、花恥かしい乙女らの声と調和するわけがないのである。滑稽とさえ言える。とても女生徒に魅力を感じさせるどころの話ではない。……自治委員会は、この難問をブラスバンドの導入によって解決しようとした。」（『一関一高九十年史』、1988、66）

ひとつだけ補足しておくと、一関一高の吹奏楽部が設立されたのは1949（昭和24）年と、かなりはやい時期なのですが、そのことにはさらに深い意味があります。実際のところ、一関一高は単純に一関中学が新制高校になって男女共学化してできあがったというわけではありませんでした。話が細かくなって申し訳ないのですが、正確に言うと、1948(昭和23)年にいったん、旧制中学から新制の一関第一高等学校(男子校)になったあと、その翌年に再編があり、一関第二高等学校(女子校、旧一関高等女学校)など三校と合併して共学の「一関高等学校」となりました。さらにその二年後の1951(昭和26)年に再度ふたつの共学校に分離され、現在の一関一高と一関二高になったという複雑な経過をたどったのです。吹奏楽部設立の話が出た1949年は、ちょうど大合併によって「一関高等学校」ができた時期だったわけで、生徒会にとっては、そういういろいろな出自をもった寄り合い所帯的な生徒たちをどのようにしてひとつに束ねてゆくかということが最大の課題であったわけです。吹奏楽の響きに彩られた新応援団はまさに、そういう生徒たちに帰属意識や連帯意識を生み出してゆくための装置として、必然性をもって構想されたのでした。それまで、太鼓だけでやってきた弊衣破帽の応援団に吹奏楽を導入するという、いささか勇気の要りそうな大改革がいとも簡単に実現された背景には、そんなことがあったのです。

しかし、そういう学校ばかりではありません。この問題に関して、一関一高と対照的な動きをみせたのが同じ岩手の盛岡一高です。盛岡一高の場合、現在でも応援活動には和太鼓を除き、鳴り物は一切使用していないのですが、その盛岡一高でもやはり吹奏楽部樹立の動きはあり、1960(昭和35)年に「器楽部」として発足しています。しかし、多くの学校とは違って、応援に加わるという必要性から設立されたわけではありません。それどころか、器楽部が応援活動に参加するべきかどうかが議論された結果、「対外的な応援活動には全く関与せず、原則的に音楽活動のみを主体としてゆく」という条件で、器楽部の発足が承認されたというのです（『白堊校百年史・通史』、1981、876）。一関一高とは対照的に、盛岡一高の場合には、吹奏楽の導入という動きに抗する形で、太鼓だけを使った戦前からの応援のやり方を自覚的に選択したとみることができるでしょう。

もちろん、現実にはいろいろな考えやいろいろな動きがあったことでしょう。実際、『一関一高九十年史』をみると、はやくから本格的に吹奏楽を取り入れた自校の応援の華麗さやスマートさが他校を圧倒したという自画自賛的な記述のあとに、「盛岡一高応援団のごときは、途中から急遽トランペット二、三本を都合して来て、我が応援団に対抗しようとしたが、いかんせん、量質ともに、日頃鍛えた我が実力にはかなうべくもなく、やがてこれをやめてしまうという始末だった」（同書、67）などと書かれています。これはまあ「敵側」の資料に書いてあることなので、話半分に聞いておいた方がよいだろうとは思いますが、何らかそれに近いような事実はあったのだろうと思います。

いずれにせよこの話は、どちらの伝統の継承の仕方が正しいというような話ではそもそもないのだろうと思います。一口に「バンカラ応援団」と言いますが、それぞれの学校ごとに、それがいつの時代にどのような経緯、背景をもって作られたのかということに応じて、相当に多様なあり方をするようになっているわけで、一つの学校でも、時代の変化の中でそのあり方は変わっていきます。学校における吹奏楽部のあり方もまた、そういう多様性を念頭に置きながら考えることが必要なのではないかと思わされます。

第二次大戦後の1950年代くらいを中心に、各高校で吹奏楽部を設立することがブームになり、それが甲子園大会などでの野球の応援へのブラスバンドの導入と結びついていたことは、大きな流れとしてはその通りなのですが、丁寧に見てみれば、そのあたりの事情は学校によってかなりさまざまです。一方の極には、もっぱら応援目的で必要とされ、端的に応援団という組織に付属する位置づけで吹奏楽部が設置されたような学校もあれば、その反対の極には、盛岡一高のように、応援団とは関わらず、純粋に音楽活動に専念することを条件に設置が認められた学校もあったりするわけです。この両者はオールオアナッシングというわけではなく、実際にはほとんどの学校の吹奏楽部では、応援団の一員として応援に関与する活動と、コンクールを目指すような純粋な音楽活動というふたつの方向性をあわせもち、両者の顔をつかいわけるような形での運営が行われているというのが現状でしょう。その匙加減は、それぞれの学校の吹奏楽部が成立した時期や経緯などを微妙に反映しながら決まっているように思われます。

吹奏楽部の現場においては、この問題は実は、なかなか頭の痛い問題なのです。スクールバンド活動が盛んであることを反映して、日本では高校生のブラスバンドを対象としたコンクールなどの活動が盛んです。なかでも、全日本吹奏楽連盟が主催して毎年開催している全日本吹奏楽コンクールは全国の高校の吹奏楽部の目標となっており、「吹奏楽の甲子園」などと呼ばれたりもしています。かつてはその大会会場である東京の普門館というホールが甲子園に見立てられ、「普門館に行く」というのが吹奏楽部の合い言葉になったりもしていました（普門館自体はその後、使えなくなり、今は別の会場に移って開催されています）。高校野球の文化が「甲子園」を中心として発展してきたのとほぼ同様の構図が吹奏楽の世界にもあるわけで、そのこと自体がとても興味深いのですが、吹奏楽部の生徒にとっては、それどころの騒ぎではありません。特に強豪校ともなれば、寸刻を惜しんで厳しい練習を重ねてゆく必要があるわけですが、多くの高校の吹奏楽部は、それと並行して応援活動に従事することも求められるからです。とりわけ野球の甲子園大会の予選や全国大会が続く7月から8月にかけての時期は、吹奏楽部にとっても、秋の全国大会に向けた予選などが行われる時期で、時には日程が重なってしまうことなどもあります。しかも、天理高校、大阪桐蔭高校、習志野高校など、吹奏楽コンクールの強豪校が野球でも強豪校であるというケースも少なくなく、場合によっては予選で終わらず、甲子園の全国大会の最後まで解放（？）されないようなことにもなりかねません。

ただ、考えてみると、吹奏楽部が自らの「芸術」を追求するために野球の応援を邪魔な存在のように思うとしたら、少々「恩知らず」だということになるのかもしれません。第2章でも述べましたが、初期の旧制中学では、校友会を通じた「生徒主導」の自治が実現する一方で、学問や芸術に関わる活動がその視野にはいってくるのにはかなり時間がかかりました。文学はまだしも、音楽部などは、戦前の中学校では影も形もなかったり、あっても片隅の存在にすぎないところが大半でした。戦後になったとたんに、今度は生徒会にとって応援のために不可欠な存在とされて、そのために存在意義を認めてもらえたわけですから、そのくらいの貢献はしても罰はあたらないのではないか、などと、当事者ではない私などは考えてしまうのですが。

第6章　校歌をこよなく愛する学校：埼玉県立春日部高校の事例研究

第1節　春日部高校の校歌の成り立ち

本書では、古い時代の校歌が、さまざまな時代の節目を迎えるなかでどのように自らのあり方を変えてそれぞれの時代に対応してきたのか、そしてまたそのようなことを可能にしている背景にどのような文化的コンテクストがあったのか、といったことをいろいろ考えてきました。本書を結ぶにあたって、埼玉県立春日部高校（旧粕壁中学校）の事例を取り上げてみたいと思いますが、それは、この学校が、他に例のないほど（と言っても、あらゆる学校の状況を熟知しているわけではないので、あくまでも私がこれまでに調べた範囲内でということですが）校歌に強い愛着をもち、校歌を軸に据えた豊かな学校音楽文化を形作ってきたように思われるからです。

春日部高校の生徒たちの「校歌愛」は実に強力です。YouTube などで、「春日部高校　校歌」と検索してみれば、卒業式や運動会、それに春高祭《かすこうさい》と呼ばれる学校祭などの際に校歌が熱唱されている映像がいくつもアップロードされていることがわかります。戦前からの古い校歌が歌い継がれている学校は、もちろんほかにもたくさんあり、本書でもいろいろ取り上げてきましたが、一言で言って、この春日部高校ほどに古い校歌が古さを感じさせることなく、今なお生きた力を行使しているという実感を与えてくれる事例は、ほかにはなかなか見当たらないのです。そのようなことがなぜ成り立ってきたのかを考えてみることは、校歌が時代の変化をこえて人々をひとつの学校という共同体につなぎとめてゆく強固な力の源を知るだけでなく、そもそも音楽作品が異なった時代や文化の障壁をこえて受け継がれてゆくというようなことがどのようにして可能になっているのかということを考える上でも大きな示唆を与えてくれることでしょう。

本書を通じての私の関心の中心は、校歌の成立事情というようなことよりは、いったんできあがった校歌がどのような形で歌われてきたか、そしてその過程でどのように形を変えてきたのかという方向の話の方にあるのですが、春日部高校の校歌についてある程度主題的に議論するからには、その成り立ちの部分に関しても、最小限触れておく必要があるでしょう。実はこの校歌、その成り立ちに関しても、いろいろとおもしろい問題を含んでいるからです。

春日部高校は、1899（明治32）年に「埼玉県第四尋常中学校」として設立されました。その後、1901（明治34）年に「埼玉県立粕壁中学校」と名称を変え、さらに1948（昭和23）年、戦後の学制改革に際して「埼玉県立春日部高等学校」（1948年度のみ名称は「粕壁高等学校」）に改組され、現在に至っています。埼玉県では浦和高校、熊谷高校、川越高校などいくつかの県立の「伝統校」が、戦後の学制改革で新制高校になったのちも共学化の道をとることなく男女別学の伝統を守ってきたのですが、春日部高校もそのひとつとして「男子校」を貫いてきました。地元では「春高《かすこう》」の愛称で親しまれています。

春日部高校の校歌の成り立ちには、実はよくわからないところが多いのです。同校創立80周年の年に作られた記念誌『やぎさき』（1979）には「折原儘一郎作詞　音楽学校作曲」と記された楽譜が掲載されており、同書中の年表には1907（明治40）年の項に「校歌制定（折原信一郎先生作詞音楽学校作曲）」と記載されているのですが、これから述べるように、この記載自体がすでに大きな問題を孕んでいます。2009（平成21）年に当時の同窓会長であった荒木貞行がその典拠となった資料を調査した結果が「校歌を考える」という一連のメモの形で同校同窓会室に保存されているのですが、調べることでむしろわからないことが増えたと言った方が実感に近いくらいです。同校の場合、1953（昭和28）年の火災で校舎が全焼し、制定当時の資料がほとんど失われてしまったこともあり、火災後に卒業生の寄贈によって集められた校友会会報のバックナンバーくらいしか典拠となる資料がないため、荒木が調査した資料以上に新たな材料が見つかる可能性はほとんどないのが実情です。ただ、荒木の調査をベースに、それを本書のここまでの考察によって得られた全国的な状況に関わる知見と照合することを通して、現時点で何が言え、何が言えないかを一応総括しておくことは無駄ではないと思います。

創立80周年記念誌『やぎさき』(1979) に掲載されている校歌の楽譜

　この80周年記念誌『やぎさき』の年表にはさらに、「現在の校歌は武島羽衣先生の添作によるもので第8代内藤校長時代から生徒全員歌う」と書き添えられており、1907年に制定された当時には校歌はあまり歌われず、第8代の内藤武彦校長（在職1923－25年）の頃から広く歌われるようになったことが示唆されています。この記念誌が編纂された1979（昭和54）年の時点では、明治期の卒業生などもまだだいぶ存命しており、それらの人々による座談会や寄稿にも校歌にまつわる回想がいろいろ出てきています。たとえば、岸本定吉（1922－26年在学）の回想には、「入学当初、粕中では『波山のみどり富士の雪、利根の流れのうるわしき…』が校歌替りにうたわれていた。メロディはメーデー歌『聞け万国の労働者…』と同じで一高寮歌を取り入れている……（中略）……『細き流れ…』の校歌は3年頃から歌われたと思う」と書かれています。他にも同様の話がいくつか出てきており、『やぎさき』掲載の卒業生座談会では、現在の校歌は1907年の段階ですでにあったが歌われず、大正末の内藤校長時代になって、「こんなにいい歌があるのにというので、内藤さんの時代から必ず生徒に教えるということにした」という話に落ち着いています。

しかしながらこの話には不自然な点が多々あります。もし本当に校歌を「制定」したのであれば、それが歌われずに他の歌が「校歌替り」に歌われたり、生徒もその存在を知らないままになっていたり、というようなことはちょっと考えにくいように思われます。第2章ですでにみたように、1907（明治40）年といえば、いつ「制定」されたかわからないうちに何となく校歌になってしまったり、逆に校友会の雑誌に「校歌」が発表されても歌われなくなってしまったり、ということがまだいろいろあったような時代でしたから、多少のことでは驚かないのですが、このケースの場合、折原信一郎という作詞者名に加えて「音楽学校作曲」ということまで書かれていることが特に問題です。「音楽学校作曲」ということは常識的には、「音楽学校」に委嘱して作曲してもらったということでしょうから、そうまでして作ってもらったものが歌われないまま忘れられてしまったとなると、ちょっとありそうもない話のように思えます。しかもこの「音楽学校作曲」という記載も問題含みです。常識的には、東京音楽学校（現東京藝術大学音楽学部）に委嘱して作曲してもらったと考えるのが自然だと思いますが（1907年の時点では「音楽学校」を名乗っていた学校は東京音楽学校以外にはこの年に設立されたばかりの東洋音楽学校［現東京音楽大学］だけでした）、その場合には「東京音楽学校」という固有名詞をフルで記載するのが普通で、「音楽学校作曲」などという中途半端な表記自体、なかなか考えづらいところです。

そこでまず、ここで校歌制定の年とされている1907年の事が記載されている『学友会会報』第3号（1908年2月）を見てみます。「校歌紀念歌行進歌　本年本校に於て製定せられたるもの」として《校歌》（折原先生作）、《開校紀念運動会歌》（瀧澤先生作）、《行進歌》（地主先生作）の三曲の歌詞が掲げられ、「行進歌はすでに作曲して実施せらる」と書かれています。作詞者として登場している3人（折原僖一郎、瀧澤良吉、地主三吉）はいずれも粕壁中学校の国語・漢文教員でしたから、たぶん3人で1曲ずつを分担して作ったのでしょう。《行進歌》の曲がどのようなものであったかはわからないのですが、もうひとつの《開校紀念運動会歌》の方は、「波山の翠富士の雪」という歌詞ではじまるものですので、前にみた卒業生の証言のなかで、「校歌替り」に歌ったと言われているものにほかなりません。その証言によるとこの歌詞が、すでに本書でも「替え歌」の定番としておなじみの《アムール川の》の旋律で歌われていたということでしたから、「校歌替り」だったかどうかは別として、そのこと自体はいかにもありそうなことです。

問題は「校歌」です。「折原先生作」の校歌の歌詞がこの時点で作られたことはたしかですが、ここには曲についての記載はありませんので、作られたのは歌詞だけで曲はまだつけられていなかったと思われます。すでに第2章でみたようなこの明治末期の「校歌」の概念をめぐる状況を考え合わせれば、校歌が「作られた」ということの内実は歌詞が作られたという以上のことではありませんでしたから、粕壁中学の場合もこの「旧校歌」が作詞はされたものの適当な旋律がつけられないまま忘れられていってしまったということ自体はごく自然な成り行きだったように思われます。

しかしこの校歌の場合、さらに大きな問題があります。この『学友会会報』に掲載されている歌詞と現在の校歌の歌詞とが全く違うのです（それぞれ第1節のみ掲げます）。

［現在の校歌］

「細き流れをあつめきて／木を裂き岩をうがちつつ／大河滔々なみを揚ぐ／これ大利根の壮観ぞ」

［『学友会会報』掲載の校歌］

「われらがつどふまなびやの／たへなるながめふじつくば／ふみよむまどのたのしさよ」

言葉が全く違うだけでなく、現在の校歌が4行構成なのに対して『学友会会報』に掲載されているものは3行構成ですので、現在の校歌の旋律で歌おうと思うと歌詞が足りなくなってしまいます。『やぎさき』の年表には、「武島羽衣先生の添作（「添削」の意か?）」と記されていますが、これほど全く違っているのでは「添作」などという生やさしいものではありません。折原僖一郎がまた新たなものを作詞したという可能性も考えられるかもしれませんが、内藤校長になって今の校歌が歌われ始めたとされるのが1924（大正13）年頃であるのに対し、折原は1920（大正9）年7月に亡くなっていますので、これもちょっと時差がありそうです。これ以上の事情はわかりませんが、どうみてもこの二つの歌詞は別物ですので、現在の歌詞は「すでにあったが歌われなかった」のではなく、内藤校長時代に新たに作られたものであるように思われます。

「音楽学校作曲」の方も相変わらず問題含みです。東京音楽学校はたしかに、外部からの作曲の委託に応じてそれを引き受けることを行なっていました。その関連資料は現在、「東京音楽学校作曲委託関係書類」として東京藝術大学未来創造継承センター大学史史料室に保存されており、インターネット公開もされていますが、それらをみる限りでは、粕壁中学校からの校歌作曲依頼があった事実は確認できません。もちろん、このような形で資料が残されているのは学校に直接依頼があったケースに限られており、個人的なコネクションで依頼されたケースなどは記録が残りませんので、そのような可能性も全くないわけではありませんが、須田珠生も指摘しているように、東京音楽学校ではこの種の作曲依頼は学校として引き受けたわけではなく、あくまでも学校に所属する作曲家個人への仲介をしているという立場をとっていたため、たとえ学校を通して依頼された場合でも、作曲者名の表記は学校名義ではなく作曲を担当した個人の名義にすることを原則としていました（須田『校歌の誕生』、98、121）。まして個人ルートで依頼したにもかかわらずそれが「音楽学校作曲」という表記になっているとすればますます奇妙に思われます。そのようなわけで、この「音楽学校作曲」についても相変わらず実態は謎のままですが、曲の方も歌詞とともに、やはり内藤校長時代に作られたものと考えるのが自然であるように思われます。そういうなかで、どうも実態を反映していないように思われる作詞者名や作曲者名が記載されたのはなにゆえのことだったのでしょうか。その後の流れをもう少しみてみることにしましょう。

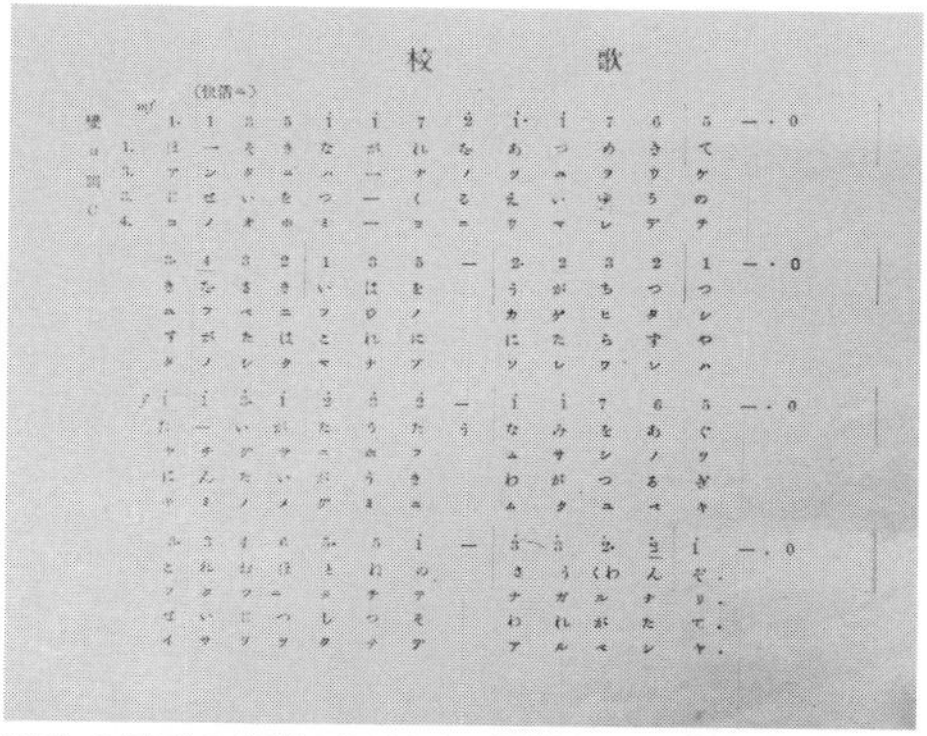

現在の校歌の楽譜がはじめて掲載された『学友会会報』（1925.3）

『学友会会報』の誌面に関する限りで言うと、今の校歌がはじめて掲載されるのは１９２５（大正14）年3月に発行された号においてです（残念ながら、調査させていただいた春日部高校同窓会室ではその前の１９２３、24年発行の号が欠号になっており、確認することができませんでしたので、もう1年か2年は遡れる可能性があります）。数字譜の楽譜と第4節まである歌詞が掲載されています。「この大御代に生まれ出て」にはじまる第4節は戦後歌われなくなりましたが、それを除けば現在のものと同一です。時期的にも、内藤校長時代に今の校歌が歌われるようになったという証言とほぼ符合しています。ただし作詞者と作曲者の記載はありません。

すでに第2章で述べたことですが、これまで校歌の制定年とされてきた明治末の１９０７（明治40）年と、内藤校長時代・大正末の１９２４（大正13）年頃とでは、校歌に対する考え方や校歌をめぐる文化状況は大きく変わりました。応援歌と半ば同居し、「替え歌文化」の色彩を色濃く残していた校歌が、学校側が主体となって「制定」し、荘重に歌われるようなものへと変化する、このふたつの時期はまさにそのような変化をはさむ両端に位置しているとみることができます。粕壁中学校でも、そのような変化に対応した形で校歌を位置づけ直し、形を整えてゆく動きが生じたことは間違いなく、作詞者や作曲者をめぐる混乱もそういう中で生じたのではないかと推測されるのです。

『学友会会報』の誌面をたどってゆくと、この校歌がそのような方向で形を整えてゆく動きの一端を窺うことができます。現在の校歌が誌面に初登場した1925（大正14）年以後、校歌の楽譜は基本的に毎年掲載されるようになりますが、1930（昭和5）年になると、それまでの号にはなかった「作歌　折原僖一郎、作曲　音楽学校」という記載がはじめて登場します。この号では、それまで数字譜だった楽譜も五線譜になり、現行のものとほぼ同じ形ができあがります。この1930年の号は、「30周年記念号」と銘打たれており、前年に行われた創立30周年祝賀式の記録や旧職員、卒業生の投稿などもいろいろおさめられています。見逃せないのは、校歌のページに続いて「質実剛健」という校訓の書かれた扁額や式典前年の1928（昭和3）年に制定された校旗の写真がそれぞれ1ページ大で掲載されていることです。多くの学校で、このような形で学校の「顔」が整備される動きがおこったこの時期に、この学校でも創立30周年の年がまさに、校歌が学校の「顔」にふさわしいものとしてその形を整えてゆく絶好の機会になり、作詞者名や作曲者名の記載も実態よりは形が優先される結果になったというようなところが、あるいはあるのかもしれません。

元同窓会長で、2009（平成21）年に校歌に関する資料調査を行った荒木貞行は、内藤校長の後、1925（大正14）年に着任し、1932（昭和7）年までの長期にわたった小林伊三郎校長の時代に、会報の「30周年記念号」に校歌を掲載するにあたり、作者不明では落ち着かず、あえて折原や音楽学校の名を借用したのではないかという仮説を述べています。もちろん、あくまでも仮説の域を出るものではありませんが、さまざまな状況を考え合わせれば十分に理にかなっているように思われます。どうみてもこの新しい歌詞の「作者」であるとは思えない折原信一郎の名前を作詞者として残したのも、歌われなかったとはいえ、はやい段階で「校歌」の制作を手がけた折原の功績を何らかの形にして残るようにしたいという思いをそこに託したということなのかもしれません。

さらにその後、「紀元2600年記念」として1941（昭和16）年に刊行された第31号をみると、「埼玉県立粕壁中学校沿革」と題された年表が掲載されており、その1907（明治40）年の項に「校歌（折原信一郎先生作音楽学校作曲）紀念歌（瀧澤良吉先生作）行進歌（地主三吉先生作）○現在ノ校歌ハ武島羽衣先生ノ添作セラレタルモノナリ」と書かれています。創立80周年記念の『やぎさき』（1979）やその後の『春日部高校百年史』（1999）などに引き継がれている今の記述の原型がこの時点でほぼできあがったことがわかるのです。

第2節　演奏テンポと編曲：生きた伝承を可能にした「装置」

春日部高校が、校歌に対する愛着をことさら強くもっている学校であることのあらわれとして挙げられるのが、校歌を録音したレコードの制作です。同校では1983（昭和58）年度以来毎年、卒業生に校歌や応援歌を収録したレコード（1989年度よりCD）を記念品として渡す慣習がありました。そもそもは、学校新聞である『春高新聞』（第136号、1983年6月11日）に、記念品に校歌のレコードが欲しいという三年生の投稿が掲載されたのをきっかけに、新聞部がキャンペーンを張って実現にこぎつけたという経緯があり、そのこと自体、この学校の校歌に対する愛着の大きさを示していると言えますが、動画などが広く普及した状況をうけて取りやめになるまで20年以上にわたって作られ続けたこれらのレコードは、その内容もまた、この学校の校歌愛のありようについてさまざまなことを物語っています。

卒業記念などに校歌や応援歌のレコードが配布されることは他の学校でも珍しいことではなく、ヤフー・オークションなどに出品されたものを私もいろいろ入手しているのですが、春日部高校の場合、原則として毎年、新たに録音した音源を用いて作っており、しかも同じ校歌と言っても単一の音源ではなく、運動会、文化祭など、さまざまな機会に録音された複数の音源が同時に収録されるようなつくりになっているということが他の学校にはほとんどみられない特徴になっています。校歌自体の模範的な演奏というよりは、生徒たちが校歌を歌っている学校生活のさまざまな局面のドキュメントの一部として校歌の歌唱も収録されているようなつくりになっており、1991（平成3）年度からは原則として、運動会、それに春高祭と呼ばれる文化祭の際の「春高ジェンカ」、「臙脂の集い」という3つの機会に歌われた実況録音が収録されるようになりました。現在ではもうレコード、CDの制作は行われていませんが、YouTubeなどにはこれらの催し物を録画した映像が多数アップロードされており、生徒や卒業生がこの種の催し物やそこで歌われる校歌に強い愛着を持ち続けていることをあらためて感じさせられます。

卒業生用に用意された校歌・応援歌のCD（1997）

このことは春高の場合に校歌が学校生活と切っても切り離せない関係のなかで生き続けてきたことを示していま

す。とりわけそこにおいて春高祭が大きな役割を果たしていることは実に興味深いのですが、それについては次の第3節で考えてみることにして、この第2節ではまず、残されたこれらの多様な演奏音源自体の方に目を向け、その演奏のしかたに着目して考えてみることにしたいと思います。

他の学校では到底考えられないような、校歌にかかわるこの膨大な音源を前にすると、この100年も前に作られた校歌（これまで伝えられてきた1907年ではなく、仮に1924年の作であったとしても、もう100年経っているということになります）が今なおアクチュアリティをもつものとして人々に働きかける、その力を考える上で、「演奏」というのがひとつの鍵をにぎる要素になっていることをあらためて思わされます。本書では最初からずっと、校歌が後世の人々の手で絶えず「微調整」をほどこされることで、それぞれの時代の文化に適応して生き続けてきたさまを見てきたわけですが、「演奏」はまさにその「微調整」のための大きな武器になっているように思われるのです。美術作品などとは違い、音楽作品には作品とそれを鑑賞するわれわれとの間に演奏という媒介項が関与する構造になっています。そのため、古めかしい作品でも今風にアレンジして歌うというようなことが可能になるわけですし、逆に言うと、歌う側には今風にアレンジしているという自覚がなく、原曲をそのまま歌っているつもりであっても、そこには今風の感覚が不可避的に混ざり込んでいるというようなことも起こっているのです。残されているいろいろな時代の多様な録音をじっくり検討してみることで、古い音楽作品がそれぞれの時代に合わせて姿を変えながら生き延びてきた、その秘密の一端がみえてくるのではないでしょうか。

春高の校歌の場合の「微調整」について、「演奏」に焦点を合わせて具体的にアプローチするにあたって、本書ではふたつの切り口を設定することにしました。ひとつは、歌い方の中でもとりわけテンポの変化に着目することです。もちろん、長い歴史の中で生じる歌い方の変化にはいろいろな現れ方があるわけですが、楽譜の譜面づらを変えることなく、楽曲の雰囲気を変えるという際に絶大な力を発揮するのがこの演奏テンポです。同じ曲のテンポをたとえば2倍にして歌ったことを想像してみれば、同じ曲が全く別の曲と言えるくらいに違った印象のものになってしまうことは、どなたにでもおわかりいただけるでしょう。もちろん現実にはそんなにドラスティックなことはめったに起こりませんが、長年のうちに少しずつテンポが変化して、知らず知らずのうちに曲のイメージがすっかり変わっていたというようなことは十分にありうることです。膨大な録音が残されている春高校歌ですので、それらの演奏テンポを材料にして、古い校歌が時代にあった形に自らを変えていったさまをよみとることができるかもしれません。

もうひとつの切り口は「編曲」です。これまでに、高田高校の「軍歌のような」校歌や、一関一高の寮歌由来の「替え歌校歌」が、編曲で見違えるような「モダン」な響きになった事例などにも触れてきましたが、春日部高校の校歌の場合にも、100年も前の曲が古びた感じを与えることなく歌われているひとつの原動力として、この編曲の存在があるように思うのです。春高の場合には、入学式、卒業式などの式典だけでなく、運動会や春高祭の「臙脂の集い」、「春高ジェンカ」（これについては次節で詳しく論じます）など、行事で校歌が歌われる機会のほとんどは応援指導部の団長の指揮のもと、吹奏楽部による伴奏で演奏される形ですので、その点で特に大きな影響力をもつのは吹奏楽用の編曲楽譜ということになります。今用いられている吹奏楽用の編曲がどのような形で成立し、それによってどのような変化がもたらされたかということを考えてみるとともに、他のオーケストラ伴奏用、ピアノ伴奏用などの編曲についても触れてみたいと考えています。

これらの問題を考えてゆくにあたって、同校の吹奏楽部の出身者の方のご協力を得て、吹奏楽部のOBの方を中心にアンケート調査を行いました（全部で25名の方からの回答がありました。口コミ的なやり方で行ったため、卒業年代等の偏りがありますが、校歌のことだけではなく、「ジェンカ」についても、後に紹介するようにいろいろ貴重な証言が得られました）。音源資料と文献資料だけではなかなか論じきれない問題が含まれていますので、その調査への回答なども援用しながら考えてゆきたいと思っています。また、編曲の問題に関しては、この問題のキーパーソンである、春高の元音楽科担当教員で吹奏楽部の顧問でもあった小菅泰雄と春高卒業生の指揮者、山崎茂にインタビューを行うことができましたので、そこで得られた貴重な情報も合わせて参考にさせていただくことにしたいと思います。

まずはテンポの話からです。春日部高校の校歌は今、かなり遅いテンポで、まさに歌詞にある「大河滔々」を地でゆくかのように歌われることが多いのですが、これは比較的最近になってから起きた変化の結果で、以前はもっとはやいテンポで歌われていたようなのです。たとえば、春日部高校の創立100周年を記念して作られた、まさに『大河滔々』と題されたDVDがあります。この中に100周年を記念して校歌のレコーディングを行った際の映像が収録されており、そこでも先輩たちが横からいろいろ口を出し、「僕らのときにはゆっくり歌うときもあったんだけど、もっともっとはやかったですね。マーチみたいな感じで」などと言っているシーンをみることができます。

ただ、このあたりの変化を資料的にきちんと裏付けることはなかなか難しいというのが正直のところです。校歌は入学式や卒業式など、歌われる機会自体は多いのですが、そこで歌われたものが録音として残されることは決して多いとは言えません。春日部高校の場合には、毎年記念のレコードやCDが制作され、「春高ジェンカ」をはじめとするいろいろな機会での歌唱が録音の形で残っていますから、他校に例をみないほど豊かな資料が残されているのですが、それも1983（昭和58）年度以降のことですから、それ以前の歌い方となると、録音でたしかめることはなかなか難しいのです。1983年以降の録音にみられる演奏テンポの分析はこの後で行いますが、先取りして書いておけば、1983年以降の録音に関する限り、テンポの上下はいろいろな形でみられるものの、年を追って一方向的に遅くなってゆく傾向がはっきりとした形でみられるというようなことはありませんでした。したがって、現在の演奏テンポが作られた当初のものと大きく異なっているということであれば、その変化は、録音の残されているこの時期よりも前に起こっている可能性が高いように思われます。

今回、吹奏楽部のOBの方を中心とした卒業生アンケートの項目にも、YouTubeに投稿されている最近の校歌の演奏を参照してもらった上で、自分たちの時代の校歌の演奏と比べたテンポの変化について、5段階で答えてもらう設問を設けました。その結果を、回答者の卒業年度の順番に並べたものが**表5**ですが、多少のばらつきはあるものの、1975（昭和50）年から1983（昭和58）年までの卒業生は概ね「現在の方が遅い」と答えたのに対し、1999（平成11）年以降の卒業生のほとんどは「変わらない」と回答しています。その間の1984（昭和59）年から1998（平成10）年までの間に卒業した回答者が1名しかおらず（1989年の卒業生で「変わらない」と回答しました）、この間の時系列的な変化を追うことはできませんでしたが、少なくとも1980年代初頭くらいまでの卒業生からみると、現在演奏されているテンポは、自分たちの頃と比べて明らかに遅いと感じられることはたしかなようです。

こうしたテンポの低下は、実は他校にもいろいろな形でみることができ、中にはそれがもっとはっきりとした形になってあらわれている学校もあります。たとえば東京の私立校である成城学園の校歌です。1927（昭和2）年に作られたものです。成城学園は大正期の「新教育」の空気の中で東京の郊外に作られた幼稚園からの一貫教育の学校で、ほぼその体制が整ったこの年に、当時の旧制成城高等学校に在籍していた生徒、鳥居英造の作詞、深野明雄の作曲で校歌が作られました。やや行進曲風の、春日部高校の校歌ともやや似た曲調をもつ曲なのですが、もともとは4分の2拍子で書かれていたその校歌の楽譜が、創立70周年記念の年である1987（昭和62）年に、4分の4拍子に改められたのです。拍子を2拍子から4拍子に改めるとともに、全部の音価を2倍に延ばしているので、譜面づらは同じといえば同じなのですが、テンポの単位となる音符が半分になってゆっくり演奏されるようになると、行進曲調の雰囲気は払拭され、滔々と流れるような曲想へと変貌することになります。

この「編曲」を担当したのは芥川也寸志だったのですが、これは本当に芥川の「編曲」と呼ぶのが適切なのでしょうか。たしかに、作曲家ならではのかなり凝ったオーケストラ伴奏の新しい譜面が作られており、その部分に関しては「編曲」に違いないのですが、この2拍子から4拍子への改変ということに関しては、どうも芥川の創意というわけではなさそうです。この編曲に10年先立つ1977（昭和52）年の創立60周年を記念して行われたコンサートで歌われた録音をきいてみると、その時点ですでに、いま4拍子の楽譜で歌われるときのような滔々たるテンポとリズム感覚になっていることがわかります。つまり芥川の「編曲」は、「編曲」されることでそのように歌われるようになったというわけではなく、すでに事実上定着していた歌い方に合わせ、それを追認する形で

表5　卒業生アンケートに於ける校歌の演奏テンポについての回答

卒業年度（西暦年）	校歌の演奏テンポについて 春高で現在、校歌が歌われる際のテンポは、みなさまが在学されていた時期のものと比べて変化していると思われますか。下に挙げる選択肢のなかからひとつ選んでお答えください。（1. 現在の方が速い、2. 現在の方がやや速い、3. 変わらない、4. 現在の方がやや遅い、5. 現在の方が遅い、6. その他） [参考として、YouTubeに投稿されている2017年度の以下の3つの演奏の動画を紹介して、それとの比較で回答してもらった。春高祭ジェンカ（2017.6.9、M.M.=77）、運動会（2017.10.3、M.M.=71）、卒業式（2018.3.15、M.M.=59）]
1975	変わらない
1977	変わらない
1977	現在の方が遅い
1977	現在の方が遅い
1978	現在の方が遅い
1978	現在の方が遅い
1978	現在の方が遅い
1979	現在の方が遅い
1981	現在の方が遅い
1981	私の在学中は2番目のM.M.=70程度のテンポでした
1981	現在の方がやや遅い
1983	現在の方がやや遅い
1983	現在の方がやや遅い
1983	現在の方が遅い
1989	変わらない
1999	わからない
1999	変わらない
1999	変わらない
2000	変わらない
2000	変わらない
2005	変わらない
2006	現在の方が遅い
2007	現在の方がやや遅い

行われたという性格が強いことがわかります。もちろん、芥川が新たに作成したオーケストラ伴奏譜にみられる、四分音符ごとにかわる短いスパンでの和声交替や対位声部につけられた細かいパッセージなどは、2拍子の行進曲的な歌い方には全くそぐわず、4拍子的な感覚を前提にして書かれているものですので、こういう伴奏で歌うようになれば、この4拍子的な歌い方がさらに強化されるようになることは間違いありません。

テンポが徐々にゆっくりになってくるこうした傾向をはっきり知ることのできる別の例としては、校歌ではありませんが、やはり東京の私立の伝統校である開成学園の《ボートレース応援歌》というものがあります。1973（昭和48）年に同学園が制作したレコードには、この曲が作られた大正初期当時に歌われていたとされるテンポで録音したものと、現在歌われるテンポで録音したものとの両者がおさめられています。この場合には楽譜の書き換えはありませんが、両方比べてみると、60年ほどの間にやはり同種の変化があり、テンポが相当ゆっくりになったことがわかります（レコード制作時にはまだ存命であった作詞者の小池忠一の話も収録されており、その中でもそのことが指摘されています）。こうした例は探せばまだ他にもいろいろ見つかることでしょう。春日部高校の場合もやはり、現在歌われている比較的ゆっくりしたテンポはこのような変化の結果として歴史的に形作られてきたものであり、曲が作られた当初からこのような歌い方がされていたわけではないと考えるのはごく自然なことであるように思われます。特に校歌の場合、すでに述べたように、戦前の旧制中学校では応援や軍事教練など、「行進歌」的なものが求められるシチュエーションで歌われることが多かったのに対し、戦後は式典で厳かに歌われるようなシチュエーションの比重が確実に増えました。そういう変化があれば、時が経つにつれて残っていたかつての「行進歌」的な歌い方の名残

表6　校歌演奏のテンポの測定結果（メトロノーム表示＝四分音符／分）

	春高祭 臙脂の集い	春高祭 ジェンカ	運動会	卒業式	日輪の下に	その他公式録音等	
1983						66	レコード用録音？
1984						69	レコード用録音？
1985						67	不明
1986						64	音楽鑑賞会（オーケストラ伴奏）
1987			65				
1988			61				
1989						63	創立90周年記念式典
1990						67	浦和市文化センター(オーケストラ伴奏)
1991	69	85	70				
1992		87	65				
1993	72		66				
1994	75		76				
1995	69	80	65				
1996	67		63				
1997	77	78	68				
1998		78	67				
1999	66	72	71				
2000	68	68	64			67	100周年記念（オーケストラ伴奏）
2001	69	81	65				
2002	74	80	71				
2003	70		80				
2004	74	81	73				
2005	80	85	79				
2006	78	82	76				
2007	73	80	79				
2008	80						
2009							
2010	74	74					
2011		79		62	66		
2012		72	72	71	73		
2013	70		80		71		
2014	76			71			
2015	76	75					
2016	74	77		70	79		
2017	73	77	71	59	76		
2018	64				62		
2019	63	75					
2020					71		
2021					65		
2022	66						

※音源は1983～2007は卒業生用レコード・CD、それ以降は YouTube に投稿された動画による

が徐々に薄まってゆくというような変化が生じたことは、当然考えられるでしょう。

その一方で、春日部高校の場合、１９８０年代以降になると夥しい数の録音が残されており、それらを丁寧にみてみると、このテンポの問題は、時代の中でだんだんゆっくりになってきた、というような単純な話にまとめてしまうことのできないような多様な要因を孕んでいる話であることもわかってきます。それぞれの時代に「適正」とされるオーセンティックな歌い方やテンポがある、という前提自体がそもそも問題含みなのです。

すでに書いたように、春日部高校で作られている卒業記念ＣＤには、毎年、春高祭での「ジェンカ」、「臙脂の集い」、それに運動会などのさまざまな機会で録音された校歌の演奏が収められていますので、それらのテンポをすべて測定して数値化することが可能です。それを示したのが表6です。数値は第1節全体を歌うのにかかった秒数を測定し、それをメトロノーム表示（1分間に四分音符で何拍打つのに相当するテンポか）に換算したものです（当然のことながら、数値が大きいほどテンポが速いことになります）。２００８（平成20）年以後についてはＣＤはありませんので、代わりにYouTubeなどに映像が挙がっているものについて、それらを測定した数値を書き込んでいます。

この数値をみる限り、年を追ってテンポが下がってくるというような単純な傾向はみられません。実際のところ、それぞれの年にリーダーとして指揮を執る団長のテンポ感覚によって変わる部分があったり、演奏される機会の性格によってテンポが上下したりといった部分があるため、数値はかなりばらついています。ここはむしろ、時系列的な大きな変化の傾向よりは、演奏機会によってかなりテンポが変わる傾向などに着目した方がおもしろい結果が得られそうに思われます。全体として、「ジェンカ」の際にはかなりテンポがはやく、75〜85くらいのテンポになっているのに対して、運動会と「臙脂の集い」は65〜75、卒業式になるとさらに遅い60〜70くらいになっていることが見て取れます。「春高ジェンカ」のように、皆でワーッと盛り上がって勢いで歌っているようなシチュエーションでは速いテンポの歌い方になり、卒業式のような厳かなシーンではゆっくり荘重に歌うというのは、なんとなく理解できるような気がしますが、同じ曲であっても、そのようにシチュエーションによって歌いわけがなされているということになると、オーセンティックなテンポというようなことを簡単に語ることはできなくなります。適正なテンポとみなされるものが、時代によって変わるというだけでなく、シチュエーション次第でも変わるということなのですから。

いろいろな機会に行われた個々の録音をさらに丁寧に聞いてみると、なかにはなかなか興味深い事例があることがわかってきます。テンポが乱れ、バンドと生徒たちの歌声とがずれてしまっているケースがしばしばみられるのです。今回調べた中でそのようなズレが最も顕著だったのが、１９９５（平成7）年10月1日に行われた運動会の際の録音で、このケースでは単にバンドと歌声がずれているだけではなく、部分的に、歌っている生徒の中も、バンドと同じゆっくりしたテンポで歌っているグループと、もっとはやいテンポで歌っているグループにわかれてしまっています。

このような形でずれる傾向は「ジェンカ」の録音などにも多少みられますが、ことさら目立つのは運動会の録音であるようです。もちろん、運動会の場合には、野外で団長の指揮が見にくいとか、バンドの音が聞こえにくいといった理由もあるだろうと思いますが、そういうことだけでなく、テンポ感覚に関わる問題が絡んでいるように私には思えます。上記の１９９５（平成7）年の運動会の例をもう一度みてみましょう。歌い出しの前の部分にバンドだけの前奏があるのですが、ここはメトロノーム記号で62くらいの比較的ゆったりしたテンポで始まっています。それに対し、はやいテンポで歌っている生徒の方をはかってみると、73くらいのテンポになっています。最初の節が終わったところで、はやいグループが少し休むなどして調整が行われるのですが、またずれてしまうというようなことを繰り返しながら、少しずつズレは解消されてゆき、ほぼ65〜67くらいで一応おちつきますが、歌声がやや前のめりになる傾向は最後まで何となく残り続けています。そのさまをみていると何だか、バンドの示しているゆっくりした荘重なテンポ感覚と、はやいグループにみられる少し前のめりのテンポ感覚という、ふたつのものがせめぎ合っているような印象をもちます。

こうしたせめぎ合いは、実は運動会の録音だけにみられるわけではなく、「ジェンカ」などにもまた別の形でみられます。「ジェンカ」の場合にかなり特徴的なのは、バンドの前奏部分はかなりゆっくりしているにもかかわらず、歌がはいると急に速くなるという傾向です。この、前奏から歌がはいるところでテンポがはね上がる傾向は実は、「膃脂の集い」や卒業式など、他の機会の演奏でも多少はみられるものなのですが、それらの場合にはその差はメトロノーム記号にして3〜4ポイント差程度なのに対し、「ジェンカ」の場合には、6〜10ポイント差くらいになっていることが多く、1992（平成4）年6月7日の録音では、バンドの前奏が70だったのが歌の第1節では82と、12ポイントもはね上がっています。この演奏ではその後どんどんテンポが上がって、第2節、第3節にはいると90以上の数値が続いています。こういう様子をみると、「ジェンカ」の場合にもやはりふたつのテンポ感覚の「せめぎ合い」が存在しており、ただこちらの場合には、歌声の圧倒的な力がその場を支配する形になって、結果的に速いテンポになっているというような見方ができるのではないかと思います。運動会の場合にはその両者がもう少し拮抗した関係でせめぎ合うようになり、卒業式のような場になると、逆にゆっくりした荘重なテンポ感覚が終始支配するような形になる、そんな関係なのではないでしょうか。

この二つのテンポ感覚はしかしながら、明確に区別された二つのテンポ感として意識的に使い分けられているというよりは、必ずしも自覚されないまま、その時々の「ノリ」で調整されるというような形で共存しているようにみえます。「ジェンカ」だからといって、バンドが最初から速いテンポではじめるというようなことはなく、はじまるといつの間にか歌声のはやいテンポに合わせてそのテンポにすべりこんでゆくというような感じにきこえます。ただ、「荘重版」の方で、ちょっとばかりおもしろいのは、「公式演奏」的なケースではつねにこのゆっくりしたテンポが支配するような形になっているということです。春高では1989（平成1）年の創立90周年、1999（平成11）年の創立100周年などを記念して校歌を録音する機会が設けられたほか、1986（昭和61）年と1990（平成2）年にはオーケストラの演奏を鑑賞する「音楽鑑賞会」という全学行事でも校歌が吹奏楽伴奏ではなくオーケストラの伴奏で演奏され、録音されています。測定してみると、これらの演奏はいずれも60台のゆっくりしたテンポで、まさしく「荘重版」を絵に描いたようなものになっています。

われわれはどうしても、こうした「公式録音」の方に目が行きがちです。そういうものだけみているとつい、このような滔々としたテンポこそがこの曲のオーセンティックなテンポであると思ってしまいそうになるのですが、それはことの一面でしかありません。この荘重なテンポ感も、つねに「ジェンカ」などで前面に出てくる前のめりのテンポ感との緊張関係の中におかれており、実際のテンポは、その時々にさまざまな形で調停され、折り合いをつけられることによってできあがっているのです。運動会での「せめぎ合い」の録音などをきくと、多くの生徒たちにとってはむしろ、

運動会の際に応援指導部団長の指揮で校歌を歌う生徒たち（2017）

80くらいの早めのテンポ感の方がしっくりきているのではないかと思わせられるくらいです。そういう意味では、「最近はテンポがゆっくりになった」という傾向が全体としてはあるにしても、そのようなまとめ方をしてしまうと、春高の校歌の歌い方の一番おもしろいところが見失われてしまう結果にもなるのです。

オーセンティックな歌い方が外から与えられるのではなく、つねにこういう生きた関係の中から生み出されてくる、そういうあり方こそが、校歌が過去の遺物になることなく、アクチュアルに歌い続けられる原動力になっているのではないか、春高の校歌をみていると、そんなことを感じさせられてしまうのです。

校歌がその形を変えてゆくことで、社会や文化の変化、人々の価値観や感性の変化に対応して生き延びてゆくという点で、もうひとつ見逃すことのできないのが、編曲という問題です。この春日部高校の校歌の場合、とりわけ重要なのが、吹奏楽の伴奏用の編曲の存在です。春高の場合、校内行事に加えて校外での野球試合応援、他男子校との応援歌実演などでの校歌の演奏実践は必ずといっていいほど吹奏楽伴奏で行われており、ほとんどの機会で校歌は吹奏楽の伴奏と団長の指揮とのセットで出てくる形になっています（より最近では吹奏楽部のコンサートでも、締めに応援指導部に加えて野球部まで参加して校歌の吹奏と合唱が行われるということになっているようです）。それゆえ春高の生徒たちが吹奏楽や応援指導部を抜きにした形で校歌をイメージするというようなことはそもそもあり得ないと言った方がよいだろうと思います。しかし１００年前に校歌が作られたときから吹奏楽を伴って歌われていたというわけではありませんし、その吹奏楽伴奏の内実が時代とともに変化している可能性も無視することはできません。１００年の歴史の中で、この吹奏楽伴奏用の編曲の登場と変容によって、校歌に新しい時代の息吹が注入され、そのことが、この校歌が作られてから１００年もたっているにもかかわらず、今でも時代遅れな感じを与えず、アクチュアルに受け止められ、歌われている大きな原動力になっているのではないでしょうか。

そのようなことを強調しているというのも、現在、春高校歌が演奏される際に使われている吹奏楽用編曲はとても魅力的に作られており、古い曲であるにもかかわらず現代人の感性に訴える響きを醸し出しているように思われるからです。なかでもそのような響きに貢献しているのが和声づけです。ちょっとばかり細かい話になってしまい、申し訳ないのですが、たとえば、二行目前半の「木を裂き岩を」という歌詞に相当する部分では、C からはじまり Caug-C6-C7 と続いて次の小節の F-G7-C というカデンツに解決してゆく動きになっています。増和音まで投入したこの和声進行は、ポップスなどでもしばしば用いられるもので、特有の彩りや緊張感をもたらす効果を発揮しています。この曲が作られた時点で想定されていた和声はおそらくずっと単純なものだったのだろうと思いますが、この箇所だけでなく、時にはキラリと輝き、時にはいぶし銀のように背後で旋律を支える役割を果たす、この種の工夫がいたるところにほどこされているのです。このような編曲をいったいいつ誰が行ったのでしょうか。

春高で吹奏楽伴奏による演奏がいつから始まったのかについては、正確なところはわからないのですが、春高の吹奏楽部の母体となった音楽部が作られたのは戦後になってからのことで、しかも当初はオーケストラであったものが後に編成替えされて吹奏楽になったということです（『春日部高校百年史』、802）。『春高新聞』に毎年春に掲載されている「クラブ紹介」での音楽部の説明を見ると、1959（昭和34）年のものには「本校音楽部はブラスバンドではなく音楽的に高度な管絃楽いわゆるオーケストラである」と書かれているのですが（第50号、1959年4月30日）、その翌年のものでは「諸君から最も受け入れられ易いブラスバンドを強化し、体育大会などには一役買って出ようというのが今年のネライ」となっていますので（第54号、1960年5月6日）、吹奏楽への方向転換が行われたのはどうやらこのあたりだろうと思われます。吹奏楽伴奏で校歌が歌われるようになったのも、はやくてこれ以降ということになるでしょう。ただし、その時点でどのような吹奏楽伴奏がつけられていたかということはわかりません。

春高吹奏楽部OBの方のご協力を得て吹奏楽部に現存している古い楽譜を調べてもらっているのですが、残念ながら、そのあたりを証すことのできる資料は今のところみつかっていません。その代わりに、吹奏楽伴奏現行ヴァージョンの成立に関わったふたりの方から聞き取りをすることができました。まだわからないことも多いのですが、そこで得られた貴重な情報などもふまえつつ、これまでに明らかになっている限りのことを大まかにまとめておくことにしたいと思います。

前記の卒業生へのアンケートでも、この編曲の由来についてたずねたのですが、吹奏楽部OBの多くから、この編曲は春高の音楽担当教員であった小菅泰雄（1976-1992年在任）によるものだと聞いているという回答が得られましたので、OBの方から連絡をとってもらい、そのあたりについての話を小菅から直接きくことができました。それによると、現行の編曲は小菅によるものに間違いなく、１９７６（昭和51）年に着任してさほど経っていなかった時期のものと思うという回答でした。ただ、その話のなかで明らかになったのは、この小菅の編曲には、春高出身（１９６８年卒業）の音楽家、山崎茂の作成したオーケストラ用の編曲という先行モデルがあり、先に述べた和声進行なども含め、それを基本にしつつ吹奏楽用に移し替えるような形で作り上げたということでした。

そこで今度は、山崎に連絡をとってもらい、話をきくことができました。山崎は埼玉室内オーケストラを組織するなど、現在も主に指揮者として活動を続けていますが、春高を卒業して東京藝大に学んだ後、新星日本交響楽団（現在は東フィルと合併して消滅）のチューバ奏者として活動していました。ちょうどその時期に、小菅の前任者であった春高音楽担当教員の神田武寿（１９６７－１９７６年在任）に依頼され、校歌のオーケストラ用編曲を手がけたということでした。前にも少し触れましたが、春日部高校では「音楽鑑賞会」という全校行事が行われており、このときには山崎が在籍していたよしみもあってか新星日響が招かれてコンサートを開催し、その最後に校歌を演奏したとのことです。神田の後任者として着任した小菅は、着任後ほどなくして開催された「音楽鑑賞会」での校歌演奏（二回演奏され、一度目はオーケストラのみ、二度目にはオーケストラ伴奏で全校生徒が斉唱）に大きな感銘を受けたと語っており、そこで示された山崎のオーケストラ編曲のあり方が小菅の吹奏楽編曲へと継承されていったとみることができるでしょう。

山崎の話でもうひとつ面白かったのは、山崎が春高校歌の編曲に取り組んだのはこのときが初め

小菅泰雄の編曲したピアノ伴奏版楽譜（吹奏楽部OB・関根綱氏提供）

てではなかったということです。１９６５（昭和40）年から68（昭和43）年まで春高生だった山崎が吹奏楽部に在籍していたとき、すでに校歌の吹奏楽伴奏譜は存在していたのですが、どちらかというと和声の工夫なども乏しい、ありきたりな編曲だったようです。それに飽き足らなかった山崎少年は、吹奏楽用の編曲を自分で試み、その譜面は在学中には何度か演奏されたとのことでした。山崎自身、この高校生時代の吹奏楽編曲が後のオーケストラ編曲の原型になったと述べており、後のものと全く同じではないにせよ、小菅の吹奏楽編曲に刻み込まれている特徴のかなりの部分はこの時点ですでに存在していたのではないかと思われます。いずれにせよ、１００年前の楽曲にもたらされた新たなたたずまいが、山崎から小菅へと受け渡され、春高校歌の新たな魅力として定着したことは間違いのないところです。

ところで小菅は、ほかに男声四部を伴うピアノ伴奏の校歌編曲楽譜も残しており、楽譜も現存しています。小菅の話をきいていると、春高校歌にとって吹奏楽伴奏ヴァージョンが大きな位置を占める存在であることは間違いないものの、このピアノ伴奏ヴァージョンの方もまた、生徒たちのなかで校歌が定着してゆくうえで少なからぬ役割を果たしたということをあらためて感じさせられます。なかでも重要なことは、これが音楽の授業の教材として用いられ、授業のなかで生徒たちに声部を選ばせて歌わせるというユニークな指導方法がとられたことです。そのために譜面も音楽室のピアノのところに常置してあったということです。多くの学校では校歌は、教科目としての音楽の枠組みの外に置かれ、授業で使われることはありませんが、小菅はこのような形で、音楽という授業と校歌とを結びつける回路を作り出そうとしたのです。小菅のピアノ伴奏譜をみてみると、ピアノ伴奏もさることながら、声楽の４つのパートが四声体として、山崎のオーケストラ伴奏や小菅自身の吹奏楽伴奏の骨格をなしている和声構造を可能な限り取り込むような注意が払われていることがわかります。ピアノ伴奏者がおらず、声楽だけのアカペラ四重唱で歌っても、オーケストラ伴奏や吹奏楽伴奏のテイストが味わえるような工夫がこらされているのです。春高では一見したところ、吹奏楽伴奏の陰に隠れてしまいがちなピアノ伴奏ですが、校歌が単なる儀式や行事のための音楽にとどまらない広がりを獲得してゆく上で、欠かすことのできない役割を果たしているのです。

第３節　「春高ジェンカ」の誕生：校歌が歌われる場としての学校祭

春日部高校の校歌がその伝承に関して強い力を発揮することができた理由は、それが学校生活の中に根を張り、さまざまな行事などの場と強く結びつく形で歌われてきたことにあったのではないかということはすでに述べました。そういう意味で特に重要なのが、春高祭と呼ばれる学校祭です。この春高祭は何かと校歌が前面に出る場面が多いのですが、それが最も端的に凝縮されているのが「春高ジェンカ」と「臙脂の集い」の二つであると言って間違いありません。「臙脂の集い」の方は１９６１（昭和36）年から毎年行われているのですが、これは要するに応援指導部が主催するパフォーマンスの会で、応援指導部の行っている応援活動を学校内外の関係者に広く知らしめることで

「春高ジェンカ」冒頭の「練り」(2017)

その普及、啓蒙に貢献するとともに、校歌が歌われる場としても大きな役割を果たしてきました。

一方、「春高ジェンカ」の方は現在、春高祭の二日間の締めくくりとしてプログラムの最後に置かれており、ほとんど「春高祭名物」と呼んでも良いような存在になっています。その最後に皆で校歌を歌って終わることから、春高生が自らのアイデンティティを確認する重要な場としても機能しており、春高生の「校歌愛」を育む上でも大きな役割を果たしているように思われます。しかしそのようなものが最初からあったというわけではありませんでした。この「春高ジェンカ」がどのようにして現在のような形になっていったのかということを明らかにすることは同時に、春高生が自校に対してもっている表象のあり方がどのように形作られ、また変化したのか、その過程で校歌がどのような役割を果たしたのかといったことを明らかにすることにもつながると思われます。幸いなことに、春日部高校の同窓会室には、春高祭のプログラム冊子が第1回のものからすべて保存されており、それを閲覧させていただくことができましたので、ここではそれらを主な資料として用い、前節でも活用した卒業生へのアンケートの結果などもまじえながら考えてみることにしましょう。

現在の春高祭においては「春高ジェンカ」は、いわば最も春高祭らしいイヴェントとして二日間のプログラムの最後に置かれています。コロナ禍直前に行われた2019（令和1）年の春高祭のプログラム冊子の「春高ジェンカ」のページには「二日間続いた夢のような時間の最後に行われる春高生の春高生による春高生のためのイベントが『春高ジェンカ』である。これに参加しないで、春高祭をやりきったとはいえないだろう。春高の行事の中で最も、春高生の春高愛が一つになる瞬間だ。」と書かれており、「春高ジェンカに参加できるのは春高生のみです。一般の方はご覧になって楽しんでください。」という注記がつけられています。

最近の「春高ジェンカ」の実際の様子を記録した映像は、YouTubeなどでいろいろみることができます。関心のある方は見ていただくとして、現在の「春高ジェンカ」の様子をまとめると、おおよそ以下のような感じになります。中央の小さな壇の周囲に陣取った実行委員会のメンバーの掛け声で周囲から生徒たちがわっと駆け寄り、バケツの水をかけられ、ずぶ濡れになりながらそのまわりを輪になって「練り」のような形で回り始めます。よく聞いてみると掛け声をかけており、「右、右、左、左、前、後、カスコー」と繰り返し叫んでいます。これが5分ほど続いた後、壇上に実行委員が交互に上がり、「学注（学生注目）」方式で名乗りをあげて檄を飛ばし、胴上げされる、という手順が繰り返されます。時々、応援指導部のメンバーが上がり、そのときには応援歌が歌われます。そして最後に団長の指揮のもと、校歌が斉唱されて終了します。この間全部で、約1時間くらいです。これだけみると、いかにも男子校らしい、荒々しい勇壮な行事という感じですが、そのように簡単に片付けてしまう前に、このような形ができあがるにいたるまでにどのような経緯があったのかを見直してみることにしましょう。

「春高祭」の開始は1957（昭和32）年にさかのぼります。そこにいたる前史もあるのですが、今はそこは省略します。「春高祭」は、それまで行われていた文化祭、運動会、弁論大会という3つの催し物を一つにする形ではじまりました。第1回のプログラムをみると、この弁論大会と運動会以外は、文化系各クラブの発表のみという大変シンプルな構成です。音楽部や演劇部などは「舞台上演発表会」(第3回からは「芸能発表会」という名称に変更されます)として講堂でまとめて行われていますが、音楽部の発表で新曲の《春高讃歌》の発表が行われているのが目を引くくらいで、あとは普通の演目がならぶいたって標準的な構成であり、イヴェント的な要素は全くありません。校歌が歌われるシチュエーションなどもなさそうで、「春高ジェンカ」につながるような芽は全くありそうもありません。

最初の変化の兆しがみえるのは、1961(昭和36)年の第5回です。当時まだ一緒に行われていた最終日の運動会のあとに「ファイヤーストーム」という記載があります。焚き火を焚いて、その周りで皆で歌を歌ったりするイヴェントで、春高だけでなく、この1960〜70年代頃にはいろいろな学校で臨海学校などの際にも最後を飾る催し物としてよく使われました(その後、防災上などの理由から行われなくなりました)。翌1962(昭和37)年の第6回には、この「ファイヤーストーム」は「ファイアフェスティバル」という名前に変わっていますが、どうやらこれが今日も「春高ジェンカ」の前に行われている「グリーン・ファイア・フェスティバル」の名称の由来になっているようです。その次の1963(昭和38)年の第7回のプログラムをみると、「ファイア・フェスティバル」には説明があり、以下のように書かれています。

「満3才になるファイアー・フェスティバル。今年は趣向を変えました。ファイアーを囲みながら大声で歌を歌う。素晴らしく楽しい事です。でもそれよりもっともっと楽しく、もっともっと若さを発散しましょう。そうです『フォークダンス』……春高健児よ、年に一度のチャンスじゃないか。思いっきり踊りましょう」

「フォークダンス」は戦後にアメリカから持ち込まれたものです。一定の年輩の方は、学校の運動会のプログラムなどに「フォークダンス」というのが置かれていて、《オクラホマ・ミクサー》、《コロブチカ》などの演目を踊ったという経験があるのではないかと思いますが、この時期、とりわけ新たに男女共学になった高校などでフォークダンスが導入され、それまでの旧制中学校や高等女学校では考えられなかったような新たな光景を作り出したのでした。春高の場合には男子校ですので、ふだんは女子生徒の手を握って踊るなどという機会はなく、女子高生がやってくる春高祭はまさに「年に一度のチャンス」だったわけです。もっぱら部活動の発表のための地味な場であった春高祭に変化が訪れつつある様子をうかがうことができるのですが、実はこのフォークダンスこそが「春高ジェンカ」に向けての第一歩でもあったのです。

続く第8回（1964年）にはフォークダンスは「グリーン・フェスティバル」という名前になって、夕刻のファイアストームではなく昼間に行われるようになります。その後何年か、フォークダンスだけをメインに昼休みなどに行われる「グリーン・フェスティバル」と、最終日の夕刻に焚き火を囲んで合唱やフォークダンスを行う「ファイア・フェスティバル」とが並行して行われますが、1973（昭和48）年からは「グリーン・ファイア・フェスティバル（G・F・F）」に一本化されました。この「グリーン・ファイア・フェスティバル」は、現在でも「春高ジェンカ」の直前に行われる形で続いており、女子高生とフォークダンスを踊る「年に一度のチャンス」として、その名称とともに今なお引き継がれているのです。

さて、「ジェンカ」の話です。察しの良い方は、フォークダンスに《ジェンカ》という演目があったことに思い当たられたかもしれません。プログラム冊子をみてみると、１９６６（昭和41）年（第10回）の「ファイア・フェスティバル」のフォークダンスの演目の欄には《マイムマイム》、《オクラホマ》、《コロブチカ》の三曲が書かれているのですが、１９６７（昭和42）年にはその三曲に加えて《ジェンカ》という曲名が記載されています。それもそのはず、この《ジェンカ》というナンバー、坂本九の歌った《レットキス（ジェンカ）》が１９６６年９月新譜で発売されて全国的に大ヒットしたもので、さっそくその翌年に春高祭に導入されたというわけなのです。《ジェンカ》は

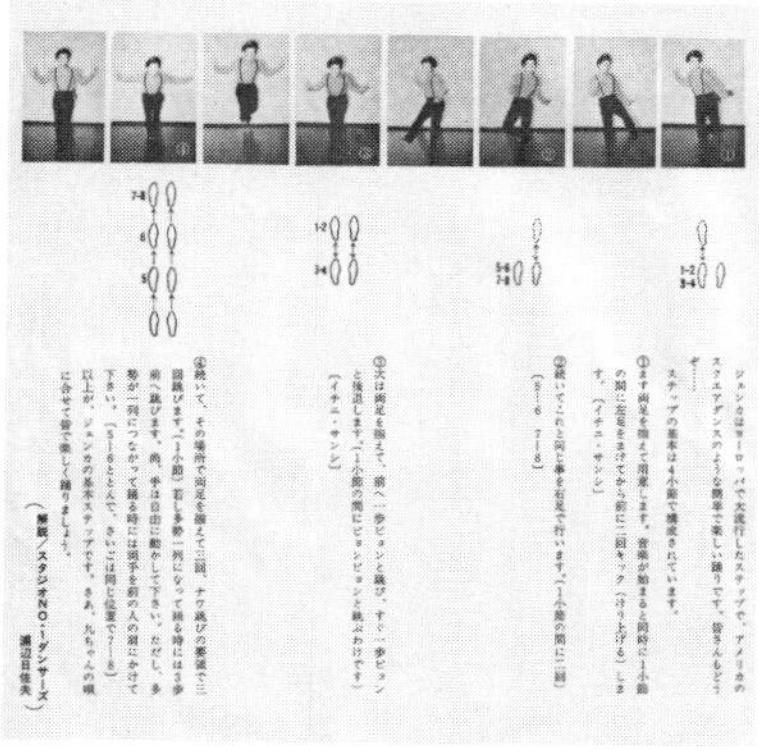

『レットキス（ジェンカ）』のレコード・ジャケットと踊り方解説（歌：坂本九、東芝レコード、1966）

もともとはフィンランド民謡で、元の歌詞が坂本九の歌った永六輔作詞の歌詞とは似ても似つかない内容だったりして、そのあたりも突っ込むといろいろおもしろいのですが、今はとりあえずそのことは関係がないので、措いておくことにしましょう。「春高ジェンカ」との関わりで重要なのは、踊る際のリズムです。「春高ジェンカ」の際に「右、右、左、左、前、後、カスコー」というかけ声が用いられることについてはすでに触れましたが、これはまさにジェンカの踊りのリズムなのです。坂本のレコードでは、第2節のところで、音楽に合わせて「さあ、踊りましょう。レフトキック、レフトキック、ライトキック、ライトキック、前へピョン、後ろへピョン、一、二、三。左へピョンと軽く蹴って、今度は右へピョンと蹴って、前へポン、後ろへポン、あ、ポン、ポン、ポン」という坂本の声が入っています。左と右が逆順になっていますが、《ジェンカ》はまさにこの「右、右、左、左、前、後、前、前、前」というリズムで踊られるのです。現在の「春高ジェンカ」では、《レットキス》の音楽は全くなく、ひたすら掛け声だけが響くのですが、その掛け声自体の由来がこんなところにあったわけです。

しかし、《ジェンカ》が登場した時点では、フォークダンスの普通の演目のひとつとして男女が一緒になって踊っていたわけですから、今の「春高ジェンカ」の状況とは相当にかけ離れています。ここにいたるまでの間に一体何が起こったのでしょうか。毎年作られる春高祭のプログラム冊子では、1969（昭和44）年以降、1986（昭和61）年にいたるまでの間、「グリーン・ファイア・フェスティバル」については、ページ全面を使ったイラストが描かれているのみで、その内容についての説明は一切書かれていません。

プログラム冊子の記述の中で、その次に具体的な記載があらわれるのは1987（昭和62）年の

第31回の時で、そこには次のように書かれています。

「6月である、春高祭である、フォークダンスである。タンゴブームなるものが最近あったが、そんなのはひと昔前、87年春はフォークダンスがおしゃれなのである。……さて、フォークダンスの横綱はなんといってもジェンカであるが、ここでは春高ジェンカと呼んでもらいたい。普通のジェンカとどこがどう違うかというと、脚は肩の線まで上げ、カスコー、カスコーと絶叫しながら踊りまくるのである。……そしてその後は校歌とバンザイの感動フルコースだ」

《ジェンカ》をフォークダンスの他の演目とは一味違う形で位置付け、その「過激」な踊り方を春高独特の文化として特権的な形で取り上げていることがわかります。「春高ジェンカ」という名称も登場しており、最後に校歌が歌われる慣習もすでにできあがっているようです。あくまでも「グリーン・ファイア・フェスティバル」という枠組みの中の話ではありますが、今日の「春高ジェンカ」につながるそのような変化がこの十数年の間に起きたことは間違いありません。

卒業生に対して行ったアンケートをみると、このあたりの変化についてもう少し絞り込んだ情報が得られます。1975（昭和50）年から80（昭和55）年までの卒業生計8名、1981（昭和56）年から84（昭和59）年までの卒業生計6名から回答がありましたが、1980年までの回答者はいずれもジェンカはあくまでもフォークダンスの演目のひとつであり、特別なものではなかった、他の演目と同じく男女混合で行われていた、と回答しています。それに対し、1981年以降の卒業生になると、「ジェンカ」がフォークダンスの演目のひとつとしてやられていたというところは変わりがないのですが、一部の生徒が、「ジェンカ」になると足を高く上げて踊る激しい踊り方をするようになったという回答が出てきます。

１９８４（昭和59）年3月に卒業した学年の複数の卒業生からは、そういう踊り方をする生徒が「1年から3年生にかけて割合が増えた気がする」、「特に、私が高3時（83年）のジェンカはある程度形ができあがってかなり激しかった」といった回答が出てきています。これについて最も詳しい回答をよせてくれた卒業生は「自分たちは、恐らくあのスタイル（脚上げ型春高ジェンカ）の基本を作り上げた時代に在籍していたと思っている」とも述べていますが、「ジェンカ」がフォークダンスの他の演目とは違う春高独自の踊り方を伴うものとして特別な位置を占めるようになっていったのがこの１９８０年代前半の時期であることはほぼ間違いないと思われます。

それは何か組織的な動きであったというよりは、かなり自然発生的なもののように思われます。「おそらく最初は悪ふざけでやっていたのが広まっていったのではないかと思います」、「それだけを踊ると言うよりかは、盛り上がって徐々に春高ジェンカを踊り始めて、女子がいなくなると言う、ある意味悪ノリ感が強かったです」といった回答が寄せられています。「最初は普通に踊っていて、徐々に春高ジェンカスタイル（脚上げ型）になって、一緒の列にいた春女生《かすじょ》（春日部女子高生徒）が抜けていって、気がつくと春高生だけの列になって」いたという説明があり、春高生限定の男だけの演目として意図的に仕組まれたというわけではないように思われます。

また校歌について言うと、１９７９（昭和54）年3月の卒業生の回答中にすでに、「グリーン&ファイアフェスティバルとしてフォークダンスが男女混合で行われ、最後に校歌が歌われるだけでした」という回答がありますから、校歌が歌われること自体は「ジェンカ」が春高独自の演目としての展開をはじめる以前から行われていたものであることがわかります。

こうして「春高ジェンカ」の独自の歩みがはじまったわけですが、その一方で強調しておく必要があるのは、この段階ではあくまでも「グリーン・ファイア・フェスティバル」という枠組みの中で、基本的にはフォークダンスのひとつの演目として位置付けられているということです。さきほどご紹介した1987（昭和62）年のプログラム冊子の説明のところにも、フォークダンスのレコードを何枚か重ねた写真がイラストとしてあしらわれていますが、一番上に坂本九の《レットキス》のレコードが置かれており、「春高ジェンカ」もまた、このような連関のなかで捉えられていることを示しています。

その2年後の1989（平成1）年（第33回）でも、「グリーン・ファイア・フェスティバル」のページは、「G．F．F．の正しい楽しみ方」という2ページ見開きの記事になっており、全体はあくまでも女子高生とフォークダンスをする際の話が中心で、最後に「かの有名な『春高ジェンカ』もちゃんとあるから心配無用」という形で触れられているにとどまっています。ただ、そのあたりから徐々に、「春高ジェンカ」が、「グリーン・ファイア・フェスティバル」という枠組みから自立してゆく動きが顕著になってきます。さらに2年後の1991（平成3）年の第35回のプログラムでは、同じ2ページ見開きながら、左ページに「世間公認男女社交場」というタイトルで「グリーン・ファイア・フェスティバル」、右ページに「毎年恒例魔神的脚力」というタイトルで「春高ジェンカ」の説明が書かれ、「春高ジェンカ」はほぼ独立したような扱いになっています。その後になると、春高祭全体のタイムテーブルの中でも「春高ジェンカ」は「グリーン・ファイア・フェスティバル」からは完全に独立して別枠の催し物として記載されるようになってゆきます。

また、1990（平成2）年（第34回）の説明には、「春高ジェンカ」について「まずね、スタートダッシュが大事なんだ。《レットキス》のナンバーが流れた瞬間、0・03秒以内に反応しなけりゃもうダメ。もちろん、隣にあの子がいたって、ふり切ってダッシュしなければならない。それが男ってもんさ」と書かれています。ここからは、女子生徒と一緒に踊るためのものである「グリーン・ファイア・フェスティバル」の他の演目とは完全に切り離され、「ジェンカ」が男子校ならではの「男の世界」を前面に出した演目として表象されていることがわかるのですが、「《レットキス》のナンバーが流れた瞬間」とあることから、現在の「春高ジェンカ」とは違って、あくまでも《レットキス》の曲が流れ、それに合わせて踊るものであったことも見逃せません。プログラム冊

春高祭のプログラム冊子の「春高ジェンカ」ページ（1987、1990、1993）。《ジェンカ》が徐々にフォークダンスの他の演目から独立してくる様子がわかる

子での記述からは、少なくとも１９９６（平成8）年の第40回までは、《レットキス》という曲や坂本九という名前への言及があることが確認できます。いつから楽曲が消失したのか、正確なところはわかりませんが、２０００年代になると、楽曲への言及は全くなくなってしまいます。そして、「男とはいったい何なのだろうか。……春高生であれば言葉にせずとも男を表現できるのではないか。つまりそれが春高ジェンカなのだ」（２００4年、第48回）、「水を被って、泥に、そして汗にまみれ、涙を流しながら歌って叫ぶ春高生の姿……これぞ、春高を、春高生徒を如実に表現しているものはなく、春高魂と愛校心を形にしたものはないであろう」（２００6年、第50回）といった表現が完全に定着してゆきます。

「右、右、左、左、前、後、カスコー」という掛け声についても、１９９６（平成8）年（第40回）の記述では、「春高ジェンカとは、《レットキス》のように『右・右・左・左・前・後。カースーコー』と叫びながら、ただひたすら回る、言うなれば、男の宴」とあり、元のフォークダンス曲が意識されていたことがわかりますが、２００６（平成18）年（第50回）では、単に「春高生は全員参加するべし!!　さあ叫ぼう!!　右！右！左！左！前！後ろ！春高！！！！」とだけあり、もはや原曲の影を感じることのできない記述になっています。２００４（平成16）年（第48回）からは、「一般のお客様は参加を控えていただく」、「春高生限定参加」といった注意書きがプログラム上にも明記されるようになります。また、２０１４（平成26）年からは「春高ジェンカ」のページに校歌の歌詞が掲載され、「よろしければご唱和ください」などと注記されるようになりました。

これらのことを総合すると、いま春高の、とりわけ男子校特有のメンタリティを強調し、春高への帰属意識のよすがになっているように思われる「春高ジェンカ」ですが、そのようなあり方は最初から具わっていたわけではなく、春高祭全体が変質してゆく中で、１９７０年代末から１９９０年代末にかけて徐々に確立してきたものとみることができるように思われます。そして校歌もまた、そのような過程に寄り添うような形で、そうした春高的メンタリティの象徴のような性格を強めてきたということになりそうです。それではこの時期、いったい何が起こったのでしょうか。春高祭のこうした変質の背景にあったのはどのような状況だったのでしょうか。

　このあたりは推測をまじえて語るほかないのですが、春日部高校の学校新聞である『春高新聞』で春高祭がどのように扱われているかをみてみると、その一端を窺い知ることができるように思われます。『春高新聞』の春高祭にかかわる記事を追ってゆくと、スタートして10年あまりが経過した１９６０年代末頃から春高祭の「マンネリ化」や「オマツリ化」の問題が指摘されるようになっていることがわかります。１９７４（昭和49）年12月19日の第１０４号の紙面では「曲がり角に立つ春高祭」という二ページ見開きの特集まで組まれています。もっとも、「マンネリ化」の指摘はこの頃にはじまったというわけではなく、もっぱらクラブの発表が中心であった初期の段階ですでに出てきています。特に文化部系の展示のようなものはそうそう新発見などがあるわけもありませんから、毎年似たようなものになりがちですし、こういう形だとクラブに所属している人以外はあまり参加意識をもつことが

春高新聞

マンネリ化の中で

第18回春高祭開かる

このままでいいのか

春高祭の「マンネリ化」を取り上げた『春高新聞』の記事（1974.12.19）

できず、参加者が増えることもなかなか期待できません。もちろん実行委員会の側もそれを打開すべく、クラブではなくクラスごとに参加する応募枠を徐々に広げるなどの方策をとっています。しかし、クラスでということになるとテーマを絞るのが難しく、今度はゲームや喫茶店、迷店街（春高祭では一時期、ものを販売する企画が一カ所にまとめられ、このように名付けられていました）といったものに傾きがちで、あまり「文化」の香りが感じられず、「オマツリ化」などとよばれて批判されるようになってきます。「春高ジェンカ」の特有のあり方が確立してくるこの1970年代末から1990年代末にかけての時期は、まさにそのような問題意識での試行錯誤が行われた時期であったことは間違いありません。

もっとも、『春高新聞』の論調は、いささか「タテマエ論」に傾きすぎている気味があるように思われます。まあ新聞というのはそういうものなのかもしれないのですが、「春高祭」というのですから「オマツリ」であるに違いなく、「オマツリ化」を批判されるいわれもないような気もします。当初の春高祭の形であったクラブの発表を中心とした「文化祭」モデルを基準に考えればたしかに、喫茶店などの「娯楽」的な企画ばかりが増えてくることは堕落ということになるわけで、オピニオンを牽引すべき新聞としてはそういうタテマエを振りかざさざるを得なかった側面もあるのでしょうが、一般の生徒はもう少し柔軟にこの変化を受け止めていたように思われます。「グリーン・ファイア・フェスティバル」や「春高ジェンカ」もまた、ある意味では「オマツリ」的なものです。初期の段階でファイアストームが導入されたり、そこにフォークダンスが取り入れられたりした動きは、もっぱらクラブの展示などを前面に出す形ではじまった春高祭に「オマツリ」性を吹き込むものだったでしょうし、その部分の生徒たちへの受けがよく、どんどん拡大していったのは必然的な流れであったようにも思われますが、新聞的なタテマエ論からすると、これらはあくまでも添え物であり、春高祭の最も中心をなすものではありませんでした。春高祭を取り上げた『春高新聞』の記事には「春高ジェンカ」の話は意外なほどに出てこないのです。1986(昭和61)年の記事にはじめて「グリーン・ファイア・フェスティバル」でのフォークダンスの場面の写真が掲載され(第148号、1986年6月7日)、キャプションに「春高祭最大のイベント」という言い方が出てきますが、その一方で春高祭全体については娯楽性への志向が強いことが批判されています。その後、1991(平成3)年にはポスターにジェンカの写真が使われたことについて、「春高祭のシンボルともいえるジェンカ」(第171号、1991年6月8日)という言い方が出てきます。さらにその後になってくると、春高祭の記事にはジェンカでびしょぬれになった生徒の写真に「春高生は吼える」等々のキャプションがつけられるようになってきます。言ってみれば、こうした「オマツリ」中心への流れを一般の生徒が主導し、タテマエをかざしていた新聞もやがてそちらに寄り添ってゆく、というような状況が生じたように思えるのです。

そういうなかで大きな役割を果たしたのが校歌だったのではないかと私には思えます。「グリーン・ファイア・フェスティバル」にしても「春高ジェンカ」にしても、たしかに「オマツリ」的なもので、当初は文化祭の中心的なイヴェントとはみなされなかったかもしれませんが、ゲームや喫茶店のように名指しで批判されてはいません。そして後になるとそれが「春高らしさ」と結びつけてポジティブに捉えられるようになり、男子校的な側面が前面に出てくるようになります。2002(平成14)年からはじまった「ミス春高」という女装コンテスト企画なども逆に、そういう流れのなかから登場したものとみることができるかもしれません。「オマツリ化」がそのような形で春高のアイデンティティとむすびつくということによって、これらの企画は単なる「オマツリ」であることをこえて春高祭の新たな中心になりえたと言ってもよいかもしれません。そして校歌は、このような形で新たに生まれ変わった春高祭を支える「春高アイデンティティ」のいわば象徴として機能することになったのです。

このことは春高祭だけにとどまらず、校歌が学校の象徴として機能するという、より大きな問題にもかかわってきます。春日部高校の生徒たちがことさら校歌を好むという現象は、もちろんこのときにはじまったことではないだろうと思います。しかし、『春高新聞』の記事をみていると、この頃までにほとんどなかった、校歌について触れている記事がこのあたりから増え始めていることがわかります。1987（昭和62）年の第152号（1987年6月6日）では校歌だけではありませんが、校章や校訓なども含めた「春高のシンボル」という特集が組まれ、生徒たちへのアンケートの結果が紹介されています。この号がこの年の春高祭の記事と一緒に掲載されているのはたぶん偶然でしょうが、その5年後の第176号（1992年6月6日）に掲載された「校歌の『効果』」という記事は明らかに、春高祭を意識したものになっています。そしてそこでは、生徒の意識や曲自体の素晴らしさだけでなく、春高祭などの機会にそれを皆で歌うことの意義についても触れられており、「明治以来歌い続けられてきた伝統のある春高の校歌。先輩、OBとの絆とも言えるこの歌を、あしたの『臙脂の集い』や『ジェンカ』で思いっきり歌おう」と結ばれています。

春日部高校は男子校です。第二次大戦後の学制改革に際しても、男女共学などの荒波にさらされることなく今にいたることができたわけで、戦前から積み重ねられてきた旧制中学校の「伝統」が、「男子校」としての今の学校文化を支える礎になっている面があることはたしかです。しかしそのことは、現在の春日部高校で展開されている「男子校」的な学校文化が、過去の遺産をそのままの形で継承していることを意味するわけではありません。それぞれの時代に生き、それらの遺産と関わりをもつことになった多くの人々が、時には大きな変更を加えたり、新たなものを編み出したりしながら皆で守り育ててきたものとして、「伝統」はつねに「現在形」のものとして存在しています。

「春高ジェンカ」にみられるような春日部高校の男子校文化は、たしかにかなり強烈なものですが、この地域にはそれとペアになる形で春日部女子高校（春女《かすじょ》）という女子校があり、両々相まって、それぞれに独自の学校文化を積み上げてきました。しかし最近では、こうした男女別学への風あたりが強くなっています。春高などの埼玉県内の別学の県立高校についても、2023（令和5）年に埼玉県男女共同参画苦情処理委員から埼玉県教育委員会教育長に対して、共学化を促す勧告が行われました。本書ではすでに第3章で、戦後の学制改革の際の共学化をめぐって起こった動きについて取り上げましたが、そこでも述べたように、「学校文化」という観点からみたとき、そのような共学化の動きは壮大な「異文化接触」ともいうべき地滑り的大変動を招来するものであり、そこに新たに共学校に見合う文化を構築し直すことがいかに大変なことであるかということは、いくら強調してもしすぎることはないように思います。もちろん、共学化のもつ意義やメリットを一概に否定するつもりなどありませんが、戦後の学制改革の後も80年近くにわたって男子校／女子校としてそれぞれに積み重ね、築き上げてきた文化の厚みをどのように受けとめ、継承してゆくかということはとても大きな問題だと思うのです。

春高でも今日にいたるまでの間に男子校であるがゆえに可能になったような学校文化が、いろいろな形で積み上げられてきました。「春高ジェンカ」はその代表格ともいえるものですが、「春高体操」などというものもあります。こちらは1964（昭和39）年に赴任し、1980（昭和55）年まで在職した体育教師・田中靖男が考案した独自の体操で、運動会や体育の授業などでずっと使われ続けてきました。音楽に関しても、校歌だけでなく独自の応援歌もいろいろ作られ、学校文化を豊かに彩っています。最も古いと思われる応援歌は《秩父の嶺》で、これは第2章でも取り上げた慶應義塾の《天は晴れたり》の「替え歌応援歌」ですが、そこからはじまって、戦後には国語教員・森田壽雄（1952－1981年在職）の作詞、音楽教員・杉山穎司（1950－1968年在職）の作曲によって作られた《若き血潮》（1961）や、応援指導部副団長であった上野賢了（1979年卒業）の作詞作曲によって作られた《春高健児》（1977）といった新曲も次々と加えられ、今日まで継承されてきました。もちろん旧制中学校以来の校風を引く男子校の応援歌ですから、《秩父の嶺》にも「マースの盾と矛持ちて／立てる男子を君見ずや」などという歌詞が出てきたりもしますし、《春高健児》などはそもそもタイトルからして「男性原理」的です。これが共学化されることになれば、当然そういうものは歌詞を変えられたり、歌われなくなったりすることは不可避だろうと思われます。「春高ジェンカ」がなくなるなどの大きな変化がもたらされれば、校歌にしても今のようなあり方を保ち続けることはできなくなるでしょう。

もちろんそれはそれで、学校文化が時代に合わせて変化してゆく一コマとも言えるでしょうが、一律に「共学化」を行えば、本章で描き出してきた春高のような「男子校文化」の問題にとどまることなく、それに匹敵する形で春女などの女子校に蓄積されてきた「女子校文化」もまた存続の危機に瀕するような状況になることを思うと、「たらいの水と一緒に赤ん坊を流す」ようなことになりかねないという危機感をおぼえてしまいます。本気で「共学化」の道を歩もうとするのであれば、積み上げられてきた学校文化の重みをかみしめるとともに、それらを受け止めつつ相当の時間をかけて作られてゆくことになるであろう新たな学校文化の確固としたビジョンをもつことが求められるのではないでしょうか。そのあたりの配慮がないまま、一律に「共学化」を推し進めようとすることは、それぞれの学校の個性を反映した多様な広がりをもっていた学校文化を画一化し、つまらないものにしてゆくだけではないかと、私などは思ってしまうのですが。

あとがき

校歌という存在はずっと気になっていましたが、これまで私のメインの研究テーマになったことはありませんでした。本書第1章で示した、校歌を「コミュニティ・ソング」の変種としてみる捉え方についてはすでに『歌う国民：唱歌、校歌、うたごえ』（中公新書、2010）で書きましたし、第2章の「替え歌校歌」についても、「校歌：替え歌の文化が結ぶ共同体」（鷲田清一編著『大正＝歴史の踊り場とは何か：現代の起点を探る』、講談社選書メチエ、2018）で簡単に取り上げましたが、今回あらためて、いろいろなトピックに正面から取り組んでみて、これまで触れることのなかった新たな光景が目の前に開けてきたことを感じています。

そのような景色をひらいてくれる最大の糸口となったのが、生徒たちの作った高校新聞の存在でした。年史などの公的な学校史記述にはなかなか現れてこないような細かな事実関係を知ることができたということもありますが、何と言っても大きかったのは、これまでともすると、制定する側、作る側の目線からの話になりがちだった校歌というテーマに対して、それを受け止める側、歌う側の視点を提供してくれたことで、それによって、そちら側から見るとどれほど違った景色が開けてくるかを知ることができたように思います。

本書の最後には、埼玉県立春日部高校を取り上げた事例研究の章を置いていますが、実のところこのあたりのことは、本書を構想した最初の段階では全く視野にはいっていませんでした。校歌を受け止める側という視点からの考察を進めるなかで対象として浮かび上がり、いわば吸い寄せられるように引き込まれていった結果として、これまで文献研究を中心に進めてきた私としては柄にもなく、この歳になってはじめて、アンケートや聞き取り調査に手を出すような形になった次第でした。しかし今こうして一段落してみると、単に校歌の研究に関わる話としてという以上に、ひとつの音楽の周囲に形作られる文化というものを考えてゆく際のものの見方に関わる重要なヒントをいくつも得た感じがしています。限られたスペースのなかで十分に伝え切れたかどうかわかりませんが、そのおもしろさをひとつでもふたつでも読者の方に共有してもらえればと思っているところです。

そのようなわけで、とりわけ春日部高校の関係者の方々にはひとかたならぬご協力をいただきました。最初に調査に伺った同校同窓会事務局で、竹村義人さん、関根務さんに大変親切に対応していただいたことにはじまり、同校在学時に吹奏楽部長を務められた太田行信さん、吹奏楽OB会の会長を務められた加藤友信さんとは、ひょんなことから知り合いとなり、特にアンケート調査の実施にあたっては全面的にご協力いただきました。また、もう少し後の世代の卒業生である関根綱さんにもさまざまな情報を提供していただきました。そして何よりも、聞き取りにご協力いただいた小菅泰雄先生と山崎茂さんには最大の感謝を申し上げたいと思います。その過程でいろいろやりとりをする中からも、またアンケートに答えてくださった方々の文面からも、卒業生の方々の母校愛の強さと校歌に対して寄せる思いの熱さがいやというほど伝わってきて、圧倒される思いでした。

そのほかにも、神奈川県立横浜平沼高校同窓会（真澄会）事務局、成城学園教育研究所には、所蔵されている貴重な資料を閲覧させていただくとともに、さまざまな情報提供をいただきましたことに、あらためて御礼申し上げます。いろいろな学校を訪れるたびに、そこで接する方々の母校愛とともに、それぞれの学校に固有の空気感のようなものを感じさせられます。そんな見えない校風や伝統が消し去られて画一化されていってしまうことがないよう、祈らずにはいられません。

最後に、本書をご担当いただいた新潮選書編集部の庄司一郎さんに感謝のことばをささげたいと思います。執筆の過程でかわされた何気ない一言から、書物もまた、書き手だけでなく、そこに関わるいろいろな方々が受け止め、関わってくれることで成り立つものであることを感じさせられることも多々ありました。そういう関係がこれからも、一冊の本のまわりに形作られる「文化」として継承されてゆく、そんなつながりが作られてゆくことを心から願っています。

2024年5月

著者しるす

文献リスト

関連する文献について、本書で引用、言及したものを中心に、主要なものをリストアップした。新聞記事、雑誌記事については本文中に典拠を記載し、ここでは省略した。

高校新聞

北海道函館東高等学校　『青雲時報』縮刷版　１９４９〜１９７７　創刊百号記念、１９７７
福島県立会津高等学校　『学而新聞』縮刷版　１９４６〜１９８３、１９８４
茨城県立下妻第一高等学校　『為桜新聞』復刻、１９９４
埼玉県立春日部高等学校　『春高新聞』縮刷版　１９４９〜１９８９　創立90周年記念、１９８９
埼玉県立春日部高等学校　『春高新聞』縮刷版Ⅱ　１９８９〜１９９９　創立百周年記念、１９９９
埼玉県立川越高等学校　『川越高校新聞』縮刷版　１９５０〜１９９８　創立１００周年記念、１９９９
東京都立新宿高等学校　『朝陽時報』縮刷版　１９４７〜１９６５、１９６５
神奈川県立湘南高等学校　『湘高新聞』復刻版　１９４７〜２００５　創立85周年記念、２００６
神奈川県立横浜平沼高等学校　『平沼時報（第一女高時報）』
静岡県立浜松北高等学校　『浜松北高新聞』縮刷版　１９４８〜１９９４　創立百周年記念、１９９４
富山県立魚津高等学校　『魚高新聞』縮刷版による半世紀の軌跡　１９５０〜１９９９　創立百周年記念、１９９９
石川県立金沢泉丘高等学校　『いずみの原（桜章時報）』縮刷版　１９３７〜１９８４、１９８４
熊本県立済々黌高等学校　『済々黌新聞』縮刷版　１９４７〜１９８２　創立百周年記念出版、１９８２
長崎県立大村高等学校　『大高新聞』縮刷版　１９４９〜１９８４、創立百周年記念、１９８４

学校史・記念誌など（映像・音源含む）

北海道北見北斗高等学校（旧野付牛中学校）
『五十年の歩み：五十周年記念誌』（１９７２）

北海道帯広柏葉高等学校（旧帯広中学校）
《北海道帯広柏葉高等学校 校歌・応援歌》（レコード、１９８３）

北海道函館商業高等学校（旧函館商業学校）
『創立四十年記念 函館商業学校沿革史』（１９２９）、『函商八十年史』（１９６９）、『函商百年史』（１９８９）、《校歌・応援歌集 函商創立90周年記念》（レコード、１９７３）

青森県立八戸高等学校（旧八戸中学校）
『大杉平の七十年』（１９６３）、『写真で見る大杉平の八十年』（１９７３）、『春秋大杉平：八中八高の百年』（１９９３）、《大杉原頭のこだま：八中・八高 校歌応援歌集》（レコード、１９７８）

青森県立弘前高等学校（旧弘前中学校）
『鏡ヶ丘百年史』（１９８３）

岩手県立盛岡第一高等学校（旧盛岡中学校）
『創立六十周年』（１９４０）、『白亞校80年史』（１９６０）、『白堊校九十年史』（１９７０）、『白堊校百年史』（通史、年表、写真、１９８１）、《世に謳はれし浩然の》（レコード、１９６８）

岩手県立盛岡農業高等学校（旧盛岡農学校）
『岩手県立盛岡農学校創立五十周年祝賀記念帖』（１９２９）、『創立90周年記念誌』（１９６９）、『創立１００周年記念誌』（１９７９）

岩手県立盛岡商業高等学校（旧盛岡商業学校）
『盛岡商業高等学校創立百周年記念誌 士魂商才』（全4巻、２０１４）、

《ああ我が盛商》（レコード、1977）
岩手県立一関第一高等学校（旧一関中学校）
『岩手県立一関第一高等学校七十年記念誌』（1968）、『一関一高八十年史』（1978）、『一関一高九十年史』（1988）、『温故知新：一関一高百周年記念誌』（1999）、《我が母校 昭和53年度卒業記念》（ソノシート、1978）
岩手県立福岡高等学校（旧福岡中学校、福岡高等女学校）
『福陵60年史』（1962）、『福陵八十年史』（1981）、『福陵百年史：福岡高校百周年記念誌』（上下、2002）、《校歌・応援歌 創立90周年記念》（CD、1991）
岩手県立黒沢尻北高等学校（旧黒沢尻中学校）
『黒陵五十年史』（1974）、『黒陵八十年史：向上の一路』（2004）
岩手県立黒沢尻工業高等学校（旧黒沢尻工業学校）
『黒工三十年史』（1971）、《黒工心の詩》（レコード、1982）
秋田県立秋田高等学校（旧秋田中学校）
『秋高百年史』（1973）、《秋田県立秋田高等学校 校歌・応援歌・部歌：創立130周年記念「大樹～樹齢130年の息吹～」》（CD、2003）
秋田市立秋田商業高等学校（旧秋田市商業学校）
《秋田市立秋田商業高等学校創立50周年記念》（レコード、1970）
秋田県立大館鳳鳴高等学校（旧大館中学校）
《校歌・応援歌集》（レコード、1978）
宮城県白石高等学校（旧白石中学校）
『白高百年史』（1999）
福島県立会津高等学校（旧会津中学校）
『会津中学校五十年史』（1940）、『創立七十周年記念誌』（1960）、『学而会雑誌』（復刻版、全8巻＋索引、1989）、『会津高等学校百年史』（1991）、《福島県立会津高等学校 校歌・応援歌集》（CD、2003）
福島県立安積高等学校（旧安積中学校）
『福島県立安積中学校50年史』（1934）、『安積九十年のあゆみと誇り』（1975）、《福島県立安積高等学校創立百周年記念 校歌／応援歌》（レコード、1983）
茨城県立下妻第一高等学校（旧下妻中学校）
『為桜百年史』（1997）、『為桜百十年』（2007）
茨城県立竜ヶ崎第一高等学校（旧龍ヶ崎中学校）
『星霜百年白幡台』（2001）
群馬県立前橋高等学校（旧前橋中学校）
『前橋高校八十七年史』（上下、1964）
群馬県立高崎高等学校（旧高崎中学校）
『高崎高校八十年史』（上下、1980）、《群馬県立高崎中学校校歌 高中校友会歌 高中野球部応援歌 高中庭球部応援歌》（レコード、制作年不詳）
群馬県立太田高等学校（旧太田中学校）
『太田高校九十年史』（1987）、『金山麓やまざる流れ：太田高校百年』（1997）
栃木県立足利工業高等学校（旧足利工業学校）
《卒業記念 昭和43年度》（レコード、1968）
埼玉県立浦和高等学校（旧浦和中学校）
『銀杏樹：八十周年誌』（1975）、『百年誌 銀杏樹』（礎編、雄飛編、1995）、《埼玉県立浦和高等学校 校歌 応援歌》（レコード、1983）
埼玉県立浦和第一女子高等学校（旧浦和高等女学校）
『百年誌 ゆうかりとともに』（2000）
埼玉県立川越高等学校（旧川越中学校）
『百周年記念誌 くすの木』（1999）
埼玉県立春日部高等学校（旧粕壁中学校）
『やぎさき：創立八十周年記念誌』（1979）、『春日部高校百年史』（1

９９９）、《大河滔々～春日部高等学校の一世紀～創立１００周年記念》（ＤＶＤ、１９９９）、卒業記念レコード・ＣＤ（１９８３～２００７）

千葉県立千葉高等学校（旧千葉中学校）
『創立百年』（１９７９）、《創立１１０周年記念》（レコード、１９８８）

千葉県立千葉女子高等学校（旧千葉高等女学校）
『創立80周年記念誌』（１９８２）、《昭和42年度卒業記念 千葉県立千葉女子高等学校》（ソノシート、１９６７）

千葉県立茂原樟陽高等学校（旧茂原農学校）
『茂農の歴史百年』（１９９７）

東洋英和女学院
『東洋英和女学校五十年史』（１９３４）、『東洋英和女学院１２０年史』（２００５）、『東洋英和女学院史料室だより』第86号（特集 校歌、２０１６）、《東洋英和女学院 校歌 創立百周年記念》（レコード、１９８４）

保善高等学校（旧東京保善商業学校）
《校歌 愛唱歌 創立60周年記念》（レコード、１９８３）

成城学園
『成城学園五十年』（１９６７）、『成城学園六十年』（１９７７）

開成学園
《開成学園校歌 ボートレース応援歌》（レコード、１９７３）

神奈川県立湘南高等学校（旧湘南中学校）
『湘南』創立三十周年記念（１９５１）、『湘南』五十周年誌（１９７２）、『湘南』六十周年誌（１９８１）、《神奈川県立湘南高等学校 校歌・応援歌》（レコード、１９８３）

神奈川県立横浜平沼高等学校（旧横浜第一高等女学校）
『花橘』紀元二千六百年奉祝 創立四十周年記念号（１９４０）、『創立九十周年・新校舎落成記念誌』（１９９２）、『創立百周年記念誌』（学校編・同窓会編、２０００）、《20世紀とともに：神奈川県立横浜平沼高校１００年のあゆみ》（ＶＨＳ、２０００）、《神奈川県立横浜平沼高等学校 卒業記念ＣＤ》

横浜市立横浜商業高等学校（旧横浜商業学校）
《横浜市立横浜商業高等学校校歌・応援歌》（レコード、制作年不詳）

藤嶺学園藤沢高等学校（旧藤沢中学校）
《藤嶺学園藤沢高等学校 校歌・応援歌集》（レコード、制作年不詳）

静岡県立静岡高等学校（旧静岡中学校）
『静中静高百年史』（上下）（１９７８）、『回想 静岡中学校：戦中戦後の激動期を生きて』（２００４）、《静高の歌：創立百周年記念》（レコード、１９７８）

静岡県立沼津東高等学校（旧沼津中学校）
『沼中東高八十年史』（上下、統計資料、１９８１）、『沼津中学・沼津東高百年史』（上下、２００１）

静岡県立掛川西高等学校（旧掛川中学校）
『掛中掛西百年史』（２０００）、《掛西の歌：静岡県立掛川西高等学校創立１００周年記念》（ＣＤ、２０００）

静岡県立榛原高等学校（旧榛原中学校）
『90年の歩み』（１９９０）、『榛原高校百年史』（２０００）、《校歌・応援歌集 創立１００周年記念》（ＣＤ、２０００）

静岡県立浜松北高等学校（旧浜松第一中学校）
『浜松北高等学校八十年史』（１９７４）、『浜松北高百年史』（１９９４）、《静岡県立浜松北高等学校歌集　校歌　応援歌　生徒の歌　浜松北高等学校創立70周年記念》（ソノシート、１９６４）、《静岡県立浜松北高等学校創立１００周年記念》（ＣＤ、１９９４）

静岡県立浜松商業高等学校（旧浜松商業学校）
『七〇周年記念誌』（１９６９）、『緑芽伸びゆく：静岡県立浜松商業高等学校創立百周年記念誌』（１９９８）

山梨県立甲府第一高等学校（旧甲府中学校）
『創立五十周年記念誌』（１９３０）、『山梨県立甲府中学校・甲府第一高等

学校創立百二十周年記念誌』（２００１）

長野県松本深志高等学校（旧松本中学校）

『長野県松本中学校・長野県松本深志高等学校九十年史』（１９６９）、『深志百年』（１９７８）、『深志１４０年のあゆみ』（２０１６）、《礎固し我が母校 松本深志高校創立１４０周年記念》（ＤＶＤ、２０１６）、『松本深志高等学校 校歌 応援歌 記念祭歌』（レコード、制作年不詳）

長野県上田高等学校（旧上田中学校）

『長野県上田高等学校史』（草創編、中学前編、中学後編、高校第一編、１９８０-１９９５）、《母校の思い出 社団法人上田高等学校同窓会 会館落成記念》（ソノシート、１９６４）

長野県飯田高等学校（旧飯田中学校）

『長野県飯田中学校・長野県飯田高等学校校史』（１９８０）、《長野県飯田高等学校 校歌・応援歌》（ＣＤ、２００５）

長野県諏訪清陵高等学校（旧諏訪中学校）

『清陵八十年史』（１９８１）

長野県下伊那農業高等学校（旧下伊那農学校）

《祝卒業 長野県下伊那農業高等学校校歌》（レコード、制作年不詳）

新潟県立長岡高等学校（旧長岡中学校）

『長岡高等学校百年史』（１９７１）、《新潟県立長岡高等学校 校歌・応援歌集》（ＣＤ、１９９５）

新潟県立高田高等学校（旧高田中学校）

『高田高等学校百年史』（１９７３）、《妙高山は峨々として：新潟県立高田高等学校創立百二十周年記念》（ＣＤ、１９９３）

新潟県立新発田高等学校（旧新発田中学校）

『新発田高等学校百年史』（１９９６）

富山県立魚津高等学校（旧魚津中学校、魚津高等女学校）

『魚高八十年史』（１９７８）、『魚津高校百年史』（１９９９）

石川県立金沢泉丘高等学校（旧金沢第一中学校）

『金沢一中 泉丘高校七十年史』（１９６３）、『金沢一中 泉丘高校百年史』（前編・後編、１９９３）

福井県立武生高等学校（旧武生中学校）

『武生高等学校七十年史』（１９６９）、『武高八十年のあゆみ』（１９７８）、『武生高等学校百年史』（１９９９）、《福井県立武生中学校・福井県立武生高等女学校・福井県立武生高等学校 創立80周年記念》（レコード、１９７８）

至学館高等学校（旧中京裁縫女学校）

《夢追人 至学館高等学校校歌》（ＣＤ、２０１２）

三重県立四日市高等学校（旧富田中学校）

『四日市高等学校七十年史』（１９７１）

滋賀県立彦根東高等学校（旧彦根中学校）

『彦中五十年史』（１９３７）、『彦根東高百二十年史』（１９９６）、《校歌・応援歌 滋賀県立彦根東高等学校創立90周年記念》（レコード、１９７７）

大阪府立北野高等学校（旧北野中学校）

『北野百年史：欧学校から北野高校まで』（１９７３）、『北野百二十年』（１９９３）、「北野のうた」（Ｗｅｂサイト、https://www.rikuryo.or.jp/museum/song/song00.html）、《わが母校 北野のうた 大阪府立北野高等学校創立１２０周年記念》（ＣＤ、１９９３）

兵庫県立神戸高等学校（旧第一神戸中学校、第一神戸高等女学校）

『校友会誌』三十周年記念号（第一神戸中学校、１９２６）、『創立三十周年記念誌』（第一神戸高等女学校、１９３２）、『六十周年記念帖』（１９５６）、『70年のあゆみ』（１９６６）、『神戸高校百年史』（学校編、同窓会編、映像編、１９９７）、『神戸高校１１０年史』（２００６）、『Songs to Remember for Kobe H.S.Students』（歌集、１９５２、改訂版１９７１）、《神戸一中・県一高女・神戸高校 青春の詩》（レコード、１９７６）

兵庫県立兵庫高等学校（旧第二神戸中学校、第四神戸高等女学校）

『創立六十年』（1968）、『ゆうかり歌集　創立70周年記念』（歌集、1978）、《ゆうかり歌集》（CD、2008）

兵庫県立姫路西高等学校（旧姫路中学校）

《光かがよう 兵庫県立姫路中学・姫路西高創立百周年記念》（レコード、1978）

山口県立防府高等学校（旧防府中学校）

『山口県立防府高等学校百年史』（1979）、《山口県立防府高等学校 校歌・応援歌集》（レコード、制作年不詳）

愛媛県立松山商業高等学校（旧松山商業学校）

《輝く伝統織り成す校史：新たなる創造をめざして 創立80周年記念 松山商業高等学校 校歌・応援歌》（レコード、1981）

福岡県立修猷館高等学校（旧中学修猷館）

『修猷館二百年史』（1985）、《修猷歌集》（DVD、2012）

福岡県立小倉高等学校（旧小倉中学校）

《福岡県立小倉高等学校》（レコード、制作年不詳）

熊本県立済々黌高等学校（旧中学済々黌）

『多士』創立三十周年記念号（1912）、『多士』創立五十周年記念号（1932）、『多士』創立七十周年記念号（1953）、『多士』創立八十周年記念号（1963）、『済々黌百年史』（1982）、『多士』創立一〇〇周年記念号（1983）、《済々黌 百周年記念》（レコード、1982）

熊本県立熊本高等学校（旧熊本中学校）

『熊中・熊高八十年史』（1986）、『熊中・熊高百年史』（上下、2000）、『熊中・熊高 写真で見る百年史』（2001）

長崎県立大村高等学校（旧大村中学校、大村高等女学校）

『創立七十周年記念誌』（1956）、『玖城』創立八十周年記念号（1965）、『大村高校百年史』（1985）

鹿児島県立鶴丸高等学校（旧第一鹿児島中学校、第一高等女学校）

『創立七十周年記念誌』（1965）、『創立八十周年記念誌』（1974）、『創立百年』（1994）、『創立百周年記念誌』（1995）、『創立百二十五年』（2019）、『創立125周年記念誌』（2019）、《はろばろと 鹿児島県立 第一鹿児島中学校 第一高等女学校 鶴丸高等学校 愛唱歌集》（レコード、1978）

鹿児島県立甲南高等学校（旧第二鹿児島中学校、第二高等女学校）

『創立五十周年記念誌』（1956）、『創立七十周年記念誌』（1976）、《愛唱歌集：鹿児島県立第二鹿児島中学校・鹿児島県立第二高等女学校・鹿児島県立甲南高等学校》（レコード、1979）

その他の学校別関連文献

北海道函館商業高等学校（旧函館商業学校）

大角愼治『北海道庁立函館商業学校・北海道函館商業高等学校 校歌の周辺』（調査資料）、私家版、2014

大角愼治『北海道函館商業高等学校校歌・応援歌集』（調査資料）、私家版、2017

岩手県立盛岡第一高等学校（旧盛岡中学校）

毎日新聞社盛岡支局編『あゝ青春：盛岡第一高等学校白亜外史として』、毎日新聞社盛岡支局、1978

『白堊熱球譜：盛岡一高野球部創設百周年記念誌』、岩手県立盛岡第一高等学校野球部後援会事務局、1999

瀬戸邦弘「伝統校という歴史空間を構築する応援団：岩手県立盛岡第一高等学校の事例から」、丹羽典生編著『応援の人類学』、青弓社、2020、146-174

岩手県立一関第一高等学校（旧一関中学校）

毎日新聞社盛岡支局編『あゝ青春：一関一高』、毎日新聞社盛岡支局、1977

『われら質実剛健』、一関一高二九会、1997

『一関一高野球部100年史』、岩手県立一関第一高等学校野球部OB会事

務局、２００１
「一関一高応援団幹部室」（Ｗｅｂサイト、http://www12.plala.or.jp/hakanz/top.html）

岩手県立福岡高等学校（旧福岡中学校、福岡高等女学校）
『陣場台熱球録：岩手県立福岡高等学校野球部百周年記念誌』、岩手県立福岡高等学校野球部ＯＢ会、２００５
「福陵博物館」（Ｗｅｂサイト、https://airinjuku.blog.fc2.com/）

秋田県立秋田高等学校（旧秋田中学校）
サンケイ新聞秋田支局編『伝統は生きている：秋高青春史』、明昭会、１９６５

福島県立安積高等学校（旧安積中学校）
福島民報社編『わか草萌ゆる：安積高校百年』、福島民報社、１９８４

茨城県立下妻第一高等学校（旧下妻中学校）
『旧制下妻中学校卒業生の思い出集：明治・大正・昭和五十二年の歩み』、『旧制下妻中学校卒業生の思い出集』刊行会、２００１
『為桜四八会記念文集：星霜ここに三十五年』、茨城県立下妻中学校・下妻第一高等学校為桜四八会、１９８４
『続為桜四八会記念文集：卒業五十周年』、茨城県立下妻中学校・下妻第一高等学校為桜四八会、１９９８
『定期戦50回記念誌』、茨城県立水海道第一高等学校・茨城県立下妻第一高等学校、１９８７

栃木県立烏山高等学校（旧烏山中学校）
草野武一『川俣英夫先生伝』、栃木県立烏山中学校、１９４１
「町民と歩む創立記念行事：県立烏山高等学校」、『教育とちぎ』第41巻第11号、１９９１、13

埼玉県立春日部高等学校（旧粕壁中学校）
荒木貞行「校歌について考える」（調査メモ、春日部高等学校同窓会室所蔵）、２００９
《臙脂に燃えた男たち：埼玉県立春日部高等学校応援指導部ＯＢ会15周年記念誌［映像版］》（ＤＶＤ）

神奈川県立湘南高等学校（旧湘南中学校）
『湘南・浦和定期交歓戦45年の歴史』、湘南高校ＰＴＡ体育委員会、２００１（http://www.shoyukai.org/archive/urakousen/shiryo-2001.html）

神奈川県立横浜平沼高等学校（旧横浜第一高等女学校）
前田一男「旧制から新制への移行期における横浜の中等学校：横浜三中・第一高女から横浜緑ヶ丘高校・横浜平沼高校へ」、『市史研究　よこはま』第16号、横浜市史編集室、２００４、14-47

静岡県立浜松商業高等学校（旧浜松商業学校）
『闘魂　浜商野球：浜商硬式野球部創部80周年記念誌』、静岡県立浜松商業高等学校野球部ＯＢ会・後援会、２００５

長野県松本深志高等学校（旧松本中学校）
鎌倉通敏『鯉のぼりの丘：ある地方高校の青春』、銀河書房、１９８０
毎日新聞松本支局編『松本深志高校ものがたり（高校風土記）』、郷土出版社、１９８９
『松本中学校　松本深志高校野球部の一世紀』、長野県松本深志高校野球部ＯＢ会、２００４
堤ひろゆき「『声援』と『応援』の違い：第一高等学校と長野県松本中学校における応援団組織化による校友共同体形成」、『上武大学ビジネス情報学部紀要』20、２０２１、1-11
井上義和・加藤善子編『深志の自治：地方公立伝統校の危機と挑戦』、信濃毎日新聞社、２０２３

新潟県立長岡高等学校（旧長岡中学校）
長高健児「長岡高校応援歌物語」（Ｗｅｂサイト、http://hanabi.wado-tokyo.net/長岡高校応援歌物語・序章/）、２００６

新潟県立高田高等学校（旧高田中学校）
《妙高山は峨々として／高田の四季》（レコード、唄：デューク・エイセス、

東芝レコード、１９６８）
富山県立魚津高等学校（旧魚津中学校、魚津高等女学校）
『魚中三八回生 級友録』、富山県立魚津中学校三八回生有志、１９６２
兵庫県立兵庫高等学校（旧第二神戸中学校、第四神戸高等女学校）
『風雪六十年：激動の二中時代』、兵庫県立第二神戸中学校三十五陽会、１９８９

楽譜集、歌詞集

校歌集
奥村正子・田村洋子・飯田洋編、『千葉県下の各高等学校校歌集』、私家版、２０００
出口競編『全国校歌・寮歌・応援歌と其の解説』、文行社、１９２５
門馬直衛編『学校唱歌集』（世界音楽全集第35巻）、春秋社、１９３２
蘭汀書院編『学校歌集』、奉公会、１９１０
『全国大学短大高専校歌集』（『日本歌謡事典』別冊）、桜楓社、１９８５
『山田耕作全集』第7巻「国民歌謡曲集」、春秋社、１９３１

早稲田、慶應義塾応援歌集
三堀国雄編『早稲田歌集』、進文盟社出版部、１９０７
早稲田大学応援部編『創立80周年記念早稲田大学歌集』、稲門堂、１９６２
『慶應義塾案内』、丸善三田出張所、１９３７
『慶應歌集』、慶應義塾大学自治委員会応援指導部、１９４６

旧制高校寮歌集
『寮歌集』、一高会、１９５５
『第二高等学校歌集』、第二高等学校尚志同窓会、１９７６
『三高歌集』（三高創立１３０年記念）、三高同窓会、１９９８
『北大寮歌集』（水野一・川越守校訂）、北海道大学図書刊行会、１９７６

その他
M・J・ブリストウ（別宮貞徳監訳）『世界の国家総覧』、悠書館、２００８
堀内敬三・井上武士編『日本唱歌集』、岩波文庫、１９５８

その他の資料

音楽取調掛「音楽取調成績申報書」、『洋楽事始：音楽取調成績申報書』（伊沢修二編著、山住正己校註）、平凡社（東洋文庫）、１９７１
国民教育研究会編纂『形式の解説を主としたる国語教授日案』、啓成社、１９１０
内務省編『労働運動概況　大正十二年』、内務省、１９２３
谷川俊太郎「校歌は変る：一実作者の感想」、『世界』１９７４年11月号、３００‐３０５
出口競『校歌ロオマンス』（正・続）、実業之日本社、１９１６、１９１９
山松鶴吉『尋常小学校管理教授及訓練の実際』（第一学年～第六学年）、同文館、１９１２‐１９１３
『応援団・六旗の下に：東京六大学応援団連盟36年の歩み』、ユーゴー、１９８４
『全国高等学校野球選手権大会史』、朝日新聞社、１９５８
『選抜高校野球大会三十年史』、毎日新聞社、１９５８

単行本、論文（校歌関係）

伊藤潮「戦前の小学校校歌等歌曲の『認可制』に関する研究：校歌『認可制』の法的根拠の探究」、『北海道文教大学論集』第16号、２０１５、１‐28
市川市教育委員会編『校歌は生きている』、市川市教育委員会、１９８７
入江直樹「儀式用唱歌の法制化過程：一八九四年『訓令第七号』が学校内唱歌に残したもの」、『教育学雑誌』第28号、１９９４、２０８‐２１９

折原明彦『校歌の風景：中越地区小中校歌論考』、野島出版、1997
小松崎兵馬『浦和の校歌』、さきたま出版会、1992
佐々木正太郎『岩手の校歌ものがたり』、ツーワンライフ、2000
嶋田由美「小学校校歌制定に関する研究：明治後期における東京府内小学校校歌制定過程の分析を通して」、『音楽教育学』第16号、1987、16-27
杉沢盛二『戦前の歌曲認可制度に関する研究』（六訂版）、私家版、2006
須田珠生『校歌の誕生』、人文書院、2020
須田珠生「新制高等学校における男女共学化と校歌の制定：校歌再制定をめぐるジェンダー意識の交錯」、笹野恵理子編『学校音楽文化論：人・モノ・制度の諸相からコンテクストを探る』、東信堂、2024、177-200
高嶋有里子『校歌をめぐる表象文化研究：近代国家成立における校歌の制定過程と現代の諸状況をてがかりに』、日本大学大学院芸術学研究科博士学位請求論文、2013
團野光晴「金沢大学北溟寮における伝承歌をめぐる一考察：戦後新制大学生精神史研究の試み」、『金沢大学資料館紀要』第11号、2016、17-33
團野光晴「金沢大学北溟寮における伝承寮歌をめぐる一考察・補遺：「南下軍の歌」の他校伝播及び〝バンカラ唱法〟の出現とその意味をめぐって」、『金沢大学国語国文』第42号、2017、55-67
仲辻真帆「近代日本における団体歌の作曲：東京音楽学校の委嘱作曲の事例から」、『東京藝術大学音楽学部紀要』第45号、2019、45-58
水崎富美「明治後期の校風養成と近代校歌の成立：学校行事再編のための『校訓』、『郷土』、『歴史』、『ジェンダー』」、『東京大学大学院教育学研究科教育学研究室紀要』第26号、2000、49-56
水崎富美「近代日本の『学校教育の内容』：校歌をめぐる『音韻』を通しての『国語』の統一」、『東京大学大学院教育学研究科紀要』第39号、2000、87-96

単行本、論文（その他）

梅津有希子『ブラバン甲子園大研究：高校野球を100倍楽しむ』、文藝春秋、2016（文春文庫、2018）
小川吉造・今井久仁編著『高校新聞の戦後史：学園メディアと高校生記者たちの青春』、白順社、1999
金塚基「日本の高等学校応援団の成立と活動に関する一考察」、『東京未来大学研究紀要』10、2017、193-201
小山静子・石岡学編著『男女共学の成立：受容の多様性とジェンダー』、六花出版、2021
斉藤利彦編『学校文化の史的探究：中等諸学校の『校友会雑誌』を手がかりとして』、東京大学出版会、2015
笹野恵理子編『学校音楽文化論：人・モノ・制度の諸相からコンテクストを探る』、東信堂、2024
瀬戸邦弘「『理外の理』としての応援団考」、『現代スポーツ評論』47、2022、142-148
瀬戸邦弘「応援文化論：文化装置としての応援空間」、『スポーツ社会学研究』第31巻第1号、2023、55-70
都賀城太郎「スクールバンドと吹奏楽の普及」、戸ノ下達也編著『日本の吹奏楽史1869-2000』、青弓社、2013、59-86
難波知子『学校制服の文化史：日本近代における女子生徒服装の変遷』、創元社、2012
丹羽典生編著『応援の人類学』、青弓社、2020
細川周平『近代日本の音楽百年』（全4巻）、岩波書店、2020
水崎雄文『校旗の誕生』、青弓社、2004

新潮選書

校歌《こうか》斉唱《せいしょう》！　日本人《にほんじん》が育《はぐく》んだ学校文化《がっこうぶんか》の謎《なぞ》

著　者……………… 渡辺《わたなべ》　裕《ひろし》

発　行……………… 2024年7月25日

発行者……………… 佐藤隆信
発行所……………… 株式会社新潮社
〒162-8711 東京都新宿区矢来町71
電話　編集部 03-3266-5611
読者係 03-3266-5111
https://www.shinchosha.co.jp
シンボルマーク／駒井哲郎
装幀／新潮社装幀室
組版／新潮社デジタル編集支援室
印刷所……………… 株式会社三秀舎
製本所……………… 株式会社大進堂

乱丁・落丁本は、ご面倒ですが小社読者係宛お送り下さい。送料小社負担にてお取替えいたします。価格はカバーに表示してあります。

ISBN978-4-10-603913-3 C0370

「未熟さ」の系譜
宝塚からジャニーズまで

周東美材

私たちはなぜ未完成なスターを求めるのか？　近代家族とメディアが生んだ「お茶の間の人気者」から日本文化の核心を抉る、気鋭の社会学者の画期的論考。

《新潮選書》

大楽必易
わたくしの伊福部昭伝

片山杜秀

『ゴジラ』のテーマは日本現代音楽に革命を起こした！　独学者として世界と交流し、アジアと西欧を超克した作曲家の生涯を貴重な直話で辿る決定版評伝。

ごまかさないクラシック音楽

岡田暁生
片山杜秀

バッハは宣教師、ベートーヴェンは株式会社の創業社長、ショスタコーヴィチは軍事オタク――美しい旋律に隠された「危険な本音」がわかる最強の入門書！

《新潮選書》

言語はこうして生まれる
「即興する脳」とジェスチャーゲーム

モーテン・H・クリスチャンセン
ニック・チェイター
塩原通緒訳

言葉は、今ここで発明されている。相手に何かを伝えるために即興で生みだされた言葉が、やがて言語体系になる。神経科学などの知見が導く、まったく新しい言語論。

日本人の愛した色

吉岡幸雄

藤鼠《ふじねずみ》、銀鼠《ぎんねず》、利休鼠《りきゅうねずみ》、鳩羽鼠《はとばねずみ》、深川鼠《ふかがわねずみ》、丼鼠《どぶねずみ》、源氏《げんじ》鼠《ねず》……。あなたが日本人なら違いがわかりますか？　化学染料以前の、伝統色の変遷を辿る「色の日本史」。

《新潮選書》

太陽系の謎を解く
惑星たちの新しい履歴書

NHK「コズミックフロント」制作班
緑慎也

金星では海の痕跡が見つかり、土星の衛星からは美しい間欠泉が噴き出していた……。NHKの人気科学番組をベースに、最新の知見を加えて描く新しい太陽系の姿。

《新潮選書》

かれが最後に書いた本　津野海太郎

樹木希林、橋本治、加藤典洋、古井由吉、平野甲賀……世界的な蟄居の日々、あの世に行った彼らとのつながりをかえってつよく感じる。八十代を迎え深まる読書の記。

杉本博司自伝
影老日記　杉本博司

U2のボノはじめ世界中の著名人たちをも魅了する現代美術家SUGIMOTO。その創作の原点とは何か？　美麗な作品図版とともに辿る、波乱万丈の初自叙伝。

すごい神話
現代人のための神話学53講　沖田瑞穂

人間はなぜ死ぬのか。最強の女神は誰か。「見るなの禁」とは。世界各地に伝わる多様な神話を紹介し、現代の「物語」にも繋がる豊かな魅力を語り尽くす。
《新潮選書》

ハレム
女官と宦官たちの世界　小笠原弘幸

性愛と淫蕩のイメージで語られてきたイスラム世界の後宮ハレム。六百年にわたりオスマン帝国を支えたハイスペックな官僚組織の実態を、最新研究で描く。
《新潮選書》

イントゥ・ザ・プラネット
ありえないほど美しく、とてつもなく恐ろしい水中洞窟への旅　ジル・ハイナース　村井理子訳

南極の氷山、ユカタン半島の陥没孔、ケイマン諸島の小さな泥沼——その下に広がるのは酸素も光も届かない水中洞窟だ。人間の侵入を拒む「暗闇の絶景」への冒険記。

人体大全
なぜ生まれ、死ぬその日まで無意識に動き続けられるのか　ビル・ブライソン　桐谷知未訳

ウイルスと免疫の闘い、ホルモンという有能なメッセンジャー……。あなたの中で動く「奇跡のシステム」の全貌に迫る、全米主要紙絶賛のエンタメ・ノンフィクション！

「海の民」の日本神話
古代ヤポネシア表通りをゆく
三浦佑之
筑紫、出雲、若狭、能登――文献や最新研究を手がかりに、ヤマトに制圧される前、この地に息づいていた「まつろわぬ人々」の姿を追う。「新・海上の道」誕生。
《新潮選書》

覇権なき時代の世界地図
北岡伸一
「米国一強」崩壊後、日本はどうすべきか？ 権威主義や独裁が台頭する危機の時代に、国連・JICAで世界を見た国際政治学者が提言する地政学的思考。
《新潮選書》

日米同盟の地政学
「5つの死角」を問い直す
千々和泰明
危機の時代を迎え、もはや「日本だけの都合と願望」は通用しない。基地使用、事態対処から拡大抑止まで、新たな視点から安全保障の課題を突く警鐘の書。
《新潮選書》

決断の太平洋戦史
「指揮統帥文化」からみた軍人たち
大木毅
「リーダーシップ哲学」の違いが勝敗を分けた――。日米英12人の人物像と、英断と錯誤が入り交じる戦歴を再検討。従来の軍人論に革新を迫る野心的列伝。
《新潮選書》

正力ドーム vs. NHKタワー
幻の巨大建築抗争史
大澤昭彦
日本テレビの正力松太郎とNHKの前田義徳。テレビ黎明期から対立してきた巨魁たちが建築で覇権を競う。桁外れの欲望が生み出した激熱プロジェクト史！
《新潮選書》

西行
歌と旅と人生
寺澤行忠
出家の背景、秀歌の創作秘話、漂泊の旅の意味、桜への熱愛、無常を超えた思想、定家や芭蕉への影響……西行研究の泰斗が、偉才の知られざる素顔に迫る。
《新潮選書》